新中国
民族工作研究（1949~1957）

A research on the ethnic work
of New China (1949-1957)

王换芳——著

社会科学文献出版社
SOCIAL SCIENCES ACADEMIC PRESS (CHINA)

本书为国家社科基金项目"蒙汉民族交往与'走西口'现象的跨文化研究"（2016XMZ046）的阶段性成果，并获包头师范学院"青年科技英才"计划、2017 年度内蒙古自治区"草原英才"工程、2019 年度内蒙古自治区高等学校"青年科技英才支持计划"（NJYT-19-A24）资助出版。

摘　要

　　建立现代国家，实现中华民族的伟大复兴，是近代以来无数中国人不懈追求的梦想与目标。然而，洋务运动、戊戌变法、辛亥革命都没有使中国走上现代化的道路。在国家、民族危难之际，中国共产党立足于中国多民族的现实国情，重视国内民族问题的解决，将少数民族的生存与解放斗争纳入中国革命总目标之中，逐步树立了解决中国民族问题的思想、纲领和方针，担负起国家独立、民族解放、主权完整的重任。

　　新中国成立后，中国共产党运用国家政权力量与资源，将解决民族问题的思想、纲领和方针付诸于实践。这是中国共产党从实际出发，将马克思主义民族理论与中国多民族国情相结合而开创的中国特色解决民族问题的新道路，基本确立了解决民族问题的制度安排与政策框架，并通过开展一系列民族工作，促进少数民族地区的政治、经济、文化等各方面的快速发展，各少数民族逐步走上社会主义道路，这一时期的民族工作被誉为中国共产党民族工作的第一个"黄金时代"。如今，在快速的中国经济社会发展过程中，民族问题面临许多新情况、新问题，我们有必要重新回过头来，对新中国初期党和国家的民族工作理论与实践进行全面、系统的梳理与盘点，认真总结和吸取该时期民族工作的成功经验与教训，这对做好新时期民族工作、解决民族问题具有重要的启示与借鉴意义。

　　本书包括绪论、正文和结语三个部分。

　　绪论部分主要介绍研究缘起、相关研究的文献综述、核心概念界定、基本框架及研究方法、创新及不足之处。

　　正文部分共分为六章。

第一章主要阐述中国现代民族国家建构问题。该章从近代中国的社会转型和社会主要矛盾的变化入手，论述了王朝国家的衰微以及近代中国民族问题的产生，梳理了洋务运动、戊戌变法、清末新政、辛亥革命对现代化道路的尝试及近代民族主义思潮在中国的传播与发展，探讨了中国由王朝国家向现代民族国家的转变之路。该章着重阐释了中国共产党运用马克思主义关于民族与国家的学说，立足中国革命及多民族国情，逐步探索出一条适合中国国情的解决民族问题的现代民族国家建构之路，完成由"民族自决"向"民族区域自治"转变的制度设计过程。

第二章主要阐述了中国共产党将新中国成立之前关于解决民族问题的理论与政策付诸实践和创新，以保障少数民族的平等权与自治权利的过程。本章阐释了新中国初期制定和实施民族区域自治制度的现实考虑，主要包括历史上中国是一个各民族共同缔造的统一的多民族国家，各民族相互交往、友好相处始终是民族关系的主流，以汉族为主体的各民族大杂居、小聚居的分布特点及近代以来各民族结成的命运共同体等要素。本章还论述了民族区域自治制度的确立与全面推行，包括《中国人民政治协商会议共同纲领》《中华人民共和国民族区域自治实施纲要》、1954 年《中华人民共和国宪法》对该制度的规定与实施及对散杂居少数民族的权利保障。同时，本章还探讨了民族区域自治制度的优越性。

第三章主要阐述民族识别这一新中国民族工作的重要举措。该章指出，新中国成立初期民族识别工作是党和国家开展民族工作的政治需要和少数民族平等参与国家政治生活的内在要求，认为民族识别工作是依据灵活运用斯大林"民族"定义基础上，全面、综合地分析民族特征，并参照本民族意愿而进行，摸清了中国多民族国家的民族"家底"。同时，分析了民族识别工作的复杂性和艰巨性，阐释了民族识别的历程、类型，并从民族与国家关系角度讨论了民族识别工作的重大意义。

第四章主要阐述少数民族干部培养政策与工作，为现代民族国家建构提供了有力的组织保障。该章分析了新中国初期对少数民族干部培养的现实考虑，阐述了少数民族干部培养工作的重要举措，并对此时期少数民族干部培养的成效进行了评估。

第五章主要阐述社会主义新型民族关系的建构。新中国初期，党和国家根据我国民族关系现状，在少数民族地区开展一系列政治、经济、文化、社会方面的调研工作，初步确立了新型民族政治、经济、文化关系。民族地区进行民主改革和社会主义改造后，民族关系具有了社会主义性质，基本确立了平等、团结、互助的社会主义新型民族关系。

第六章探讨了现代民族国家建构视角下新中国民族工作的历史经验及现代启示，不仅推动了现代中国新整合，还丰富和发展了马克思主义理论，并对做好新时期民族工作提供了有益借鉴。

结语部分回顾了近代以来中国现代民族国家建构的尝试历程，对新中国初期的民族工作进行客观评价，同时对新时期的民族工作做些展望。

关键词：现代国家建构　民族国家　新中国　民族工作

ABSTRACT

It has been the dream and goal of numerous Chinese people's relentless pursuit to establish a modern state and to realize the great rejuvenation of the Chinese nation since the modern times, However, Westernization Movement, the Hundred Days' Reform movement or the Revolution of 1911 has not ledChina on the path of modernization. The Communist Party of China kept a foothold of multi-ethnic realistic national conditions and attached great importance to solve domestic ethnic issues bringing the existence and liberal struggle of the ethnic minority into the overall goals of the Chinese revolution in times of danger of our country and nation. The ideas of solving the ethnic issues in China, platform and policy have been set up step by step. The Communist Party of China has taken on the important task of independence and liberation of the nation and country and full sovereignty.

The Communist Party of China has taken advantage of the state power and resources to appeal to practice the ideology, principles and policies of solving the ethnic issues after the founding of New China. Based on the reality, the Communist Party of China has combined Marxism ethnic theory with multi-ethnic condition in China to create ways to solve ethnic issues with Chinese characteristics, and it was established about the basic policy framework and institutional arrangement of solving the ethnic issues. In the meantime, there was rapid progress in political, economic, cultural and social development in the minority areas by carrying out a series of ethnic work. As the result, the ethnic groups in China were on the path of socialism gradually. This period of the national work is also known as the first "golden age" of the ethnic work of the Communist Party. Ethnic issues face with many new situations and new problems in the great process of China's economic and social rapid development now, so it's necessary for us to go back again to conduct a comprehensive and systematic carding with inventory about the theory and practice of ethnic work carried out by the Party and our country in the early years of New China and summarize seriously the experiences and lesson of ethnic work during this period, which has important meaning of inspiration and reference to do ethnic work well and solve the ethnic issues in the new period.

The book includes three parts including to introduction, text and epilogue.

The introduction part mainly introduces the research origin, literature review of related research, the definition of core concepts, basic framework and research methods, innovation and deficiency.

The text is divided intosix chapters.

The first chapter mainly elaborates China's construction problem of modern national state. This chapter discusses the dynastic decline of the country and the ethnic problems in modern China as the point of penetration of social transformation and change of the main social contradiction by carding the Westernization Movement, the Hundred Days' Reform movement, the policy in the late Qing dynasty and the Revolution of 1911 for modernization and the spread and development of modern nationalism trend of thought in China. It also probes into the China's change from dynasty country to modern national country and emphasizes that the Communist Party of China applied Marxist theory about nation and country, which is based on the multi-ethnic circumstances in China's revolution and to find gradually a suitable way to solve the problems of the modern national state under China's national conditions. As the result, the process of the system design of transformation from "national self-determination" to "regional autonomy of ethnic minorities" was finished.

The second chapter mainly expounds the theory and policy of the Communist Party of China to solve the problem before the founding of New China in practice and innovation so as to protect the rights of ethnic minorities in the process of the right to equality and autonomy. This chapter illustrates the reality of regional autonomy of ethnic minorities in New China including mainly several elements as follows: China has been a unitary multinational state created jointly by the various nationalities in the history; it was the mainstream that nations had been mutual communication and gotten along with each other friendly; the characteristics of distribution is small community but mixed in a large area as the Han nationality main body; the ethnic groups have formed a community with common destiny, etc. This chapter also discusses the establishment and comprehensive pushing of the system of Regional National Autonomy including rules and implementation and guarantee of interracial neighborhood ethnic groups' right from "Common Program of Chinese People's Political Consultative Conference", "Program for the Implementation of Regional National Autonomy of the People's Republic of China", and "The constitution of People's Republic of China" in 1954. At the same time, this chapter also discusses the superiority of the system of Regional National Autonomy.

The third chapter mainly expounds the national identification which is an important action in all the ethnic work in new China. This chapter points out that the national identification in the early period of new China was the political need of the party and the state to carry out the ethnic work, which was also the inherent requirement of ethnic minorities participating in the political life of the country equally. It considers the national identification was based on the flexible use of Stalin's definition of "nation", analyzed the national characteristics comprehensively and compositely, and consulted the will of the ethnic group, through which found out the ethnic condition as a multi-ethnic country. At the same time, it analyzes the complexity and arduousness of national identification, explains the process of national identification and types, and discusses the great significance of national identification from the angle of the relationship between nation and country.

The fourth chapter mainly elaborates the training policies and work for the ethnic minority cadres, which provides a strong organizational guarantee for the construction of modern national state. This chapter analyzes the realistic consideration of training ethnic minority cadres in the early days of new China, expounds the important measures on training minority nationality cadres, and evaluated the effectiveness of training ethnic minority cadres in the early days of the People's Republic of China.

The fifth chapter mainly elaborates the construction of the new socialist ethnic relation. In the early days of the People's Republic of China, the party and the state launched a series of economic, cultural and social ethnic work in the ethnic minority areas according to the status of ethnic relation in our country, a new ethnic relation on political, economic, cultural was established initially and had the nature of socialism after the democratic reform and socialist transformation in minority areas. Therefore, the new socialist ethnic relation was established basically characterized by equality, unity and mutual assistance.

The sixth chapter discusses the historical experience and modern enlightenment of the new Chinese ethnic work from the perspective of the construction of a modern nation-state, which not only has promoted the new integration of modern China, but also enriched and developed Marxist theory, and provided a useful reference for the ethnic work in the new period.

The epilogue part recalls the attempt of the China's modern state construction since modern times, evaluates objectively to the ethnic work in the early New China, so as to handle well the ethnic work in the new period.

Keywords: Modern State Construction; National State; New China; Ethnic Work

目　录

绪　论

一　问题的缘起

习近平总书记在十九大报告中指出，此次大会的主题是不忘初心，牢记使命，高举中国特色社会主义伟大旗帜，决胜全面建成小康社会，夺取新时代中国特色社会主义伟大胜利，为实现中华民族伟大复兴的中国梦不懈奋斗。其实，早在 2012 年 11 月 29 日，习近平总书记在国家博物馆参观"复兴之路"展览时，就提出实现中华民族的伟大复兴是中华民族近代以来最伟大的梦想，并且表示在中国共产党成立一百周年、中华人民共和国成立一百周年之时，随着中华民族伟大复兴目标的逐步实现，这个梦一定能够实现。

实现中华民族的伟大复兴，是近代以来无数中国人不懈追求的伟大梦想。18 世纪以来，接连发生的英国工业革命、美国独立战争、法国大革命等西方资产阶级势力兴起并日益成长的事件，表明资本主义发展和现代国家建构趋势正浓，世界范围的现代化已经成为不可阻挡的历史潮流。英、法等老牌资本主义国家迫切需要扩大世界市场，以寻找掠夺原材料并倾销其商品的殖民地。1840 年，英国悍然发动了侵略中国的鸦片战争，面对西方的坚船利炮，清政府节节败退，被迫签订了一系列不平等条约，昔日的"天朝大国"逐步沦为半殖民地半封建社会，并以屈辱的方式开启了自己的现代历史。失败、屈辱促使先进的中国人开始"睁眼看世界"，积极寻求救国救民的方略，但从主张"自强""求富"的洋务运动，到康有为、梁启超倡导的"维新变法"，再到孙中山领导的资产阶级性质的辛亥革命，都没有完成彻底的反帝反封建的双重任务，中国没能走上现代化的道路。

1917 年，俄国革命一声炮响，为中国送来了马克思、列宁主义，中国工人阶级的力量日益壮大，在先进理论的指导下，中国共产党带着历史使命光荣诞生。从此，在中国共产党领导下，中国人民开始走上新民主主义革命的道路，完成了反帝反封建的革命任务。1949 年 10 月 1 日，毛泽东主席向全世界庄严宣告中华人民共和国成立，这标志着中国各民族人民从此成为国家的主人，民族剥削、民族压迫的历史一去不复返，中国各民族在中国共产党的带领下，为建立一个繁荣富强的现代化国家而努力。

中国作为统一的多民族国家，如何将马克思主义民族理论与中国多民族国情相结合，是中国共产党在新中国成立初期面临的一项十分迫切而重要的任务。鉴于多民族国情，中国共产党和人民政府在百废待兴的困难局面下，高度重视民族事务，更加重视解决国内民族问题，将解决民族问题的理论付诸实践，建章立制，积极开展民族工作，少数民族地区的政治、经济、文化、社会发展等方面都取得了很大进步，这一时期的民族工作被誉为中国共产党民族工作的第一个"黄金时代"。[①] 在这个时期，中国共产党和人民政府的民族工作取得了显著成效，积累了丰富而宝贵的经验，基本确立了解决民族问题的制度安排与政策框架，并为后来的民族工作奠定了良好的基础。如今，在快速的经济、社会发展过程中，民族工作面临着许多新情

① 这一时期，在中国共产党的领导下，从中央到地方始终坚持马克思主义民族平等原则，认真贯彻各项民族政策，全面实施民族区域自治制度，进行了具有重大意义的民族识别工作，大力培养少数民族干部，并在民族地区全面展开民族工作，促进了少数民族和民族地区政治、经济、文化和社会的全面发展，实现了祖国统一与民族团结。民族地区民主改革和社会主义改造的基本完成，平等、团结、互助的社会主义新型民族关系得以建立，彻底结束了国家分裂、社会混乱、民族压迫的历史。因此，人们把这一时期称为民族工作的"黄金时代"。参见李资源《中国共产党民族工作史研究》，广西人民出版社，2000，第 228 页。

况、新问题，需要我们重新回过头来，对新中国成立初期党和国家的民族工作实践进行全面、系统的梳理与盘点，着力研究这一时期中国共产党民族工作的成功经验与教训，分析中国共产党民族理论与政策的利弊得失，这对认识当前民族理论和政策走向、做好新时期的民族工作、解决民族问题具有重要的启示与借鉴意义。

本书将新中国成立初期的民族工作置于现代民族国家建构的视野下予以探讨，出于以下几个方面的考虑：第一，民族作为稳定的人们共同体，是构成国家的主要群体。如今，全世界3000多个民族分属于200多个国家之中，因此，各个国家基本上属于多民族国家，民族成分绝对单一的国家是没有的，即便像日本、韩国、朝鲜、爱尔兰等被视为"单一民族"组成的国家，都或多或少存在着外来移民或不同于主体民族的少数族群。因此，如何解决好国内的民族问题，已经成为国家现代化进程中的重要一环，各个国家也都采取不同的民族政策来尝试解决本国的民族问题。第二，中国的有识之士探索现代国家建构与现代化道路，肇始于西方列强的入侵，民族主义思潮相应而生并不断凝聚，这种特殊的时代背景必然使中国的民族问题与民族国家建构紧密相连。第三，中国共产党成立后，高度重视中国的民族问题与现代国家建构，虽然从时间上还不足百年，但却探索出中国特色解决民族问题的路径。第四，实现中华民族的伟大复兴是中国共产党的历史使命，这一使命必定要通过中国各民族的共同团结、共同发展繁荣来完成。也就是说，中国共产党在掌握国家政权后，在现代国家建构过程中，必须考虑中国多民族国情，必须重视做好民族工作。

二　相关研究的文献综述

（一）国外研究现状

1. 有关国家建构研究

西方国家理论的渊源可追溯至柏拉图和亚里士多德，二者均对古希腊城邦国家进行了讨论，只是前者更注重理论探讨，后者更注重经验总结。从中世纪奥古斯丁和阿奎那对国家的神学化，再到 15 世纪现代民族国家在英国出现，直到 19 世纪欧美各民族国家的建立，西方现代国家理论也伴随着国家的发展过程建立起来。纵观西方现代国家理论的发展脉络，其理论重要的组成部分当属契约国家理论和现代国家建构理论。

契约国家理论来源于社会契约论，代表人物为霍布斯、洛克、卢梭、孟德斯鸠等。对于国家起源问题，该理论奉行个人-社会-国家的基本逻辑，只是霍布斯强调个人安全权，洛克重视个人财产权，而卢梭则侧重个人自由权；对于政权形式，该理论倡导分权理论，在洛克立法权、行政权和对外权应由不同国家机关行使，在此基础上，孟德斯鸠进一步发展为立法权、行政权和司法权"三权分立"。可以说，社会契约论和分权理论为现代国家的组织方式和权力分配进行了基本架构，对国家建构理论产生了重要影响。

早在 20 世纪 30 年代，德国社会学家诺贝特·埃利亚斯就关注现代国家建构问题，他的《文明的进程》[①] 一书认为，现代国家与传统国家相比，其基本特征在于合法地垄断了权力与税收，成为协调社会经济秩序的工具，并逐渐实现统治者与管理者、经济与政治的分离，社会分工、相互依存、国家形成逐渐演变为国家-社会-市场关系。同时，埃利亚斯也认为，欧洲各国的现代国家建构过程各有其不同的路径。埃利亚斯从文明演进的角度探讨现代国家建构对以后的现代国家建构理论产生了深远影响。

20 世纪 70 年代，市场对经济调节的有限性引起人们对国家推动经济发展作用的再思考，西方学者喊出"回归国家"（bring the state back in）的口号，现代国家建构成为西方社会科学研究最有影响力的论题，融汇了政治学、社会学、历史学、经济学等学者对该理论

①　〔德〕诺贝特·埃利亚斯：《文明的进程：文明的社会起源的心理起源的研究·第一卷：西方国家世俗上层行为的变化》，王佩莉、袁志英译，三联书店，1998。

的研究，成果颇丰。

　　美国政治学家查尔斯·蒂利的《强制、资本和欧洲国家（公元990-1992年）》[①]，在已有的西欧国家发展史研究基础上，认为"强制"和"资本"是国家建构的基本因素，通过二者的相互作用来解释西欧的国家建构进程，并分析了其模式的不同所导致的结果差异。在其另一著作《欧洲的抗争与民主：1650—2000》[②]中，蒂利探讨了西欧的民主政体建设与发展过程，并对民主政治与社会抗争之间的关系进行了讨论。蒂利的上述研究，奠定了国家建构理论的基础。

　　美国社会学家托马斯·埃特曼的《利维坦的诞生：中世纪及现代早期欧洲的国家与政权建设》[③]一书，主要研究从罗马帝国解体到法国大革命之间的欧洲历史，分析了西欧国家不同的国家形态，指出世袭统治者与社会精英集团之间的斗争是西欧国家建构进程的核心动力，二者的斗争主要是围绕行政管理的手段而展开。埃特曼的研究充分体现了社会权力分配模式与国家建构结果之间的关系。

　　美国历史制度主义的代表人物戴维·瓦尔德纳是为数不多的对后发国家的国家建构进行研究的学者，他的《国家建构与后发展》[④]一书运用比较政治经济学的方法，以韩国、土耳其、叙利亚三个亚洲典型后发国家作为个案，探讨了不同制度框架下的国家建构形式及其对经济发展产生的影响，提出国家建构就是直接统治型国家的创建，即国家社会之间的关系、官僚制的性质如何，国家财政运行以及国家经济干预的模式。

---

① 〔美〕查尔斯·蒂利：《强制、资本和欧洲国家（公元990-1992年）》，魏洪钟译，上海人民出版社，2007。

② 〔美〕查尔斯·蒂利：《欧洲的抗争与民主：1650—2000》，陈周旺、李辉、熊易寒译，格致出版社、上海人民出版社，2008。

③ 〔美〕托马斯·埃特曼：《利维坦的诞生：中世纪及现代早期欧洲的国家与政权建设》，郭台辉译，上海人民出版社，2010。

④ 〔美〕戴维·瓦尔德纳：《国家建构与后发展》，刘娟凤、包刚升译，吉林出版集团有限责任公司，2011。

英国著名社会理论家安东尼·吉登斯在《民族-国家与暴力》①一书中指出，现代社会相对于传统国家来说，是生活在"民族-国家"基础之上的。传统国家经过中间阶段——绝对主义国家之后，最终演变为现代国家，即民族-国家。他进一步指出，资本主义与工业主义共同促成了"民族-国家"的诞生，进而由三者共同影响了现代世界。吉登斯从历史唯物主义出发，从国家政权的角度尝试为现代资本主义发展提供新的阐释，对国内有关国家建构研究产生了深远影响。

日裔美籍学者弗朗西斯·福山的《国家建构：21世纪的国家治理与世界秩序》②一书，则关注包括发达国家和后发国家在内的整个人类政治发展史，认为现代国家的出现是人类社会的一种进步，国家建构并不意味着国家什么都去管，而只是在应发挥作用的领域发挥应有的作用，不过对于发展中国家而言，强有力的国家在有限且必需的范围内是必要的。在他的另一本著作《政治秩序的起源：从前人类时代到法国大革命》③中，福山认为国家是特定政治秩序的守护者，只有国家、法治、负责制政府组合起来，才能构成现代政治制度的主干。福山从宏观的视角，为国家建构提供了新的研究角度。

2. 对民族、民族主义问题的研究

西方学者重视对民族和民族主义问题的研究，特别是20世纪中期以前，民族主义甚至被作为民族解放与国家独立的主要政治力量而备受西方学术界关注。但随着美苏争霸局面的形成，以苏联为首的社会主义阵营认为民族将在实现共产主义社会后消亡；而美国主

---

① 〔英〕安东尼·吉登斯：《民族-国家与暴力》，胡宗泽等译，三联书店，1998。
② 〔美〕弗朗西斯·福山：《国家构建：21世纪的国家治理与世界秩序》，黄胜强、许铭原译，中国社会科学出版社，2007。
③ 〔美〕弗朗西斯·福山：《政治秩序的起源：从前人类时代到法国大革命》，毛俊杰译，广西师范大学出版社，2014。

导的西方世界也认为民族之间界限会逐渐消失直到消亡，民族成为"被简单化并被轻视和冷淡的概念"①。冷战结束后，第三次民族主义浪潮和宗教复兴运动的出现，促使国外学术研究者展开了对民族、民族主义问题的关注。

英国学者厄内斯特·盖尔纳的《民族与民族主义》②介绍了民族主义的内涵，分析了民族主义产生的根源、条件和途径，梳理了民族主义的类型，探讨了民族主义的未来，是西方研究民族主义的经典之作。

英国民族学家安东尼·史密斯在《全球化时代的民族与民族主义》③中指出，民族主义与现代性并不相悖，它既是全球化背景下的一种复兴，又是对传统族裔文化的一种延续，并对全球化日益推进过程中的族裔认同作了回应。

德国思想家尤尔根·哈贝马斯的《后民族结构》④一书分析了全球化对民族国家带来的巨大挑战，探讨了民族国家的历史命运。

塞缪尔·亨廷顿的《我们是谁：美国国家特性面临的挑战》⑤认为，多元文化主义导致美国出现多族裔分散的现状，各族裔文化的群体性特点会使美国的国家特性丧失，提出要重建各族裔对美国的国家认同。

上述文献均从不同的角度对民族、民族主义、多民族国家的族裔归属及国家认同进行了研究，为我们分析和探讨中国民族问题提供了重要的借鉴。

---

① 关凯：《族群政治》，中央民族大学出版社，2007，序言第 1 页。
② 〔英〕厄内斯特·盖尔纳：《民族与民族主义》，韩红译，中央编译出版社，2002。
③ 〔英〕安东尼·史密斯：《全球化时代的民族与民族主义》，龚维斌、良警宇译，中央编译出版社，2002。
④ 〔德〕尤尔根·哈贝马斯：《后民族结构》，曹卫东译，上海人民出版社，2002。
⑤ 〔美〕塞缪尔·亨廷顿：《我们是谁：美国国家特性面临的挑战》，程克雄译，新华出版社，2005。

对于中国民族问题的研究，日本学者的相关研究成果较多，但研究内容大多集中在家族关系、社会组织、宗族、神话、民间故事、传说、习俗、服饰等方面，且多侧重于对中国已有出版物的解释或翻译层面。有关中国少数民族政治状况的研究，主要有加美光行、松本真澄、毛里和子等。松本真澄的《中国民族政策之研究：以清末至1945年的"民族论"为中心》① 一书，论述了中国自清末到抗战结束这一时期的民族观、民族论及民族政策的变迁过程，为我们研究清末至新中国成立前的民族政策提供了较为翔实的史料。但是，由于日本与中国对待中日之间战争性质的态度不同，再加上文化上的差异，日本学者在研究中国民族问题时，难免带有复杂的价值判断，有的较为客观，有的却与我国现行民族政策根本对立，需要在研究时进行辨别。

（二）国内研究现状

1. 对国家建构的研究

受吉登斯"民族-国家"理论的影响，国内学者对于国家建构的研究成果也很丰富，在此仅列出部分与本论文相关的主要研究成果。

杨雪冬在《中国国家构建简论：侧重于过程的考察》② 一文中指出，中国虽然具有特有的历史和制度传统，但是中国近代以来的国家建构不是孤立存在的，而是全球扩张的现代性与本土性在冲突中结合的产物。他从纵向历史发展的研究视角，将清末新政作为中国国家建构的起点，回顾了中国国家构建的全过程，分析了这一过程的成就及特点，并就国家建构的现状指出了构建的目标，对国家

① 〔日〕松本真澄：《中国民族政策之研究：以清末至1945年的"民族论"为中心》，鲁忠慧译，民族出版社，2003。
② 杨雪冬：《中国国家构建简论：侧重于过程的考察》，《上海社会科学院学术季刊》2002年第2期，第34~43页。

建构提出了有益的思考。

徐勇在《现代国家建构中的非均衡性和自主性分析》① 一文中认为，现代民族国家的建立适应了经济社会和政治社会的理性化要求，它是将分散、孤立的地方社会整体化、主权化以后形成的中央权威反过来渗透并支配社会的过程。该过程在欧美国家与发展中国家的表现是不同的，前者是民族国家和民主国家的同步发展，而后者则表现出非均衡性。

屈从文的《现代性在中国的建构与反思：晚清天朝观念的消解和主权观念的确立》② 一书运用比较研究的方法，将晚清天朝观念的变迁放入世界性及全球化的大背景下，探讨其从消解到主权观念的确立过程中，主权观念是如何嵌入中国人的意识的。

肖高华的《现代国家建构：20 世纪 20 年代中国知识界的政制设计及论争》③，探讨了从五四运动至"九一八"事变这段历史时期，知识界就如何建构一个完全意义上的现代国家，进行了一系列的政制设计及争论。

陈琼的《现代国家建构与妇女公共参与：组织变迁的视角》④以现代国家建构为视角，以政党、政府、妇女组织、妇女个体的关系结构为主线，通过梳理和剖析妇女组织的生成、流变、融合与发展，解读百年来国家建构与妇女参与公共行动之间的内在逻辑。

孙岩的《从民族国家建构到民生国家建设——近代以来中国现

---

① 徐勇：《现代国家建构中的非均衡性和自主性分析》，《华中师范大学学报》（人文社会科学版）2003 年第 5 期，第 97～103 页。

② 屈从文：《现代性在中国的建构与反思：晚清天朝观念的消解和主权观念的确立》，中国社会科学出版社，2011。

③ 肖高华：《现代国家建构：20 世纪 20 年代中国知识界的政制设计及论争》，中国社会科学出版社，2013。

④ 陈琼：《现代国家建构与妇女公共参与：组织变迁的视角》，社会科学文献出版社，2011。

代国家建设维度的嬗变》① 一文，认为现代社会的国家建设一般分为民族-国家、民主-国家和民生-国家三个维度，分别指向主权独立、自由以及公平。

李辉、成武的《国家构建理论与中国的现代国家构建》② 一文认为，中国的现代国家建构要加强中国共产党的能动作用，加强党在执政理念和执政方式方法上的现代化，从而健全现代行政国家体制，以建立宪政国家为现代国家建构的终极目标，实现国家的理性化和民主化。

贺东航的《国家构建理论与中国现代国家构建历程探析》③ 一文认为，对国家建构理论进行系统梳理是很有必要的。他将中国的国家历史和制度逻辑置于国家构建理论的视野下，形成国家官僚体制、国家能力、政权合法性和社会成长四维一体的分析框架，通过描述一个世纪以来中国现代国家建构的历程和成就，探讨了中国未来现代国家建构的路径。

张锐的《内涵生成与价值演替——中国现代民族国家建构过程中的启蒙研究》④ 一文从思想史的角度出发，围绕中国启蒙思想的递嬗轨迹，深入分析启蒙在中国的特殊内涵，以此重新审视启蒙在中国社会转型期的现实意义，凸显中国启蒙对现代化建设的重要性。

叶麒麟的《现代国家建构：近代以来中国政治发展的主轴》⑤ 一文认为，20 世纪的大部分时间，中国政治发展的主题是以提高国

---

① 孙岩：《从民族国家建构到民生国家建设——近代以来中国现代国家建设维度的嬗变》，《湖北社会科学》2011 年第 9 期，第 29~32 页。
② 李辉、成武：《国家构建理论与中国的现代国家构建》，《福建行政学院学报》2008 年第 4 期，第 13~19 页。
③ 贺东航：《国家构建理论与中国现代国家构建历程探析》，《江汉论坛》2008 年第 6 期，第 9~12 页。
④ 张锐：《内涵生成与价值演替——中国现代民族国家建构过程中的启蒙研究》，《河北工业大学学报》（社会科学版）2014 年第 4 期，第 44~49 页。
⑤ 叶麒麟：《现代国家建构：近代以来中国政治发展的主轴》，《理论与改革》2006 年第 5 期，第 9~12 页。

家控制能力为核心的民族国家建构，而直到 20 世纪末，中国政治发展的主题才开始由民族国家建构转向以提高国家合法性为核心的民主国家建构。因此，民主国家建构将成为 21 世纪中国政治发展的主题，现代国家则成为近代以来中国政治发展的目标所在。

2. 对民族理论、民族问题的探讨

我国是多民族国家，国内学者重视对民族理论、民族问题的研究，并取得了丰硕的有关民族政策、民族问题的研究成果。

吴仕民主编的《民族问题概论》[①] 一书对中国的民族问题进行了深入探讨，阐述了中国民族关系的发展与演进，梳理了中国的民族政策和法规体系，并对少数民族干部的培养使用问题进行了专门的论述。

毛公宁的《民族问题新论》[②] 一书以专题形式，对我国的民族理论与民族政策进行了系统研究，综合论述了我国民族工作的开展，阐释了我国民族关系状况，对民族区域自治制度进行了专门探讨，研究了我国民族法制问题，并对解决我国民族问题提出对策，为我国新形势下的民族工作提供了有益的借鉴。

龚荫的《中国历代民族政策概要》[③] 一书，重点论述了历朝历代的民族政策、民族管理机构、官员及赋税制度，认为民族政策的出发点是要尊重和平等对待少数民族，在实行民族政策时要从实际出发，根据少数民族地区的复杂性和特殊性实行不同的政策。这种对历史经验的总结，对做好当今的民族工作具有一定的启示作用。

达力扎布主编的《中国民族史研究 60 年》[④] 一书以专题形式，论述了中国的民族识别，中国共产党民族平等原则的贯彻与执行，中国历史上的民族战争，如何客观评价民族英雄，中国历史上的民

---

① 吴仕民编《民族问题概论》，四川人民出版社，2011。
② 毛公宁：《民族问题新论》，民族出版社，2009。
③ 龚荫：《中国历代民族政策概要》，民族出版社，2008。
④ 达力扎布主编《中国民族史研究 60 年》，中央民族大学出版社，2010。

族同化与融合现象，以及我国多民族国家形成、多民族国家疆域、中华民族形成等理论。

金炳镐主编的《新中国民族理论60年》① 一书从新中国成立到21世纪为时间段，其中论述了新中国初期的民族理论体系，阐述了民族理论概念，探讨了民族形成的一般规律，对民族实体理论、制约民族发展的因素、民族关系的特点及影响因素进行了阐释，并对新中国的民族问题、民族主义、民族政策等进行了理论探讨。在他的另一著作《中国共产党民族政策发展史》② 中，主要阐述了在新民主主义革命以及社会主义革命和建设的各个时期，中国共产党制定的解决民族问题的一系列民族政策。

王希恩主编的《20世纪的中国民族问题》③ 一书，论述了新中国民族工作体制的确立、受挫、恢复、完善与发展，并在《建国50年中国民族过程简论》④ 一文中，从民族过程角度概述了新中国50年来中国的民族发展和民族问题总体状况，提出"旧制度的推翻和新中国的建立使中国的民族政治过程发生了飞跃"的观点，对研究新中国初期的民族工作具有新的启发作用。

郝时远的《中国共产党怎样解决民族问题》⑤ 一书，立足于民族问题与整个民族大千世界的关系角度，阐述了中国共产党在把握历史国情、取得全国政权后，通过践行马克思主义民族平等原则，在中国实行民族区域自治制度，从中国处于社会主义初级阶段的实际国情出发，实施西部大开发战略，有力地维护了国家统一，并与时俱进地实现民族地区的科学发展，为构建和谐社会采取了一系列措施，将中国共产党解决民族问题的理论与实践同中国多民族国家

① 金炳镐主编《新中国民族理论60年》，中央民族大学出版社，2010。
② 金炳镐：《中国共产党民族政策发展史》，中央民族大学出版社，2006。
③ 王希恩主编《20世纪的中国民族问题》，中国社会科学出版社，2012。
④ 王希恩：《建国50年中国民族过程简论》，《民族研究》1999年第5期，第13~20页。
⑤ 郝时远：《中国共产党怎样解决民族问题》，江西人民出版社，2011。

的现实国情与社会发展紧密联系起来，是民族理论研究的一个新的独到的视角。

党和国家历来重视民族工作，有关民族工作的文献及研究成果也不少。

《当代中国民族工作大事记（1949-1988）》① 记录了新中国成立以来我国民族工作和民族地区工作各个方面、各个领域的重大事件，党中央和国务院以及各民族地区党委和政府对民族工作的重大决策，党和国家的民族政策、法令、条例和规定等，党和国家领导人对民族工作和民族地区工作的指示等，从中反映出中国共产党民族政策的发展脉络。

《民族工作统计提要（1949-1989）》② 由国家民委经济司编著，包含了从 1949 年至 1989 年我国民族工作、民族自治地方 40 年来国民经济和社会发展情况。

罗广武编著的《新中国民族工作大事概览（1949-1999）》③，汇集了新中国成立 50 年来民族工作的重要活动、重大事件、重要文献，以及党和国家领导人的重要论述，从中可以看出半个世纪以来我国民族工作发展的基本轨迹。

国家民族事务委员会政研司、经济司编著的《民族工作四十年》④，将新中国成立 40 年以来我国的民族工作分为四个阶段加以阐释，简述了 1949~1989 年这一阶段民族工作的得失。

黄光学主编的《当代中国的民族工作》⑤ 第一编，着重论述了

---

① 《当代中国的民族工作》编辑部编《当代中国民族工作大事记（1949-1988）》，民族出版社，1989。
② 国家民族事务委员会经济司编《民族工作统计提要（1949-1989）》，民族出版社，1990。
③ 罗广武：《新中国民族工作大事概览（1949-1999）》，华文出版社，2001。
④ 国家民族事务委员会政研司、经济司：《民族工作四十年》，民族出版社，1989。
⑤ 黄光学主编《当代中国的民族工作》（上、下册），当代中国出版社，1993。

中国民族工作的发展历程，新中国建立初期的民族工作。该书着重论述了 1949~1957 年民族政策的确立和民族工作方针的制定，以及民族政策的实施和民族工作的成就。

李资源的《中国共产党民族工作史》①，具体阐释了新中国成立初期中央关于民族工作的方针与政策，保障少数民族政治上实现民族平等和自治的权利，帮助少数民族走上社会主义道路，并总结了新中国成立后头七年民族工作的重大成就和经验。

金炳镐主编的《中国共产党民族工作发展研究》②，分别以"内蒙古·宁夏篇""广西·云南篇""新疆·西藏篇"为专题，论述了中国共产党从新民主主义革命到 21 世纪上述地区民族工作的成就、经验及启示，为有关民族工作的研究提供了一个新的研究视角。

中共中央党史研究室科研管理部、国家民族事务委员会民族问题研究中心编的《中国共产党民族工作历史经验研究》③ 从中共党史研究角度来反映党的民族工作，将中国共产党的民族工作分为民主革命、社会主义革命和建设、改革开放以来三个时期，并分别对这三个时期民族工作的历史经验进行了剖析，其独到的视角为本论文提供了有益的借鉴与启示。

王延中、管彦波的《云南建设民族团结示范区与和谐民族关系的基本经验及启示》④ 一文，在总结以民族团结、边疆稳定为特征的"云南现象"基本经验的基础上，分析了云南民族团结示范区建设中所面临的困难与挑战，进而提出 12 条对策建议，其运用动态的眼光分析民族工作的经验值得笔者借鉴与参考。

对于我国民族工作实践中的历史经验，老一辈民族工作者在他

---

① 李资源：《中国共产党民族工作史》，广西人民出版社，2000。
② 金炳镐主编《中国共产党民族工作发展研究》，中央民族大学出版社，2007。
③ 中共中央党史研究室科研管理部、国家民族事务委员会民族问题研究中心编《中国共产党民族工作历史经验研究》（上、下册），中共党史出版社，2009。
④ 王延中、管彦波：《云南建设民族团结示范区与和谐民族关系的基本经验及启示》，《民族研究》2014 年第 3 期，第 1~12 页。

们的回忆录中都有所提及。

王连芳的《王连芳云南民族工作回忆》① 一书，展示了新中国成立初期云南边疆少数民族地区特有的民族风情，论述了云南民族工作的复杂性与重要性，记载了党和国家在云南边疆民族工作的历程，反映了云南边疆民族工作的艰苦、曲折和经验教训。

马曜的《民族学与民族工作论文集》②，记述了新中国成立初期云南民族调查、云南民族工作规律、云南民族地区和平协商土地改革和"直接过渡"的具体做法，以及云南边疆民族工作的基本经验。

黄光学的《民族工作文集》③ 一书，将其 40 年的民族工作进行了回顾，并分为"民族理论与政策篇""民族区域自治与散居民族工作篇""发展民族地区经济篇""加强民族团结繁荣民族文化篇""朝鲜族、西藏和朝鲜半岛问题篇""编纂民族志篇"六个方面进行阐述，为以后的民族工作、民族问题的研究提供了可贵的历史经验。

郝时远主编的《田野调查实录：民族调查回忆》④ 一书，记录了从 20 世纪 50 年代开始的大规模民族调查实践中成长起来的民族研究工作者的学术经历，从中我们可以理解其艰辛过程以及那一代民族工作者的思想、感情和献身精神。

有关新中国成立初期党和国家民族工作的研究成果也不少，既有专门的研究论文，也有围绕民族工作的具体实践。

郑信哲的《略论我国五十年代的民族工作》⑤，梳理了党和国家 20 世纪 50 年代做好民族工作、解决民族问题的重要方针、政策和法规，探讨了该时期我国民族工作的巨大成就，进一步揭示了 50 年代

---

① 王连芳：《王连芳云南民族工作回忆》，云南人民出版社，1999。
② 马曜：《民族学与民族工作论文集》，云南民族出版社，2001。
③ 黄光学：《民族工作文集》，民族出版社，2008。
④ 郝时远主编《田野调查实录：民族调查回忆》，社会科学文献出版社，1999。
⑤ 郑信哲：《略论我国五十年代的民族工作》，《黑龙江民族丛刊》1994 年第 4 期，第 14~19 页。

民族工作的启示。

赵刚的《论中国共产党民族工作主题的历史演进》[1] 通过梳理中国共产党的民族工作，并对不同时期民族工作主题进行概括，反映了中国共产党民族工作与中国实际的有效结合，有助于我们对中国共产党当前民族工作的理解。

袁冬梅的《中共西南局民族工作的历史实践与现实启示》[2] 论述了新中国成立初期邓小平的民族工作思想，包括在少数民族地区广泛实行民族区域自治制度，着力发展少数民族及民族地区经济等，对新时期党的民族工作有着重要的启示作用。

谢撼澜的《建国初期邓小平对西南少数民族工作的开创性贡献》[3]，阐释了邓小平同志从贯彻人民政协"共同纲领"、解放和建设西南、巩固西南边疆国防三方面入手，充分认识到少数民族工作在西南工作中的极端重要性，以及邓小平开展少数民族工作采取的政策措施，对研究新中国成立初期党的民族工作具有重要的参考价值。

赵永忠的《20世纪50年代初期西南的民族团结公约》[4] 论述了党和政府通过"派下去，请上来"的民族工作实践，以及办好事、办实事的民族团结措施，推动了新中国成立初期民族团结工作的新发展。

武婷婷的《20世纪50年代少数民族社会性质调查与史学论争的互动关系》[5]，从史学的角度，论述了20世纪50年代中期开展的少数民族社会性质调查，既是为了满足少数民族地区民主改革的政治需

① 赵刚：《论中国共产党民族工作主题的历史演进》，《云南社会科学》2008年第6期，第11~14页。
② 袁冬梅：《中共西南局民族工作的历史实践与现实启示》，《重庆理工大学学报》（社会科学版）2014年第7期，第16~21页。
③ 谢撼澜：《建国初期邓小平对西南少数民族工作的开创性贡献》，《重庆理工大学学报》（社会科学版）2014年第9期，第101~106页。
④ 赵永忠：《20世纪50年代初期西南的民族团结公约》，《贵州民族研究》2012年第5期，第159~163页。
⑤ 武婷婷：《20世纪50年代少数民族社会性质调查与史学论争的互动关系》，《中央民族大学学报》（哲学社会科学版）2013年第5期，第23~31页。

要，也具有丰富马克思主义社会理论和强调中国特殊性的双重追求。

木薇的《20世纪50年代以来云南民族识别研究回顾与反思》① 采用文献研究法，从初步实践和研究拓展两个阶段，对云南民族识别的研究成果进行了回顾和评价。

徐红卫、谢颖在《20世纪50年代云南少数民族地区和平协商土地改革政策形成过程再探析》② 一文中，论述了党在新中国成立初期关于民族地区土地改革政策的形成，着重探讨了云南和平协商土地政策的提出，是党的民族工作在土地问题上的重要体现。

3. 以现代民族国家建构的视角对民族理论的研究

近年来，运用政治学方法研究民族理论与政策是民族学研究的一个新的角度，民族政治学也作为一个新的研究领域进入了学者的研究视野。

徐迅的《民族主义》③ 一书认为现代性是民族国家的历史起源及动力，探讨了世界民族国家体系下国家的嬗变及其危机以及中国的民族主义问题，认为民族主义必须要对价值进行选择。

宁骚的《民族与国家：民族关系与民族政策的国际比较》④ 一书，对民族与民族过程、民族主义与国际主义、种族主义和反种族主义、民族运动与民族冲突、民族国家的特征及类型等进行了理论分析，并以南非的种族隔离制度、美国的民族同化政策、中国的民族区域自治为实例进行研究并作了国际比较。

---

① 木薇：《20世纪50年代以来云南民族识别研究回顾与反思》，《云南农业大学学报》（社会科学版）2011年第3期，第28~33页。

② 徐红卫、谢颖：《20世纪50年代云南少数民族地区和平协商土地改革政策形成过程再探析》，《长春理工大学学报》（高教版）2009年第12期，第55~56页。

③ 徐迅：《民族主义》，东方出版社，2014。

④ 宁骚：《民族与国家：民族关系与民族政策的国际比较》，北京大学出版社，1995。

王建娥的《族际政治：20世纪的理论与实践》① 一书认为，在多民族国家已经成为常态的现代世界，国家内部的多民族现象将长期存在，多民族国家内部的民族问题，既与多民族国家处理民族问题的政策有关，又与多民族国家的制度结构和权利分配体系有关。

周平的《多民族国家的族际政治整合》② 一书认为，在多民族国家中的各个民族，基于维护民族利益形成的族际互动，会诉诸政治权力而形成族际政治，其中族际政治整合是其中的一种类型。各个多民族国家在族际整合的过程中，由于价值取向、族际政治整合机制的差异，会形成不同的族际政治整合模式。

严庆的《冲突与整合：民族政治关系模式研究》③ 一书以民族政治关系为研究客体，从理论和实践两个维度对其基本模式——冲突与整合进行了研究与阐释。

郑信哲、周竞红主编的《民族主义思潮与国族建构——清末民初中国多民族互动及其影响》④ 一书，立足于清末民初民族主义在中国的兴起与传播，梳理了中华民族国家建构中各民族之间的互动过程，进而探讨了中华认同意识与民族观念的变迁历程。

方素梅、刘世哲、扎洛主编的《辛亥革命与近代民族国家建构》⑤ 一书认为，辛亥革命是构建民族国家过程中的重大转折点，实现了由王朝体制向民族国家体制的重大转变。

吕永红的《民族、国家与制度：历史制度主义视域下的民族区

---

① 王建娥：《族际政治：20世纪的理论与实践》，社会科学文献出版社，2011。
② 周平：《多民族国家的族际政治整合》，中央编译出版社，2012。
③ 严庆：《冲突与整合：民族政治关系模式研究》，社会科学文献出版社，2011。
④ 郑信哲、周竞红主编《民族主义思潮与国族建构：清末民初中国多民族互动及其影响》，社会科学文献出版社，2014。
⑤ 方素梅、刘世哲、扎洛主编《辛亥革命与近代民族国家建构》，民族出版社，2012。

域自治制度研究》① 一书以历史制度主义的视角，以民族、国家与制度三者之间的内在关系为逻辑起点，探讨了影响民族区域自治制度发展历程的因素。

暨爱民的《民族国家的建构：20世纪上半期中国民族主义思潮研究》② 一书从分析近代中国的民族问题开始，探讨了20世纪上半期中国的民族主义与民族国家建构等问题。

伍小涛的《建构与认同：新中国民族工作研究：以贵州省为例：1949—1956年》③ 一书，以贵州1949~1956年的民族工作为个案，从建构与认同的关系角度管窥了新中国成立初期民族工作所取得的成就。

王延中的《建构民族认同与国家认同间的和谐关系》④ 一文立足于多元一体格局理论，从民族认同的一致性与非一致性、合力与张力的角度出发，对全球化背景下积极建构民族认同与国家认同之间的和谐关系提出新的理念与思考。

王建娥的《国家建构和民族建构：内涵、特征及联系——以欧洲国家经验为例》⑤ 一文以欧洲国家经验为例，认为在现代世界体系下，国家领土范围具有确定性，而确定领土范围的人民却存在族裔、文化和历史传统的多样性，有必要对国家进行整合。该文认为对国家整合的过程就是现代国家的建构过程。

---

① 吕永红：《民族、国家与制度：历史制度主义视域下的民族区域自治制度研究》，世界图书出版广东有限公司，2014。
② 暨爱民：《民族国家的建构：20世纪上半期中国民族主义思潮研究》，社会科学文献出版社，2013。
③ 伍小涛：《建构与认同：新中国民族工作研究：以贵州省为例：1949—1956年》，民族出版社，2010。
④ 王延中：《建构民族认同与国家认同间的和谐关系》，《中国党政干部论坛》2014年第5期，第14~17页。
⑤ 王建娥：《国家建构和民族建构：内涵、特征及联系——以欧洲国家经验为例》，《西北师大学报》（社会科学版）2010年第2期，第22~29页。

马俊毅的《论现代多民族国家建构中民族身份的形成》①一文指出，在多民族国家中，民族概念与民族身份应是一致的，两者均应与民族的历史渊源、宪法以及民族和族群政治一脉相承。该文认为民族概念和民族身份的一致性有利于多民族国家建构，因为国家建构需要国家认同与民族认同之间的相互和谐。

王略的博士学位论文《论民国初年国家制度建构中的民族因素》②以民国初年的国家建构为研究对象，从公民身份、代议制度以及国家结构形式，探讨了在国家制度设计时的民族因素考量。

白利友的博士学位论文《中国共产党的民族工作与少数民族的政党认同》③，探讨了民族工作在少数民族政党认同过程中的独特作用，进而提出了民族工作的创新机制。

徐畅江的博士学位论文《民族关系的国家建构——以云南为例》④认为，国家是主导民族关系的力量，国家导向和民族政策可以影响民族关系，而民族关系也会影响国家命运。

从现有的研究成果来看，有关现代国家建构的研究，国外主要肇始于欧美学者的研究，国内的相关研究主要着眼于近代以来中国在现代化过程中的国家建构历程与经验。而有关民族工作的研究，从既有研究成果来看，有的从民族工作史角度去研究某一时期的民族工作；有的关于新中国初期的民族工作，多侧重于某些具体的工作，如民族识别、民族区域自治制度、土地改革等；对主要领导人有关民族工作的研究较多，如对毛泽东、周恩来、邓小平的民族工

---

① 马俊毅：《论现代多民族国家建构中民族身份的形成》，《民族研究》2014 年第 4 期，第 1~12 页。

② 王略：《论民国初年国家制度建构中的民族因素》，中央民族大学博士学位论文，2013。

③ 白利友：《中国共产党的民族工作与少数民族的政党认同》，云南大学博士学位论文，2013。

④ 徐畅江：《民族关系的国家建构——以云南为例》，云南大学博士学位论文，2013。

作研究。相比之下，运用现代民族国家建构的视角去研究新中国初期的民族工作，成果较少。据此，本书以上述研究成果为基础，系统梳理 1949~1957 年的新中国民族工作，并将其置于中国近代以来现代民族国家建构的视野，以纵深的历史角度去探讨该时期民族工作的时代价值，为当前民族工作提供有益启示。

三　核心概念界定

研究民族问题与现代民族国家建构问题，首要的任务是对相关核心概念进行界定和厘清，以便在行文中始终如一地使用这些概念，避免出现含混不清的状况。

（一）民族与国家

民族与国家不是从来就有的，二者都是人类社会发展到一定历史阶段的产物和表现，同属于历史范畴。但民族与国家又有所区别，民族本质上是一个社会历史范畴，而国家却是一个政治范畴。

广义上的"民族"一词表示"族类共同体"，各国文字都有不同的对应词汇。在英文中，"民族"一词对应的是 nation，其词源是拉丁文 nasci 的过去分词 natus，本意指出生物，后来该词逐步衍生为 natio，兼有"种族""血统"之意。可见，从最初的意义上讲，"民族"并无政治意蕴，只是"在 1500 年到法国大革命这段时间，natio 开始以 nation（nacion，nazione）的面目出现在当地的语言中，且具有了政治的含义"，法国大革命之后，其政治色彩日益浓厚，"意味着全部的政治组织或国家（state）"[①]，甚至具有了一国人民的范畴指向，如意大利人、法兰西人、英吉利人等。

不同的学科对"民族"概念的侧重点有所不同，加之西语概念

① 王联主编《世界民族主义论》，北京大学出版社，2002，第 4~5 页。

在实际运用中存在翻译问题，学界在"民族"概念的使用上，语境不同，含义也不尽相同。由此，出现了从不同的角度给"民族"下定义的情形。马克斯·韦伯认为："民族是一个可以用它自己的方式充分显示它自己的感情共同体；而且一个民族通常趋向于产生它自己的国家的共同体。"① 安东尼·吉登斯认为，民族是"居于拥有明确边界的领土上的集体，此集体隶属于统一的行政机构，其反思监控的源泉既有国内的国家机构又有国外的国家机构"②。埃里克·霍布斯鲍姆将民族定义为"将自己的集体主权组成能表达政治愿望的国家公民所构成的团体"③，霍氏从历史学角度看待民族，认为政治性是民族的基本特征。厄内斯特·盖尔纳认为人类社会只有在工业社会阶段，才具有深刻的社会动员能力，将国家中的所有成员联合起来而形成一种统一的文化和精神，在这种文化和精神的基础上产生了民族。本尼迪克特·安德森甚至认为民族是一种"想象的政治共同体——并且，它是被想象为本质上有限的（limited），同时也享有主权的共同体"④。以上种种关于民族定义的探讨，学者们莫衷一是，各自从不同的角度进行界定，反映了民族这个研究对象的复杂性。

对于民族的产生，马克思主义经典作家曾作过深刻阐释。马克思、恩格斯指出："城乡之间的对立是随着野蛮向文明的过渡、部落制度向国家的过渡、地方局限性向民族的过渡而开始的，它贯穿着文明的全部历史直至现在。"⑤ 恩格斯进一步强调："从部落发展成

① 转引自贾英健《全球化与民族国家》，湖南人民出版社，2003，第20页。
② 〔英〕安东尼·吉登斯：《民族-国家与暴力》，胡宗泽等译，三联书店，1998，第141页。
③ 转引自贾英健《全球化与民族国家》，湖南人民出版社，2003，第23页。
④ 〔美〕本尼迪克特·安德森：《想象的共同体：民族主义的起源与散布》，吴叡人译，上海人民出版社，2003，第5页。
⑤ 《马克思恩格斯文集》第1卷，人民出版社，2009，第556页。

了民族和国家。"① 可见，马克思、恩格斯是从一般意义上理解民族的形成，认为民族是伴随着生产力的发展，商业、手工业的产生，野蛮向文明的过渡，由氏族、部落发展而成的社会共同体。列宁认为："民族是社会发展到资产阶级时代的必然产物和必然形式。"② 在列宁有关民族形成论述的基础上，斯大林进一步指出："世界上有各种不同的民族。有一些民族是在资本主义上升时代发展起来的，当时资产阶级打破封建主义和封建割据局面而把民族集合为一体并使它凝固起来了。这就是所谓'现代'民族。"③ 和马克思、恩格斯有关古代民族形成的论述有所不同，列宁、斯大林认为，随着资本主义生产方式的出现，原本基于血缘关系建立起来的人们共同体逐步向地缘关系转化，更注重人们共同体之间在语言、历史、文化传统上的共同联系。斯大林进一步概括了民族的含义与特征，他认为民族是"人们在历史上形成的一个有共同语言、共同地域、共同经济生活以及表现在共同文化上的共同心理素质的稳定的共同体"④。对于斯大林提出的民族概念，质疑声、赞同声兼而有之，但学界在阐释民族概念时却无法绕开这个定义，因为斯大林当时所论证的民族，是指现代民族，是组成民族国家（nation-state）的民族，也就是英文中的 nation，而组成民族的成员可以是不同种族、不同部落的群体。

　　在中国，"民族"一词是由"民"和"族"两个独立的词语组成的，其中"民"泛指人类、平民或特定职业的人；而"族"一般表示对具有某种共同属性的事物所作的分类。在中国古代文献中，也有将"民"和"族"放在同一句子甚至并列一起的情形，如"民不祀非族"（《左传·僖公十年》）、"民犹淫侻而乱于族"（《礼

---

① 《马克思恩格斯文集》第9卷，人民出版社，2009，第557页。
② 《列宁选集》第2卷，人民出版社，2012，第441页。
③ 《斯大林全集》第11卷，人民出版社，1955，第288页。
④ 《斯大林选集》（上），人民出版社，1979，第64页。

记·坊记》）等，郑玄在注释《礼记·祭法》时，就有"与民族居百家以上，则共立一社"的解说。但是此语境下的"民族"实指"家族"或"宗族"而言，而非今日在"族类共同体"意义上的民族，更非现代意义上的民族概念。20世纪初，中国遭八国联军侵略，面临亡国灭种的危险境地，先进的中国人如梁启超、邹容、严复等，大量翻译西方文章，探求救国救民的真理，其中"民族"一词被普遍适用且日益频繁，逐渐衍生出"中华民族""民族主义""民族帝国主义"等词，用以反抗西方列强施加给中华民族的侵略和压迫，"中国人原来就有的集体历史记忆，在这一被赋予现代意义的名词之下依然留存下来，作为一种可用的资源，不断地参与相关概念的新意义的型塑"①，由此在中文的语境下，"民族"一词才被赋予现代的意义。

《现代汉语词典》对民族的解释包括两个方面，一是指"历史上形成的、处于不同社会发展阶段的各种人的共同体"；二是"特指具有共同语言、共同地域、共同经济生活以及表现于共同文化上的共同心理素质的人的共同体"②，可见，在中国目前的学术研究中，斯大林的民族定义已经成为"长期遵循且比较规范的民族定义基础"③。但在实际运用中，人们对斯大林所称的"民族"往往存在理解上的问题，导致该词在使用中较为混乱。对此，费孝通先生提出著名的"中华民族多元一体格局"理论，认为中华民族是中国境内各个民族"经过接触、混杂、联结和融合，同时也有分裂和消亡，形成一个你来我去，我来你去，我中有你，你中有我，而又各具个

---

① 暨爱民：《民族国家的建构：20世纪上半期中国民族主义思潮研究》，社会科学文献出版社，2013，第28页。
② 中国社会科学院语言研究所词典编辑室编《现代汉语词典》，商务印书馆，2005，第951~952页。
③ 郝时远：《斯大林民族定义及其理论来源》，王建娥、陈建樾：《族际政治与现代民族国家》，社会科学文献出版社，2004，第82页。

性的多元统一体"①。在费先生看来，中文语境中的"民族"含义有
两个层次：一是指中华民族的统一体。它是在长期历史发展过程中
形成的，并在近代中国各族人民反抗帝国主义侵略的斗争中不断由
"自发"走向"自觉"的实体。二是组成中华民族统一体的各个民
族，即组成中华民族的 56 个民族，每个民族都有悠久的历史和灿烂
的文化。如此一来，民族内涵的不同层次就清晰了，既有作为政治
民族的国家层次上的民族——中华民族，又有作为中华民族组成部
分的各个民族。

　　国家是政治学学科的核心概念之一。在西方，亚里士多德最早
对国家问题进行研究。在他所处的古希腊时期，"国家"一词用来指
称城邦或卫城。亚里士多德认为人是政治动物，而城邦国家是"至
善的社会团体"，城邦"为若干家庭和'若干家庭所集成的'村坊
的结合，由此结合，全城邦可以得到自足而至善的生活"②，人必须
依赖城邦而存在。古罗马时期，西塞罗将国家定义为"由许多社会
团体基于共同的权利意识及利益互享的观念而结合成的组织体"③。
然而，"国家"一词作为最高政治实体的名称，却来源于马基雅维利
的著作《君主论》。在马基雅维利看来，国家作为一种势力组织，应
当在自己的疆域内享有至高无上的权力，并在处理同别国的关系时
能做到有意识的自卫行动。至此，"国家"一词才流行通用起来。

　　关于"国家"概念，西方学者主要有以下几类看法：一是认为
国家是人群的联合组织，将国家视为人们的"联合体"或社会团体，
如亚里士多德、西塞罗、格劳秀斯、康德等；二是强调国家是管理
或统治的组织，如不丹、荷兰德、狄骥、巩普洛维赤等；三是把国
家看作是没有实际组织的虚构物，如奥古斯丁、托马斯·阿奎那认
为国家是上帝意志的特殊表现，黑格尔将国家看作是一种"理性"

---

① 费孝通：《中华民族多元一体格局》，中央民族学院出版社，1989，第 1 页。
② 〔古希腊〕亚里士多德：《政治学》，吴寿彭译，商务印书馆，1997，第 140 页。
③ 《中国大百科全书·政治卷》，中国大百科全书出版社，2004，第 136 页。

"伦理精神的现实"，凯尔逊把国家看作是一种"秩序"；四是认为国家是以权力或权威为中心的、多因素组成的复合体，如韦伯、达尔、迦纳等。纵观西方学者的国家定义，都没有认识到国家是"阶级统治的工具"这一本质，只有马克思主义国家学说才揭示了国家的起源以及本质。

国家起源问题是马克思主义国家学说的重要问题之一。在马克思主义经典作家的著作中，如《德意志意识形态》《哲学的贫困》《共产党宣言》《反杜林论》等，都有很多相关探讨。特别是《家庭、私有制与国家的起源》（以下简称《起源》），是恩格斯运用唯物史观研究原始社会民族形成与国家起源的经典著作，它是在运用马克思唯物史观的基础上，结合摩尔根在《古代社会》中对原始社会时期以易洛魁人生活为个案进行研究所取得的成果，进而从原始社会家庭模式的变迁、私有制的产生和国家的起源等进行考察后完成的，是马克思主义民族理论与国家学说的重要文献之一。

恩格斯通过对北美易洛魁氏族、希腊人的氏族和雅典国家的产生、罗马氏族和国家以及德意志国家的形成的研究，并在总结人类社会三次社会大分工的基础上，指出在原始社会末期，随着生产力的发展，剩余产品的出现，产品交换的发生，私有制逐步产生，阶级也随之产生，原先的部落或部落联盟因其缺乏强制性无法调节各阶级的矛盾，它被国家以其强制力所代替也是必然的事情。因此，恩格斯认为："国家是承认：这个社会陷入了不可解决的自我矛盾，分裂为不可调和的对立面而又无力摆脱这些对立面。而为了使这些对立面，这些经济利益互相冲突的阶级，不致在无谓的斗争中把自己和社会消灭，就需要有一种表面上驾于社会之上的力量……这种从社会中产生但又自居于社会之上并且日益同社会相异化的力量，就是国家。"[①] 列宁进一步强调："国家是阶级矛盾不可调和的产物

---

① 《马克思恩格斯文集》第4卷，人民出版社，2009，第189页。

和表现。在阶级矛盾客观上达到不能调和的地方、时候和程度，便产生国家。"①

　　基于国家的形成问题，马克思主义经典作家从阶级属性角度，对国家本质进行了规定。列宁认为国家"无非是一个阶级镇压另一个阶级的机器"②，"是一个阶级压迫另一个阶级的机器，是迫使一切从属的阶级服从于一个阶级的机器"③。当然，在理解国家的内涵时，我们不能僵化、教条地看待马克思主义关于国家的阶级本质，也应当结合西方学者有关国家社会性的一面，综合看待才比较全面。本文在以下两种含义上理解国家的内涵："一是指一种政治单位或政治实体，作为一种政治单位和政治实体，它是国际法中的行为主体。二是特指不同于社会及其他组织机构的一套独特的制度形式，它与英文中的 state 意义相近，这种制度在社会中履行某种特定的功能。"④

（二）民族主义与民族国家

　　既然民族与国家是两个不同的范畴，现代民族国家是如何将民族与国家这两个不同的范畴结合在一起的呢？这还得从民族主义思潮谈起。

　　民族主义起源于 18 世纪的欧洲，是资产阶级在打破封建主义和宗教神权的运动中兴起的一种民族认同运动。在民族主义发展史上，美国独立战争和法国大革命是具有里程碑意义的事件。对于民族主义的内涵，国内外学界有着不同的解读。汉斯·科恩（Hans Kohn）认为"民族主义是一种认为每个人的最高忠诚应该献给民族国家的心理状态，只有民族国家才是理想的和唯一合法的政治组织体，只

---

① 《列宁专题文集·论马克思主义》，人民出版社，2009，第 180 页。
② 《列宁选集》第 3 卷，人民出版社，2012，第 618 页。
③ 《列宁选集》第 4 卷，人民出版社，2012，第 33 页。
④ 贾英健：《全球化与民族国家》，湖南人民出版社，2003，第 37 页。

有民族才是一切文化上的创造力和经济上成就的源泉"；海斯
（Carlton J. H. Hayes）认为民族主义特别重视语言和历史传统，民族
即使没有政治上的统一也会存在，因为"民族主义是爱国心和民族
意识的融合体"。日本世界民族研究所主编的《民族主义·苏联民族
政策》一书中认为，"民族主义是以民族为基础的国家作为正确标
本，在政治、经济上要求建立这样的民族国家，在文化上也尊重民
族文化价值的思想和运动"。韩国政治学家李克灿认为，民族主义是
"自认为属于某个民族的人们，向往和推进本民族统一、独立、自
由、发展的意识形态及运动"[1]。《中国大百科全书》这样定义民族
主义："地主、资产阶级思想在民族关系上的反映，是他们观察处理
民族问题的指导原则、纲领和政策。"[2] 徐迅认为，民族主义是"对
一个民族的忠诚和奉献，特别是指一种特定的民族意识，即认为自
己的民族比其他民族优越，特别强调促进和提高本民族文化和民族
利益，以对抗其他民族的文化和利益"[3]。尽管不同的学者对民族主
义有着不同的解释，但"从民族主义发展早期的行动来看，谋求建
立自己的国家是民族主义的基本政治目标"[4]。

　　民族国家的形成，最早发轫于西欧各国。西欧民族国家的历史
演进，经历了一个复杂的过程。其基本脉络是由"古希腊城邦国家
开始，经过罗马帝国、中世纪普世世界国家、王朝国家，最后发展
为现代民族国家"[5]。具体地说，罗马帝国灭亡之后，西欧形成了以
封建割据为基础的邦国，同时，罗马教皇又以其一统权威凌驾于这

---

[1]　转引自郑信哲、周竞红主编《民族主义思潮与国族建构：清末民初中国多民族互动及其影响》，社会科学文献出版社，2014，第2页。

[2]　《中国大百科全书·民族卷》，中国大百科全书出版社，2004，第330页。

[3]　徐迅：《民族主义》中国社会科学出版社，1998，第40页。

[4]　黄鹏：《对民族、民族-国家、民族主义问题的再认识》，《世界民族》2004年第6期，第5页。

[5]　周平：《论中国民族国家的构建》，《当代中国政治研究报告Ⅵ》，社会科学文献出版社，2009，第93页。

些邦国之上，使西欧成为一个大的基督教世界体系。随着欧洲资本主义的不断发展，迫切需要在国内形成统一的市场和制度，"在这种普遍的混乱状态中，王权是进步的因素"①，经过斗争，封建贵族的势力被打垮，国王的政权得以建立并巩固，形成了"巨大的、实际上以民族为基础的君主国"②，即王朝国家。王朝国家的建立，使王朝势力得以挣脱基督教教皇的束缚而获得独立的统治权力。在王朝国家不断发展的过程中，法国思想家 J. 不丹创立了主权理论，认为主权是"一国享有的、统一而不可分割的、凌驾于法律之上的最高权力"③。特别是《威斯特伐利亚和约》将国家主权、国家领土与国家独立确定为国际关系中各国所应遵守的原则，王朝国家最终形成主权国家。建立主权国家的奋斗目标，"对置身于其中的人们又起到了模铸的作用，把他们整合在一个政治共同体中，从而形成了以国家共同体为基础的民族共同体"④，随之在民族情感基础上又促成了民族主义的产生，不断促使民族从自身利益角度出发去审视与国家之间的关系。因此，"当民族形成了对国家的认同，把国家当作维护自己利益的机器，当作自己的政治屋顶的时候，这样的国家也就成为民族的国家，即民族国家"⑤。在英、法资产阶级大革命的冲击和影响下，西欧国家逐步完成了由封建国家向近代资本主义民族国家的转型。美洲各国也在美国独立运动的带动下纷纷建立独立的国家，截至 1928 年，共有 19 个拉丁美洲国家获得独立。⑥ 民族国家成为普遍的国家形态，构成了整个世界政治体系的基本单元，逐步演变为

① 《马克思恩格斯文集》第 4 卷，人民出版社，2009，第 220 页。
② 《马克思恩格斯文集》第 9 卷，人民出版社，2009，第 408 页。
③ 《中国大百科全书·政治卷》，中国大百科全书出版社，2004，第 609 页。
④ 周平：《论中国民族国家的构建》，《当代中国政治研究报告Ⅵ》，2008，第 92~109 页。
⑤ 周平：《论中国民族国家的构建》，《当代中国政治研究报告Ⅵ》，2008，第 92~109 页。
⑥ 陈云生：《中国民族区域自治制度》，经济管理出版社，2001，第 4 页。

各国特别是广大亚非殖民地争相模仿的建构模式。民族国家格局的确定，使民族得以和"国家"这个最高的政治表现相结合。

然而，按照近代民族主义"一国一民族"的要求，民族与国家应高度统一，但这仅仅是民族主义所构想的理想主义国家类型。实际上，现实中建立起国家认同的民族，"既可以是一个原生形态的民族，也可以是国家共同体中多个民族融合而成的新型民族"①。因此，民族与国家的一致，并不是空间、疆域的一致，而是民族成员对国家在政治上和文化上的认同，这样，"国家在努力地建构民族，民族亦在努力地整合国家"②，从这个意义上讲，有些民族国家虽然有着多种民族成分，但依然被称之为民族国家就不难理解了。由此，本文中所讲的民族国家，就是"建立起统一的中央集权制政府的、具有统一的民族阶级利益以及同质的国民文化的、由本国的统治阶级治理并在法律上代表全体国民的主权国家"③。

（三）现代国家与现代国家建构

所谓现代国家，从时间角度看，是相对于传统国家即前资本主义国家而言的。德国社会学家马克斯·韦伯认为"国家是一种倚仗合法暴力手段的人对人的统治关系"④。按照韦伯的国家定义，暴力是区分国家与其他组织的核心维度。安东尼·吉登斯继承并发展了韦伯的观点。在吉登斯看来，韦伯所指的国家，就是现代意义上的国家，包括三个要素，一是要有固定的行政官员；二是这些行政官

---

① 周平：《论中国民族国家的构建》，《当代中国政治研究报告Ⅵ》，2008，第92~109 页。
② 〔英〕莱斯利·里普森：《政治学的重大问题》，刘晓等译，华夏出版社，2001，第 290 页。
③ 宁骚：《民族与国家：民族关系与民族政策的国际比较》，北京大学出版社，1995，第 269 页。
④ 〔德〕马克斯·韦伯：《经济与社会》，林荣远译，商务印书馆，1997，第 732 页。

员能够合法地垄断国家暴力机器；三是这种暴力垄断在一定的地域范围内得以维持。在此基础上，吉登斯进一步提出，只有现代民族国家的国家机器才能成功地实现垄断暴力工具的要求，而且也只有在现代民族国家中，国家机器的行政范围才能与这种要求所需的领土边界直接对应起来。① 吉登斯进一步认为，民族国家是继传统国家、绝对主义国家之后出现的现代国家的唯一形式，"民族国家存在于由其他民族国家所组成的联合体之中，它是统治的一系列制度模式，它对业已划定边界的领土实施行政垄断，它的统治靠法律以及对内外部暴力工具的直接控制而得以维护的"②。中国学者徐勇认为，现代国家兼具民族国家与民主国家的双重特性，即主权与合法性两个维度，其中，"民族国家突出的是主权范围，主要反映的是国家内部的整体与部分和国家外部的国家与国家之间的关系。而民主国家强调的是按照主权在民的原则构建国家制度，主要反映的是国家内部统治者与人民、国家与社会的关系。现代国家是民族国家和民主国家的统一体"③。可见，对于现代国家的概念，韦伯、吉登斯、徐勇分别强调国家暴力的工具性意义、暴力的能量、暴力的合法性基础，是一脉相承的体系，只是侧重点有所不同。

"国家建构"是一个外来概念。早在 1966 年，巴林顿·摩尔在《民主与专制的社会起源》一书中，就不同国家的现代化道路选择进行了研究，并概括为资本主义民主、法西斯及社会主义三种模式。但"现代国家建构"这一概念，最早却是由英国学者查尔斯·蒂利于 1975 年提出。他在《西欧民族国家的形成》一书中，重点研究了国家形成的抽取和代表，有意地寻找战争、政治、税收、食物的控

---

① 〔英〕安东尼·吉登斯：《民族-国家与暴力》，胡宗泽等译，三联书店，1998，第 20 页。
② 〔英〕安东尼·吉登斯：《民族-国家与暴力》，胡宗泽等译，三联书店，1998，第 147 页。
③ 徐勇：《"回归国家"与现代国家的建构》，《东南学术》2006 年第 4 期，第 18~27 页。

制和相关进程的相互关系，发现欧洲现代国家形成是这样的过程：政权的官僚化与合理化，为军事和民政而扩大财源，乡村社会为反抗政权侵入和财政榨取而不断斗争以及国家为巩固其权力与新的"精英"结为联盟。[①] 安东尼·吉登斯对民族-国家建构颇有研究，他认为"现代民族-国家产生，其目标是要造就一个明确边界、社会控制严密、国家行政力量对社会进行全面渗透的社会，它的形成基础是国家对社会的全面控制"[②]。他还提出，国家工业化的两种重要资源——配置性资源和权威性资源，是"民族-国家"建构的基础。其中，物质形态的、来自于基层社会的配置性资源构成了现代国家建构的物质基础；而非物质形态的、由国家权威自上而下延伸至基层社会的权威性资源，是现代国家建构行政力量的源泉。

从以上有关现代国家概念发展脉络的梳理，我们不难理解现代国家建构的内涵。现代国家兼具民族国家和民主国家的双重性质，现代国家建构必然也是一个双重建构过程，这个过程可以通过主权、法理、政治、经济、文化等多种建构方式来体现。

（四）民族问题与民族关系

民族作为当今世界普遍的现象，必定会产生这样那样的民族问题，民族问题是当今世界政治问题中不可忽视的重要问题，也成为民族理论学科的基础概念。按照一般的理解，民族问题源自民族之间的矛盾与冲突，是和民族有关的问题，但这仅是民族问题的一个方面。如前所述，我国的"民族"概念包括两个层次，一个是国家层次上的、政治意义上的"民族"，如中华民族；另一个是微观层次的、具体的"民族"，如56个民族。由于"民族问题"与"民族"

① 〔美〕杜赞奇：《文化、权力与国家》，王宪明译，江苏人民出版社，2004，第1~2页。

② 〔英〕安东尼·吉登斯：《民族-国家与暴力》，胡宗泽等译，三联书店，1998，第146~147页。

息息相关，"民族"概念的两个层次也就决定了"民族问题"概念也有广义与狭义的区别。从狭义看，民族问题就是指不同民族之间的矛盾、冲突与纠纷；从广义看，民族问题"既包括民族自身的发展，又包括民族之间，民族与阶级、国家之间等方面的关系"①。因此，对于多民族国家来说，民族问题既涉及国内各民族自身的发展问题、各民族之间的矛盾、阶级社会中的民族压迫，也包括组成世界体系的国家层面上的国家之间的关系问题。

　　民族是当今世界普遍存在的社会现象，民族关系是多民族国家必须处理好的社会关系。作为民族理论的基本范畴之一，学者对民族关系的研究逐渐深入，并各自对民族关系的概念进行了阐释，形成几种较有代表性的观点。② 一是以阶级分析理论为指导，通过分析阶级关系在民族关系上的表现来分析民族关系的结构、性质和特点等。③ 这类观点在 20 世纪 90 年代以前的中国民族理论界占有主导地

---

① 国家民委、中央文献研究室编《民族工作文献选编（1990~2002 年）》，中央文献出版社，2003，第 29 页。

② 参见赵健君、贾东海《民族关系定义研究》，《黑龙江民族丛刊》2006 年第 4 期，第 28~36 页。

③ 持这种观点的主要代表如陈永龄："民族关系是不同民族之间在政治、经济、文化等方面的相互联系。在阶级剥削制度下，既有友好往来、互通有无的一面，又有民族压迫、民族歧视和民族掠夺的一面。进入帝国主义时代后，压迫民族的统治阶级为了维护本阶级的利益，不仅在国内压迫剥削少数民族……人为地制造民族间互不信任的敌对关系。在社会主义社会，……形成了团结、平等、互助的社会主义民族关系。"侯哲安："人类的发展伴随着各种领域交往关系的扩大，对这类关系从族体视角划分或观察，就可以统称为民族关系……一是占统治地位的民族的统治阶级和本民族的人民及其他各族人民之间的关系……四是各族人民相互间的关系。"马曼丽："民族关系一般不指本民族内部，而是指有族际内涵的关系……一是国家和代表国家的统治阶层和各级执政权力阶层与各民族人民的关系……三是各族人民之间的相互关系。"参见陈永龄《民族词典》，上海辞书出版社，1987，第 349 页；侯哲安《论我国民族关系的发展》，翁独健编《中国民族关系史研究》，中国社会科学出版社，1984，第 44 页；马曼丽《论民族关系的实质与当代民族关系的核心问题》，《烟台大学学报》2005 年第 4 期。

位，主要原因在于该时期民族理论研究的视角囿于传统的阶级分析理论，因而具有很强的政治学科色彩。二是从民族之间的联系来定义民族关系。从 20 世纪 80 年代中期起，民族理论界开始转变研究视角和方法，从民族本身出发并将其作为社会主体来考察民族之间的社会关系。这类民族关系定义又可以分为以下几种类型：（1）民族关系是民族与民族之间的各种社会关系。[①]（2）民族关系是由民族特征引起的民族之间的相互关系。[②]（3）民族关系是民族内部、

---

① 代表性的观点有殷存毅："民族之间的关系，必定要有一定的社会规范，作为民族交往中的行为准则，民族之间的交往有着不同的范围，因而民族关系也有着不同领域。"黄世君："民族关系当然指两个或两个以上民族之间的问题，它包括单一民族与民族之间的联系与矛盾，包括单一民族与统一的多民族之间的矛盾，也包括统一的多民族内部各民族之间的联系与矛盾。"都永浩："所谓民族关系是指民族与民族之间的交往关系，主要包括政治关系、文化关系、民族体的交融关系等。"郑杭生："民族关系是建立在一定社会经济基础之上，并受社会政治制度制约的民族之间的相互影响、相互制约和相互作用的关系。"丁龙召："民族关系是民族之间各种联系的总和。"赵健君："民族关系，又称族际关系，是人类自从有民族分化以来的社会发展过程中，民族为谋求生存与发展形成的民族之间的共生关系。"参见殷存毅《社会主义商品经济中的民族关系》，《民族研究》1987 年第 4 期；黄世君《关于"民族问题"、"民族关系"的再认识》，《民族研究》1989 年第 6 期；都永浩《论民族关系与民族发展》，《民族理论研究》1990 年第 1 期；郑杭生《民族社会学概论》，中国人民大学出版社，2005，第 109 页；丁龙召《对我国民族关系发展基本态势之浅见》，《阴山学刊》2004 年第 5 期；赵健君《民族理论研究》，甘肃民族出版社，2005，第 93 页。

② 代表性的观点如王勋明："民族关系是一种特殊的社会关系，是以民族出身或族籍为依据而发生的一种社会关系……民族关系直接受制于人们的政治关系。"金炳镐："民族关系是一种特殊的社会关系，它是一种在人们的交往联系中，不仅具有社会性，而且具有民族性的社会关系，本质上是涉及民族这个社会人们共同体的地位和待遇，民族这个社会利益群体的权利和利益，民族及其成员的民族意识和感情的社会关系。"参见王勋铭《关于民族关系的几个理论认识问题》，《黑龙江民族丛刊》1989 年第 1 期；金炳镐《民族理论通论》，中央民族大学出版社，1994，第 262~263 页。

民族之间等社会关系构成的。① 在这几种类型的民族关系定义中，学者们对第一种观点认同度较高；第二种因其将"民族特征"考虑到民族关系范畴之中，影响较大；对第三种观点中的"民族内部"持否定态度。

从以上对于民族关系定义的梳理中我们不难发现，民族关系是一种特殊的社会关系，但并不一定所有的社会关系都构成民族关系，需要结合构成民族关系的"民族"与"关系"二者的内涵综合界定。所谓"关系"，与英文的 relation 或 relationship 相对应，其基本含义有如下两个方面：一是指事物之间的内在关联性；二是指国家、团体或个人之间的往来。可见，"关系"的产生和形成依赖于事物之间或联系统一，或矛盾斗争的关联性，也离不开交往主体之间的往来活动，交往是"关系"产生的基本前提和条件。对于"民族"一词的内涵，前文已经详细论述，在此不再赘述，只是基于中文语境下"民族"的层次性，其一是指作为政治的国家层次上的民族——中华民族；其二是组成中华民族的 56 个民族，将民族关系也相应地界定为两个层次：一是作为国家民族"政治屋顶"的国家与组成国家民族的各微观层次的"民族"之间的关系，因为"代表国家和各民族整体利益的政府在行使权力过程中全面承担民族关系的调解责任，在推动社会整体发展中调节着民族关系，这些政策措施的效度决定着民族关系的发展方向"②，国家与民族的关系包括国家与各民族（包括汉族）、国家与民族地区的关系；二是构成中华民族的各个

① 代表性观点如余梓东："从关系载体上看，既存在内的民族关系，又存在外在的民族关系。"徐黎丽："民族关系是指民族内部、民族之间、多民族及跨国或跨地区民族在政治、经济、文化、社会生活等方面所表现出来的和平、战争或和平与矛盾并存的交往关系。"参见余梓东《民族关系辨析》，《内蒙古社会科学》1992 年第 4 期；徐黎丽《论民族关系与民族关系问题》，民族出版社，2005，第 5 页。

② 任一飞、周竞红：《中华人民共和国民族关系史研究》，辽宁民族出版社，2003，序言第 7~8 页。

民族之间的关系，即民族在其生存与发展过程中与他民族的社会联系，涉及政治、经济、文化等社会生活的各个方面，包括汉族与少数民族的关系、自治地方内部各民族的关系、少数民族之间的关系和民族地区之间的关系等。

（五）民族政策与民族工作

政策，是人类步入阶级社会的产物，是国家和政党实行统治的政治手段之一。自人类社会出现阶级之后，阶级矛盾就相伴而生，在阶级矛盾不可调和之时，便产生了国家。一般来说，经济上占统治地位的阶级在政治上也占统治地位，成为统治阶级。统治阶级为了镇压被统治阶级，同时也担负着管理国家的社会经济生活，总要制定一系列政治、经济、文化、社会发展的方针、政策，维护自己的阶级利益。政党政治出现后，政党的意志又通过国家意志表现出来。

当今世界是一个民族"万花筒"，特别是加了国家这个"政治屋顶"之后，如何解决好国内的民族问题，已经成为国际社会中每个国家必须重视的问题，各个国家也都采取不同的民族政策来尝试解决本国的民族问题。从各国的民族政策看，既有统摄大局的民族政策纲领、原则，也有具体的政策措施；既有促进平等、团结和发展的积极的政策，又有种族隔离、民族歧视、民族同化等消极的政策。文中谈到的民族政策，是指国家为了有效调节民族关系、解决民族问题而采取的方针、纲领、原则和规定的总和。在中国，民族政策是党和国家政策体系中的重要一环，特指有关少数民族的政策。

明确了民族、民族问题、民族政策的基本概念后，我们不难发现这样的逻辑关系，即在多民族国家中，有民族存在，难免出现民族问题，执政党和国家制定一系列解决民族问题的方针、政策、措施，而落实这些就需要开展民族工作。在中国，从民族工作的实施主体看，中国共产党从成立之时起就非常重视国内民族问题的解决，并通过设立民族工作机构，开展民族工作。因此，中国共产党是民族工作的主体，对民族工作的展开起领导、推动和实践作用；从工作对象上讲，民族工作主要是指"有关少数民族事务的工作"①，少数民族是民族工作的客体，是民族工作实践的对象；结合我国各民族"大杂居、小聚居"的居住特点，民族工作的地域延伸至少数民族地区。纵观中国共产党从建党之日到当今的民族工作，在新中国成立之前，民族工作主要是党的民族理论与民族政策在相关地区的实践；新中国成立后，中国共产党执掌全国政权，随着党的民族工作的"国家化"，民族工作成为党和国家事务中的重要工作。

四　基本框架与研究方法

根据研究内容，本书确定了这样的研究思路。第一步，查阅中华人民共和国国史及中国共产党党史，对 1949～1957 年中国民族工作的时代背景进行较为全面的了解。第二步，梳理有关新中国成立初期民族工作的研究文集与相关论文，确立基本框架。第三步，整理新中国成立初期民族工作者的回忆录、该时期有关民族工作的报刊等，为基本框架充实内容。

依据以上基本思路，本书以近代以来中国的现代化转型为研究背景，集中研究新中国成立初期几个重点领域的民族工作。中国共产党解决国内民族问题的制度设计——民族区域自治，在初期实现了政策制度化并不断完善；该制度在具体实施时需要摸清多民族国家的民族"家底"，党和国家在新中国成立初期随即进行了大规模的

---

① 费孝通：《代序：民族研究——简述我的民族研究经历》，费孝通主编《中华民族多元一体格局》（修订本），中央民族大学出版社，1999，第 11 页。

民族识别和少数民族语言、历史和社会调查工作，为后续民族工作奠定了重要前提；党和国家为在民族地区更好地开展民族工作，需要培养大批得力的少数民族干部，成为少数民族和民族地区与国家之间的桥梁，为民族工作的顺利开展提供良好的组织保障；党和国家还立足民族关系现状，通过在少数民族地区开展一系列政治、经济、文化、社会方面的工作，显著改善了全国特别是民族地区各民族之间的关系，为确立平等、团结、互助的社会主义新型民族关系奠定了重要基础。

本书采取的主要研究方法是历史分析法、文献分析法、专题研究法，并辅之以比较分析法、民族地区经济社会发展状况的实地调研等方法。

五　本书的创新与不足之处

本书以现代民族国家建构为视角，综合梳理新中国成立初期的民族工作，有以下三点创新之处。一是视角创新。本书虽重点研究新中国初期的民族工作，但不是就事论事，而是以清末民初中国社会的时代大变局为背景，在现代国家建设的视野中研究民族工作，这样就将新中国初期的民族工作研究与建立以中华民族为统领的现代民族国家有机结合起来。二是研究框架创新。新中国成立初期，国家处于"一穷二白"时期，没有手段、没有资源，民族工作刚刚起步，但却成功打开了民族工作的新局面。因此，本书在以往民族工作研究的基础上，将民族工作分成四大专题，研究框架更为系统，关注内容更为丰富，做到论从史出。三是方法创新。论文运用比较研究的方法，突出中国的现代民族国家建构之路既不同于西方，又和近代的维新变法和辛亥革命相异，而是马克思主义关于民族、国家的学说和中国多民族国情相结合的产物，是本书在方法上的创新之处。

　　然而，该选题是综合性研究，涉及马列主义经典著作中的民族理论、中华人民共和国国史、中国共产党党史、民族工作者的回忆录等内容，如何从这些丰富的资料中抽取主线，需要深厚的理论积淀与历史研究方法。再加上本书以"现代民族国家建构"为视角，需要深厚的政治学与民族学学科理论支撑，因此，在研究过程中，受学养所限，存在一些不足之处与实际困难，需要今后进一步深入学习、研究与提升。

第一章　困境与出路：中国的现代
民族国家建构问题

现代国家都是从前现代社会发展而来的，而前现代社会的不同类型直接影响到相关国家在现代国家建构中的不同起点。西欧国家来自封建或专制国家，它们有着兴盛的都市为基础；东欧国家发轫于高度独裁的国家或社会，都市化发展程度较低；美国、澳大利亚、加拿大等国家经由移民过程而形成；而大多数亚洲和非洲国家，现代化过程肇始于西方国家的殖民体系，但它们也各有差异，如日本的现代化起源于一个中央集权的封建国家，现代中国则是在帝制国家崩溃后建立起来的。

第一节　千年变局：近代中国的社会转型与
民族问题的产生

自秦以降，中国文明经过不断传承与发展，曾经是西方国家和周边邻国学习的对象。当明朝郑和率领气势庞大的舰队彰显中国的政治辉煌时，欧洲人则以比郑和小得多的船队，开始了以发展商业为目的的海洋探险。然而，造化弄人，及至清朝，正当中国人陶醉于"康乾盛世"之时，英国人已完成了工业革命，并开始远渡重洋，到中国寻觅新的商品倾销地或殖民地。1840年，英国发动了侵略中国的鸦片战争，这是中西方首次正面的军事较量，清政府节节败退，老牌的王朝帝国失败了。马克思这样评价鸦片战争："在这场决斗中，陈腐世界的代表是激于道义原则，而最现代的社会的代表却是为了获得贱买贵卖的特权——这真是任何诗人想也不敢想的一种奇异的对联式悲歌。"尽管"竭力以天朝尽善尽美的幻想来自欺"，但是，"这样一个帝国注定最后要在这样一场殊死的决斗中被打垮"。①古老中华帝国就是这样随着鸦片战争大幕的拉开而步入了近代社会，昔日"严格限制对外交往"的天朝大国被迫转型，先进的中国人开始"睁眼看世界"，并开始进行现代化的初步探索。

一　强弩之末："天朝大国"的衰微与转型

自两千多年前秦王朝统一以来，中国的历史发展具有自己独特的连续性，这种连续性形成中国式的"王朝循环"模式。历代王朝都经历相似的"建立—兴盛—衰亡"这样一个发展周期。每个周期中王权易主，而政治、经济、文化体制却一脉相承，发生缓慢的变迁。这种中国式发展模式的经济基础是自给自足的小农经济与家庭手工业相结合的稳定结构，政治基础是中央集权制的官僚帝国，而朝代更替的动因则是内部分裂或农民起义，这已经成为中国整个封建王朝政权更迭的普遍规律，但这一普遍规律却在清朝戛然而止，并朝着另一个方向急速嬗变。

数千年来，中国人都以"中国"自居，对周边外族、外国泛称"四夷"，也就是用"中国中心"的坐标来认识世界，从而构成自身自足发展的大陆帝国体系，其核心价值观是"天下国家"观和"夷夏之防"的儒家理论。从地理环境看，中国四周遍布高山、深海、大漠，一定程度上限制了中国和世界的往来，加上当时国人地理知识的匮乏，"天圆地方"的惯性思维认为中国处于整个世界的中心，具有某种地理位置的优越感。从历史文化看，中国具有悠久的历史

---

① 《马克思恩格斯文集》第 2 卷，人民出版社，2009，第 632 页。

和灿烂的文化，以中原农耕文明为代表的先进生产力一直领先于周围的游牧、狩猎等生产方式，汉文化也一直居于领先地位。受这种地理环境、历史文化等因素的影响，封建制度下的中国长期把其他国家视为处于偏僻之地的夷狄，并构想出一种"华夷一统、万方来朝"，"夷狄之邦"对"天朝大国""以小事大""臣服朝贡"，"天朝大国"则"抚外夷以礼，导人以养"的礼治体系。①

起源于东北的后金政权"入主中原"以后，为了维护满族统治者的统治地位，不得不笼络汉族上层知识分子，接受先进的汉族文化，实行明朝体制，可谓"明清两代，相沿不替"②。经康熙、雍正、乾隆三朝励精图治，政通人和、经济繁荣、社会稳定、文化发达，史称"康乾盛世"。处于盛世的人们，"中国中心"的意识日强，举国上下沉浸在"天朝大国"的迷梦之中。1793年，英国使节马噶尔尼来华与清政府洽谈中英商贸往来事宜，清政府却将他视为"边塞夷王酋长""遣使臣"，并要求其以"三跪九叩"的礼仪觐见乾隆皇帝，从这种外交礼节的要求，也可窥见其"夷夏之防"之观。

然而，沉浸在"康乾盛世"美梦中的清王朝，全然不知自己将面临怎样一场厄运。其时，随着欧洲的航海家开辟新航路，资本主义对外扩张和贪婪掠夺，整个世界逐渐被连接为一个整体，任何国家都无法孤立地存在于这个世界。特别是英国工业革命、美国独立战争以及法国大革命，这些18世纪发生的重大事件深刻改变了人类文明的进程，现代化已经成为无法阻挡的潮流涌向世界各地。

英国自工业革命以后，生产技术的革新使得生产能力激增，迫切需要扩大世界市场，寻找除已成为它的殖民地印度之外的新的原

① 冒荣：《两种自强与"天朝大国"的文化惰性——甲午中日战争的教训和启示》，《南京大学学报》（哲学·人文·社会科学版）1996年第1期，第73～81页。

② 参见李金强、赵立彬、谷小水《从帝制到共和：中华民国的创立》，南京大学出版社，2015，第20页。

材料供应地和商品倾销地，中国恰好成为英帝国主义的不二选择。1840 年，英国悍然发动了侵略中国的鸦片战争，以其精练的海陆强兵与坚船利炮，对抗持刀剑火器等落后装备的清朝军队，毫无悬念，清政府屡战屡败，被迫与英国议和，签订了中国历史上第一个不平等的《南京条约》，首开割地、赔款、通商、领事裁判权、关税协议等条约内容。自此，美、法、德、俄、日等新兴的海上强国也开始效仿英国，对中国开始了疯狂的帝国主义扩张，清政府被迫与各国列强签订了一系列不平等条约。据统计，从 1842 年到 1872 年的 30 年间，清政府和外国签订了 76 个不平等条约，丧失了许多主权；从 1873 年到 1894 年的 20 年间，又和外国签订了 95 个条约，其中除与朝鲜的几次条约未破坏中国主权外，其他无不破坏中国主权。① 西方国家从中国取得的各种特权按类别分大致有 22 项，其中大部分在鸦片战争后 20 年间即已基本齐备。②

从鸦片战争开始，中国社会日益沦为半殖民地半封建社会，昔日的"天朝大国"日渐衰微，被迫开始了自己的社会转型。

二 内忧外患：近代中国民族问题的产生

随着近代帝国主义国家对中国的侵略，中国社会性质由曾经独立的封建国家，蜕变为半殖民地半封建社会，王朝国家的衰微与中国社会的转型，必然带来社会主要矛盾的变化，即由地主阶级与农民阶级的矛盾，转变为帝国主义与中华民族的矛盾、封建主义和人民大众之间的矛盾。伴随着中国半殖民地半封建社会的形成以及社会主要矛盾的变化，中国产生了严重的民族问题，深刻改变了中国的命运。近代中国的边疆民族问题，除沙俄、英国等始作俑者之外，

① 严中平主编《中国近代经济史（1840-1894）》（下册），人民出版社，1989，第 1044 页。

② 汪敬虞：《赫德与近代中西关系》，人民出版社，1987，第 95~104 页。

各国列强也都对我国各地区有所干涉，是帝国主义国家在华争夺各自利益的结果。它们全面侵入我国民族地区，从东北三省、内蒙古地区，到宁夏、甘肃、青海，再到云南、贵州、四川、广西，一直到新疆、西藏、台湾，所到之处充斥着帝国主义列强的种种暴行，其中集中表现为蒙古问题、西藏问题和新疆问题。

（一）蒙古问题：沙俄对我国北部边疆地区的觊觎

1. 沙俄对外蒙古的侵略

近代之前，整个蒙古地区均为中国领土，且一直处于清王朝的统治之下。清王朝以戈壁沙漠为界，以北称为外蒙古，以南称为内蒙古。清朝在外蒙古地区设有库伦办事大臣、乌里雅苏台将军、科布多参赞大臣和阿尔泰办事大臣等各级军政机构。其中库伦（今外蒙古首都乌兰巴托）地理位置"界于图拉河塞尔必川两流域之中心，可以四通八达"，且"平旷无际，地质膏腴"。① 可以说，沙俄对于外蒙古地区垂涎已久。

17 世纪初，俄国就对我国西部的额鲁特和北部的喀尔喀蒙古地区进行过殖民活动，他们抢占牧场，建立堡寨，强纳贡税，侵占了大块的中国领土。

19 世纪中叶，沙俄制定了明确的侵略蒙古地区方针，即或吞并之，或使之"独立"并成为沙俄的保护国。1854 年，沙俄驻东西伯利亚总督穆拉维约夫公然表示，如果中国将来发生政变，蒙古应当受到俄国保护，以避免中国建立的新政权将权力扩张到蒙古。他还进一步指出，如果蒙古百姓有明确加入俄国国籍的"意愿"，俄国会帮助他们实现这一"正当要求"。② 可见，沙俄对蒙古的野心可谓

① 郭孝成：《蒙古独立记》，中国史学会编《辛亥革命》（七），上海人民出版社，1957，第 287 页。

② 参见〔俄〕巴尔苏科夫《穆拉维约夫－阿穆尔斯基伯爵》第 2 卷，黑龙江大学外语系译，商务印书馆，1974，第 110 页。

"司马昭之心路人皆知"。

19 世纪 60 年代，沙俄通过与清政府签订不平等条约①不断扩张其在外蒙古的势力，先后取得了在蒙古通商全境免税和在库伦设立领事馆的权力。

19 世纪末，帝国主义列强掀起了瓜分中国的狂潮，沙俄顺理成章地将蒙古划为自己的势力范围，并采纳所谓的"巴达玛耶夫计划"②，在外蒙古建立了沙俄驻库伦领事馆和"巴达玛耶夫商务公司库伦办事处"，并以此为据点进行间谍活动。他们不断游说蒙古上层人士，大肆挑拨蒙古与清廷之间的关系，积极培植亲俄势力。外蒙古政教最高首领——库伦活佛哲布尊丹巴是沙俄笼络、收买的重大目标，库伦也成为沙俄将侵略魔爪伸向蒙古的跳板。

随着帝国主义列强在华利益的争夺，各大国之间也进行了利益重新分配。日、俄两国尽释前嫌，于 1907 年、1910 年分别签订《日俄密约》，不惜牺牲中国主权与利益，两国在相互"妥协"中实现了各自在华利益，蒙古地区成为沙俄独占的势力范围。在蒙古地区，沙俄设立银行、修筑铁路、开采矿山，极尽经济掠夺之能事；拉拢宗教上层、挑拨民族关系、煽动民族分裂，成为策动外蒙古"独立"的幕后操盘手。

2. 沙俄策动呼伦贝尔"独立"与"自治"

除了外蒙古地区，沙俄还将侵略之手伸向了我国东北地区的呼伦贝尔。呼伦贝尔与俄国隔额尔古纳河相望，西南部同外蒙古交界，战略地位重要，资源富集。沙俄插手呼伦贝尔，是其吞并整个蒙古

---

① 包括 1860 年的《中俄北京条约》、1862 年的《中俄陆路通商章程》和 1881 年的《中俄伊犁条约》。

② 巴达玛耶夫是俄沙皇的干儿子，他提出将蒙古高原并入沙俄版图的计划，深得沙皇赏识。具体做法是：将西伯利亚铁路由原先的海参崴改由从贝加尔向南，深入中国一千八百俄里直到甘肃兰州，秘密组织一个蒙、藏、汉三族"反清"暴动的政治中心，策动叛乱，由叛乱分子请求沙皇收容其为俄国臣民并呈交"自愿书"，达到将蒙、藏、汉之全部东方并入俄国的目的。

地区的重要一步。

清朝末年，面对内忧外患，清政府不得不推行"新政"，在蒙地实行"移民实边"政策，蒙古封建王公的利益受损。呼伦贝尔地区的封建王公也极力反对改制新政，对清政府的离心倾向日盛。辛亥革命爆发后，革命风暴随即席卷全国，清王朝大厦将倾。沙皇尼古拉二世认为俄国吞并外蒙、插手内蒙古地区的机会不容错过。1911年 12 月 1 日，在沙俄的鼓动下，哲布尊丹巴集团正式宣布独立，并逐渐控制了整个外蒙古地区。同时，哲布尊丹巴还要求内蒙古六盟以及呼伦贝尔、归化土默特、察哈尔等盟旗呼应其"独立"。在沙俄的煽动和支持下，1912 年 1 月 14 日，额鲁特总管胜福等人组成"大清帝国义军"，响应外蒙独立，宣布成立呼伦贝尔地方自治政府，取代呼伦贝尔兵备道，以副都统衙门统辖呼伦贝尔地区，胜福任"参赞大臣"及呼伦贝尔"总督"。

沙俄通过外蒙古的哲布尊丹巴集团牢牢控制呼伦贝尔胜福傀儡政权，大肆掠夺呼伦贝尔地区丰富的物产资源。为捍卫领土主权，北洋政府同沙俄就呼伦贝尔问题进行了多次交涉。1915 年 11 月 6 日，中俄签订《中俄会订呼伦贝尔条约》，简称《呼伦条约》。该条约的签订，虽然在形式上中国仍对呼伦贝尔行使主权，但沙俄仍然享有多项特权。[①] 呼伦贝尔由"独立"改为"特别区域"，虽有蒙旗上层王公"自治"之名，但实为沙俄政府多方控制。随着俄国爆发十月革命，沙俄政府垮台，呼伦贝尔"自治政府"因失去靠山而被取消，沙俄策划的呼伦贝尔"自治"闹剧才匆匆收场，但它给蒙古问题、民族关系带来的负面影响是很深的。

---

① 如第四条规定："呼伦贝尔官吏若认为地方不靖，无力弹压时，中央即可派兵前往；惟先应通知俄国政府。"第七条规定："将来如拟呼伦贝尔修筑铁路须借外款时，中国政府应先与俄国政府商办。"第八条规定："俄商与呼伦前订各条约，已由中俄派员双方审查，并经中央允准。"参见王希恩主编《20 世纪的中国民族问题》，中国社会科学出版社，2012，第 83 页。

（二）西藏问题：英国殖民扩张的恶果

西藏位于青藏高原西南部，土地面积占全国总面积的1/8，毗邻新疆、四川、青海、云南，与缅甸、印度、不丹、尼泊尔等国接壤，是中国西南边陲的重要门户，具有重要的战略地位。

西藏地区是中国不可分割的一部分，历代中央政权都对西藏地区实行有效管理。直到 20 世纪初期，藏语中尚没有"独立"这一词汇，更遑论西藏"独立"的意识和行动。可以说，所谓的西藏问题，是帝国主义国家侵略的结果，而最先插手西藏事务的国家便是英国。

早在 18 世纪后期，随着英帝国已把印度作为殖民地之后，就有将西藏纳入其殖民体系的打算。英国这步棋可谓一举多得。一是可以将西藏作为原料产地和商品倾销市场；二是通过西藏打开中国的西南门户，进而直逼中国腹地；三是将西藏作为沙俄与印度之间的缓冲带，阻隔沙俄势力伸向印度。为此，英国通过东印度公司，打着通商的幌子，企图绕过清朝中央政府与西藏地方政府直接接触。此计划遭到清朝政府、西藏地方和藏区人民的强烈反对而破产。

鸦片战争后，英国以印度为跳板，逐步将势力渗透到喜马拉雅山脉一带，控制了尼泊尔、锡金、不丹等地，在西藏周围形成半月形包围之势。英国政府还借传教、探险、游历等名义，派遣大量间谍深入藏区，勘探地形、测绘地图，取得了大量有关西藏的一手资料。1888 年，做好充分准备的英国发动了武装侵略西藏的战争，西藏人民奋起反抗却遭到失败。战后，中英两国先后签订了《藏印条约》和《藏印条款》，通过这两个不平等条约，英国不仅正式吞并了中国的属地哲孟雄，而且割占了中国西藏南部的隆吐、捻纳至则利拉一带的领土；中国开放亚东为商埠，英国由此攫取了在亚东自由通商、派驻官员、租赁房屋、贸易免税 5 年及领事裁判权等特权。① 这两个条约的签订，为英国进一步插手西藏事务提供了便利。

除了武装侵略西藏之外，英国还采取各种手段拉拢和收买达赖、班禅以及西藏上层人士，培植亲英势力，挑拨西藏和清朝政府之间的关系。1907年，英俄两国签订《英俄同盟条约》，英国首次将中国在西藏的"主权"改为"宗主权"，虽然只是一字之差，但其意义却大相径庭，意味着西藏在历史上就是一个独立的国家，中国只拥有"宗主权"，英国也有权力将西藏控制为"保护国"或"独立国"。对此，藏学家杨公素一语中的："宗主权是英国帝国主义分子侵略西藏发明的，它的目的有两个，一是要直接与西藏当局交往以图控制西藏；二是在需要与可能时，将西藏地方变成在它保护下的'独立'国。"② 于是，在英帝国主义的煽动下，西藏地方政府会逐渐产生离心倾向，企图将西藏逐步划入它的势力范围。

（三）新疆问题：沙俄侵略野心的再度膨胀

新疆，古称"西域"，历史上就与中原政权建立了良好的互动关系。汉朝张骞出使西域一时传为佳话，"西域都护府"的设置，标志着新疆成为统一多民族国家的组成部分，以后大多数王朝中央政权都沿袭着对西域地区的有效管理。清代在平定大小和卓叛乱以后，为行使对天山南北各地的有效管理，清政府在新疆设立"伊犁将军"，并分设都统、参赞、办事、领队大臣等职务负责管理各地军政事务。

清末民初新疆民族问题的产生与发展，也都缘于帝国主义列强对中国的侵略。早在19世纪40年代，沙俄通过武装入侵，在新疆

---

① 参见王铁崖编《中外旧约章汇编》第1册，三联书店，1957，第551~552、566~568页。

② 杨公素：《所谓西藏"独立"活动的由来及剖析》，《中国藏学》1989年第1期，第26~65页。

构筑军事堡垒、通过移民等方式，强行进入新疆巴尔喀什湖东南地区。1851 年，沙俄强迫清政府同意其在伊犁、塔城通商后，又通过签订《中俄伊犁、塔尔巴哈台通商章程》这个不平等条约，取得了在伊犁、塔城免税贸易、设立领事并享有领事裁判权、居住和建房等一系列特权，使沙俄得以向新疆地区进一步扩张。

第二次鸦片战争结束后，沙俄自恃调停有功，与清政府签订了不平等的《中俄北京条约》以及《中俄勘分西北界约记》，沙俄又割占了中国西部的大片领土。1871 年，沙俄趁中亚阿古柏匪帮入侵新疆的机会，武装侵占了新疆伊犁地区，后经左宗棠收复新疆，中俄开始交涉有关伊犁归还问题。1881 年，中俄双方签订了《中俄伊犁条约》，沙俄虽然归还了伊犁，但又取得了割地、赔款、贸易、设立领事等特权。

19 世纪末 20 世纪初，帝国主义列强各国掀起了瓜分中国的狂潮，因利益分配不均，沙俄和日本两国矛盾激化并爆发战争，沙俄的溃败使其在中国东北和西藏的扩张受限，由此加大了在新疆扩张的势头，大肆攫取在新疆的各项权利。经济上，通过在新疆各主要城镇开办"洋行"，利用商品的价格差赚取了高额利润，包括罪恶的鸦片贸易；军事上，利用清末民初政治动荡之机，出兵伊犁、喀什噶尔和阿尔泰，加紧对新疆的武装侵略。沙俄对新疆的插手，不仅造成中国严重的边疆民族问题，而且对日后中俄边界的划定也埋下了隐患。

由于帝国主义列强对中国的侵略，统一多民族的王朝体系陷入瓦解，边疆危机成为现代中国民族国家建构必须面对的重要问题，不仅要完成从王朝国家到民国这样的民主革命任务，以实现主权在民的政权性质的转换；同时需要借助过去的王朝体系保住国家的疆域版图，以实现多民族国家的统一。现代中国的民族国家建构必须是两个任务同时完成，尽管两个任务都不容易，而且尚未完全转换成功。纵观清末民初的中国民族问题，从国家层面讲，中华民族面临着前所未有的生存危机；从国内层面讲，中国境内各民族之间产生了严重的冲突与矛盾。然而，从造成中国民族问题的根源看，"中华民族与以国外列强为主的民族矛盾始终主导或影响着中国社会的发展，也主导或影响着中国国内民族问题的发生和发展"①。中国民族问题的两个层次，决定了近代中国解决民族问题的两个任务，即对外反抗西方帝国主义列强的侵略，摆脱殖民地、半殖民地的命运，实现国家的主权独立；对内消灭阶级压迫，推翻封建主义的大山，实现民族解放与民族平等。然而，国内层面民族问题的解决有赖于由列强入侵引起的国家层面的民族问题的解决，这就迫使中国由王朝国家参与到主要是由民族国家组成的世界政治格局之中。

第二节　政治诉求：民族主义与现代国家建构的探索

从鸦片战争开始，西方对华政策是赤裸裸的坚船利炮和强权政治，一系列不平等条约迫使中国割地赔款，中国的国际地位一落千丈，大大损伤了中国人的自尊心。特别是中日甲午战争的失败，"潜藏在中国人心底里的民族思想，便发动起来，一班读书人，向来莫谈国事的，也要与闻时事，为什么人家比我强，而我们比人弱？为什么被挫于一个小小的日本国呢？"② 强烈的屈辱感激起了中国有识之士的仇外、逆反心理，虽然暮气深重的清王朝统治衰落了，而中国社会自发的民族主义精神则昂扬向上并日益充满生机。同时，随着帝国主义"坚船利炮"一起"东渐"到中国社会的是西方各种思潮，其中民族主义是该时期重要的思潮之一，它与中国社会自发的仇外、逆反心理相结合，使"中华民族"概念逐渐成为全民族的共识，促使中华民族精神不断觉醒，深深地影响着中国现代民族国家

---

① 王希恩主编《20世纪的中国民族问题》，中国社会科学出版社，2012，第4页。
② 包天笑：《钏影楼回忆录》，香港大华出版社，1971，第145页。

建构的历程。

一　西学东渐：民族主义在中国的传播与发展

从 1840 年鸦片战争到新中国成立前一百多年的时间，中国近代民族主义思潮经历了一个形成、发展、高涨的过程。在此过程中，一些重要的历史节点，成为民族主义思潮不断发展的标志性事件。

（一）清末民初：近代中国民族主义的形成

中国近代民族主义思潮是传统民族主义与西方民族主义思想相结合的产物。中国传统的民族主义思想主要包括华夷中心观、华尊夷卑观和"夷夏之辨"观念。英国发动的鸦片战争改变了中国长期以来闭关自守的局面，也使清政府从"天朝大国"的自我定位中清醒过来。西方列强的相继侵入，促使中国人开始认识世界，认识自我，发现中国并不是世界的中心，只是世界各国中的一国。通过这种发现，也促使中国人不断思考，缘何被中国人称为"夷"的西方人，政治、经济、文化、社会、军事诸方面都比中国先进？经过对比认识中西方差距，使中国人产生一种民族危机感和民族忧患意识，这正是近代中国民族主义产生的基础。可以说，近代中国的民族主义是在"三千年未有之变局"情况下，中国人为谋求自救而被迅速激活，进而导向建立独立的现代民族国家目标。

有学者指出，"国际政治格局中的民族危机、国家政治结构中的秩序危机和民众信仰层面的意义危机，构成了一幅近代中国民族问题的整体图景"，"要求新的救国理论和新的意义系统"①，进化论就

---

① 暨爱民：《民族国家的构建：20 世纪上半期中国民族主义思潮研究》，社会科学文献出版社，2013，第 61~62 页。

承担了这一重要角色。19 世纪末 20 世纪初，达尔文的进化论在西欧风靡一时，将此理论应用于人类社会的社会达尔文主义更是被应用于人种论而广为传播，对中国的知识分子产生了极大的影响，起到了"吹响中国近代民族主义的号角"①的作用。

1895 年，严复在《直报》上发表了《原富》一文，认为生物界的适者生存的原理，同样适用于人种问题。在严复看来，"种"是指世界上存在的"黄、白、褐、黑"四大人种，而黄种人并不是弱的种族，但如果民无智、无德，"种将弱，国将贫，兵将弱化"，从而在优胜劣汰的法则之下，面临"亡国灭种"的危机。1898 年，严复翻译赫胥黎的《进化论和伦理学》，并以《天演论》名称出版，共 30 种以上版本在知识分子中间广泛阅读②，对当时救亡图存的中国人产生了深远的影响，产生了推动近代中国民族主义思潮形成的两种力量，即以梁启超为代表的君主立宪派和以孙中山为代表的资产阶级革命派，这两派就中国的前途命运安排展开了激烈的争论。

以康有为、梁启超为代表的君主立宪派主张"帝国的臣民原本是没有种族之差别的，如果确立了立宪政治，就能形成多种族的统一的国民"，而革命派主张"虽然现在的中国是多种族的国家，但应该把这一国家重新建立为单一种族等于汉族的国家，因此必须排满"③；君主立宪派认为"汉满不分"，"黄帝是满汉共同的祖先"，而革命派认为中国是汉族的国家，应该从满族这个异族的手里恢复汉族统治。然而，不管两派如何争论，"其'谋国'之心其实是一

---

① 高瑞泉主编《中国近代社会思潮》，华东师范大学出版社，1996，第 75 页。

② 白云涛：《社会达尔文主义的输入及其对近代中国社会的影响》，《北京师范学院学报》（社会科学版）1990 年第 4 期，第 93~101 页。

③ 转引自〔日〕松本真澄《中国民族政策之研究：以清末至 1945 年的"民族论"为中心》，鲁忠慧译，民族出版社，2003，第 42 页。

致的，即都为着民族的救亡"①，对民族主义的认识也在不断发生
变化。

戊戌变法失败后，梁启超流亡日本。当时日本摆脱了西方列强
的侵略与压迫，成功地走上了"脱亚入欧"的现代化道路，成为亚
洲国家"西学东渐"的典型。留日中国人深受日本各种思想理论的
影响，大量翻译有关政治学、社会学、民族学方面的书籍。在诸多
思想理论中，对梁启超产生重大影响的莫过于瑞士法学家伯伦知理
有关国民与民族的学说，具有现代意义的"民族"概念及其理论话
语传到了中国。梁启超最早使用"民族""民族主义""民族精神"
"中华民族"等概念，是近代中国宣传民族主义的第一人。

1901 年 10 月，梁启超在《国家思想变迁异同论》一文中说：
"民族主义者，世界最光明正大之主义也。不使他族侵我之自由，我
亦毋侵他族之自由。其在于本国也，人之独立；其在于世界也，国
之独立。"面对西方列强的侵略，梁氏指出："知他人以帝国主义来
侵之可畏，而速养成我所故有之民族主义以抵制之，斯今日我国民
所当汲汲者也。"从梁启超对于民族主义的论述中不难看出，他对民
族主义寄予厚望，希望可以团结人心，抵抗帝国主义，维护民族独
立。1902 年，梁启超在《新民丛报》上发表《论民族竞争之大势》
一文，首次阐释建立民族国家问题，提出："今日欲救中国，无他术
焉，亦先建设一民族主义之国家而已。"② 1902 年，梁启超提出了
"中华民族"概念，对于国民成分多元的中国来说，其解读"成为
中国社会由传统王朝体制向现代民族国家转变中的关键词"③，因为
它直接决定着"中华民族"指的是汉族还包括少数民族在内的全体

---

① 暨爱民：《民族国家的构建：20 世纪上半期中国民族主义思潮研究》，社会科
　学文献出版社，2013，第 67 页。
② 有关梁启超对民族主义的论述转引自郑大华、邹小站主编《中国近代史上的
　民族主义》，社会科学文献出版社，2007，第 6 页。
③ 郝时远：《中国共产党怎样解决民族问题》，江西人民出版社，2011，第 41 页。

国民，也决定着清王朝统治是否"正统"。1903年，梁启超访问美国，深感共和政体存在弊端，后来他的思想发生了很大改变，由原先力捧的民主共和与排满革命，转为君主立宪。同年，梁启超发表《政治学大家伯伦知理之学说》一文，对原先提到的民族主义做了很大修正，那就是民族主义不是建立现代国家的唯一途径。由此开始，梁启超反对排满，认为联合汉、满、蒙、苗、藏，组成一个大民族一致对外，才是中国救亡图存的正确道路。

从梁启超的上述主张中可以看出，他主张国内各民族融合为一个新的民族共同体——中华民族，目的是集合国内各个民族的力量抵抗帝国主义侵略，以争取民族国家独立，达到救亡图存目的，梁氏后来称之为"大民族主义"，该思想对中国近代政治和社会产生了深远的影响。

孙中山是近代中国资产阶级革命的先驱，也是深刻论述民族主义的思想家。以孙中山为代表的革命派将"种族革命"作为宣传和动员革命的策略，以"排满"为口号的民族主义话语，满足了当时社会的心理需求。鸦片战争、甲午中日战争等均以清政府的失败而告终，《南京条约》《北京条约》《马关条约》等一系列不平等条约的签订，加上清政府日益腐败无能，一些人士将中国的积贫积弱归咎于清政府的少数民族政权性质，推翻清朝统治成为当时仁人志士实现强国之路的迫切愿望。

1894年，孙中山在檀香山成立兴中会，开始了他的革命生涯。当时兴中会的誓词是"驱除鞑虏，恢复中国，创立合众政府"，一直到广州起义的策动，再到1905年同盟会成立，这一阶段以孙中山为代表的革命派均持反满的态度①，一定程度上陷入了狭隘民族主义和

① 这一时期，革命党人的言论和著作，都以满人非中国人作为革命的中心论点，如章太炎的《驳康有为论革命书》，邹容的《革命军》等。作为同盟会成立前革命党中重要的宣传家，章、邹两位可以代表革命党人的一般思想状态。就连孙中山本人，该时期的民族主义核心思想仍是排满，努力"在非满族的中国人中间发扬民族主义精神"。参见郑大华、邹小站主编《中国近代史上的民族主义》，社会科学文献出版社，2007，第101~102页。

种族主义的窠臼之中。

同盟会成立后，将"驱除鞑虏，恢复中华，创立民国，平均地权"的誓词作为其纲领，并将《民报》作为同盟会的机关报。孙中山在《〈民报〉发刊词》中提出"民族、民权、民生"的三民主义政治主张，将民族主义放在其政治主张之首，足见其对民族主义的重视程度。孙中山认为，三民主义就是"救国主义"，因为它"促进中国之国际地位平等、政治地位平等、经济地位平等，使中国永久适存于世界"①。而民族主义就是国族主义，因为在孙中山看来，"中国自秦汉而后，都是一个民族造成一个国家"②。此时其革命目标非常明确，那就是推翻清政府的封建专制统治，建立民主共和国，可以说，孙中山的民族主义已经初步具备近代民族国家的思想。在《民报》创刊周年庆祝大会上，孙中山发表讲演，强调革命并非"尽灭满洲民族"，而是"不许那不同族的人来夺我民族的政权"③，"揭示了近代民族主义的进步内质"④。

1911年，孙中山领导的辛亥革命推翻了清朝统治，结束了统治中国两千多年的封建制度，建立了中华民国，开启了中国民主共和政治的大门。孙中山在就任中华民国临时大总统的宣言书中说："国家之本，在于人民。合汉、满、蒙、回、藏诸地为一国，即合汉、满、蒙、回、藏诸族为一人。是曰民族之统一。"⑤ 在孙中山看来，随着中华民国的建立，国内各民族间不再存在压迫与被压迫的关系，能够相互融合成为统一的中华民族，但民族融合的实现途径，以及存在的问题，孙中山并没有给出回答。

---

① 孙中山：《三民主义》，东方出版社，2014，第2页。
② 孙中山：《三民主义》，东方出版社，2014，第4页。
③ 中国社科院近代史所等编《孙中山全集》第1卷，中华书局，2011，第324~325页。
④ 郑大华、邹小站主编《中国近代史上的民族主义》，社会科学文献出版社，2007，第165页。
⑤ 《孙中山全集》第2卷，中华书局，2011，第2页。

从"排满"到"五族共和"，体现了孙中山为代表的革命派从狭隘民族主义转向国家民族主义，建立独立、民主和多民族国家成为革命派和立宪派的共识并得到确立，则标志着中国近代民族主义的最终形成。①

（二）五四运动：近代中国民族主义的发展

五四运动是中国近代著名的以青年学生为主体，广大市民、工商界等中下层人士共同参与的反帝反封建的爱国运动，它对于近代中国民族主义思潮的发展起了重要的作用。

中日甲午战争后，中国青年学生中掀起了留学日本的热潮，日本"脱亚入欧"目标为西方思潮的发展提供了良好的条件，也使西方思潮大量传入中国成为可能。1915年，陈独秀在《新青年》杂志上发表文章，提倡民主与科学，青年学生率先接受了这些新的思想，为他们后来在运动中成为先锋力量奠定了思想基础。1917年，俄国"十月革命"一声炮响，为马克思主义在中国的传播奠定了基础。1919年1月，第一次世界大战战胜国在法国巴黎召开会议，就战败国问题进行协商，中国作为协约国成员之一参加了巴黎和会，与会代表提出废除外国在中国的势力范围，取消"二十一条"，但巴黎和会拒绝了中国代表的正义要求，全然不顾及中国的战胜国地位，将德国在中国山东的权益转让给日本。此消息一经传开，青年学生群情激愤，随后工商业者、教育界和爱国团体纷纷谴责帝国主义国家的无理行径，并通过示威游行、罢工、请愿等方式表达爱国热情。在强大的舆论压力下，中国代表最终没有出席签字仪式。

从五四运动发生的国际背景看，日本在第一次世界大战爆发后，趁列强忙于欧洲战场无暇东顾之机，获得了独霸中国的机会，对中

① 郑大华、邹小站主编《中国近代史上的民族主义》，社会科学文献出版社，2007，第25页。

国进行疯狂的经济掠夺，尤其在向袁世凯政府提出"二十一条"之后，成为帝国主义国家在中国的最大威胁。在国家陷入危机的情况下，中国国内的民族情绪进一步被调动起来，全中国团结一致反对日本的侵略，同时明确了救国不仅要反帝，而且还要铲除封建军阀和卖国贼。在巴黎和会召开之前，国人对和会标榜的公理、正义以及对威尔逊十四点和平计划的高度期许，变成了山东权益交涉失败后的失望，这种巨大的心理落差"点燃了国内早已炽热的民族情绪"，"国家主权观念和民族独立、领土疆域完整的责任感在民族国家的历史进程中获得更多新的理解"①。

五四运动是一次真正的中下层群众参与的运动，表现了彻底的反帝反封建性，进一步促进了马克思主义在中国的传播，无产阶级力量壮大并开始登上历史舞台，赋予了近代民族主义思潮新的内涵，对于近代中国民族主义思潮的发展有着重大的转折意义。可以说，五四运动振奋了中华儿女的爱国热忱，形成了"爱国、进步、民主、科学"的五四精神，并作为升华了的爱国精神为后人传承。

（三）抗日战争：救亡图存背景下中华民族由"自在"走向"自觉"

1929 年，世界性的经济危机使日本经济遭受重创，经济萧条导致严重的政治危机，在内外交困的情况下，日本趁英美国家忙于应付本国经济危机以及中国国内蒋介石大规模"剿共"之机，推行对华侵略扩张政策，悍然发动了"九一八"事变，在我国东北成立伪满洲国，拉开了第二次世界大战的序幕，东北军民的抗日运动和中国共产党领导的抗日联军拉开了世界反法西斯战争的序幕。

国民政府为避免与日本冲突扩大，采取了妥协政策，致使日本

---

① 暨爱民：《民族国家的构建：20 世纪上半期中国民族主义思潮研究》，社会科学文献出版社，2013，第 92 页。

野心不断扩张。1937 年 7 月 7 日，日军挑起卢沟桥事变，中日战争全面爆发。日本侵略者在战争中犯下了滔天罪行，无论是令人发指的南京大屠杀，还是对抗日根据地的大扫荡和"三光"政策，抑或是丧心病狂的细菌战、化学战，都给中国人民带来深重的灾难。

面对日益严重的民族危机，激发民族意识、增强中华民族凝聚力、抵抗日本侵略成为该时期民族主义思潮的最强音。日本帝国主义对中国的侵略，使中日民族矛盾成为主要矛盾，在亡国灭种的危急关头，中华儿女在全国掀起了抗日救亡运动；国共两党以民族利益为重，冰释前嫌，联合农民、工人、城市小资产阶级和民族资产阶级等一切政治力量，建立了全民族参加的抗日统一战线，为抗日战争的全面胜利打下了坚实的基础；广大学生进行游行示威，"一二·九"运动掀起了抗日救亡的新高潮；社会各界积极抗日，爱国人士甚至不惜牺牲自己的生命。艰苦的多年抗战，给中国人民带来了巨大的生命及财产损失，但中华民族的凝聚力得到空前加强，国家观念也大大增强。

日本帝国主义的全面侵略，使中华民族到了亡国灭种的"最危险的时候"，各族人民在抗击日本帝国主义侵略的斗争中，结成了命运共同体，不断强化的"中华民族"认同，成为各族人民共同接受的民族实体。正如费孝通先生所指出的，"中华民族作为一个自觉的民族实体，是近百年来中国和西方列强对抗中出现的"①。更为重要的是，抗日战争中形成的伟大的抗战精神，就是不畏强暴的拼搏精神、舍身救国的奉献精神、统一抗战的团结精神、坚持到底的自强精神，为近代中国民族主义发展掀起了新的高潮。

近代民族主义思潮是伴随着中国大门被打开而传入中国的，它经过先进的中国人早期译介得到广泛传播，并随着辛亥革命、五四运动、抗日战争这些重要的历史节点不断形成、发展、高涨，"民族

---

① 费孝通主编《中华民族多元一体格局》（修订本），中央民族学院出版社，1999，第 3 页。

主义意识已经在中国深深地扎下了根：'中国'已经是一个国家，'中国人'这个字眼已经有了确实的涵义，而'中华民族'则是把国家和人民联系起来的共同体"①。

二　变与不变：从"自强"到革命的民族国家建构之路

大约在公元前 21 世纪，夏王朝首开世袭制先河，成为中国历史上第一个国家政权。公元前 221 年，秦始皇结束了自春秋、战国以来长期的诸侯割据状态，建立了统一的中央集权制国家，自此中央集权制国家制度一直延续到辛亥革命。从夏朝建立到辛亥革命推翻帝制，中国国家政权不受外部影响，以自身运行模式发展演变，"普天之下，莫非王土；率土之滨，莫非王臣"②。辛亥革命之前的中国，尽管经历了不断的王朝更替，却并没有出现以"中国"命名的国家，属于典型的王朝国家。

步入近代，昔日封闭式发展的王朝国家不可避免地受到外力的影响，逐步改变了自身的发展逻辑和演进形态。在西方国家打开中国大门的同时，近代民族主义思潮也对中国产生了巨大的影响，中国民族主义随之形成、发展、高涨，并逐渐成为抗击外来侵略的一面大旗。争取民族解放、国家主权独立和领土完整，建立民族国家的呼声日渐强烈，并催生了相应的政治力量走上舞台，现代民族国家建构已经成为中国国家形态发展的必然要求。

（一）洋务运动：师夷长技以自强

两次鸦片战争的溃败，先进的中国人开始"睁眼看世界"，探寻中国自强的道路，拉开了中国现代化探索的序幕。然而，中日甲午

---

① 徐迅：《民族主义》，东方出版社，2014，第 239 页。
② 《诗经·小雅·谷风之什·北山》。

战争的溃败，洋务派的"自强"梦也伴随着北洋水师的全军覆没而石沉大海，中国的知识精英再次从制度层面探求救国真理，变与不变、怎么变成为摆在国人面前的"烫手山芋"。

林则徐是先进的中国人中"睁眼看世界"之第一人，他在广东禁烟期间，目睹中国落后的武器与洋枪洋炮洋船之间的差距，提出了向西方学习的主张，并得到了其好友魏源的大力支持，但是他们的主张并没有受到清政府的重视。而这期间，世界却发生了许多新变化：欧洲爆发了 1848 年革命，俄国在克里米亚战争中失败，意大利、普鲁士结束分裂并开始迈向现代化，日本结束了闭关锁国的历史，《共产党宣言》《物种起源》相继问世等等，而中国却白白延误了大约 20 年宝贵的现代化时机。

第二次鸦片战争失败后，一系列不平等条约的签订，皇家园林圆明园被烧毁，还有方兴未艾的太平天国起义，清政府处于内外交困的局面。清王朝第一次认识到自己的统治面临的严重危机，1860年 12 月 24 日，咸丰皇帝颁布了第一个向西方学习的上谕。随后在1861 年，总理各国事务衙门成立，由"以商制夷"转变为"师夷长技以制夷"，提出"自强""求富"的主张，先是派员采购外国的洋船洋炮，随后建立起一批机械制造厂、火药局、子弹局、船政局等官办企业，随后扩建海军，翻译西学著作，派遣留学生，设立新学堂等，缓慢开启了中国早期的现代化之路。

从清政府洋务运动开始的时间看，中国现代化的起步也不算晚，但是与同时期成功走上现代化的国家相比，洋务运动没有进行体制上的改革，而是在"中学为体、西学为用"的宗旨下，不触动封建官僚阶级的根本利益，只是在原有的皇朝体制许可的范围内进行一些保守的、细枝末节的修补，没有能够使自上而下的改革成为全国规模的运动，这种"防卫性"现代化并没有使中国走上自强的道路。而中日甲午战争中，号称当时"亚洲第一"的北洋海军全军覆没，不能不说是一个绝妙的讽刺。但不可否认的是，洋务运动是中国初始工业化迈出的第一步，现代生产方式和大工业生产方式的引进，催生了中国资本主义的萌芽，其中伴随的新观念、新思维方式的出现是难能可贵的。

（二）维新变法：襁褓中即夭折的政治现代化

1894 年中日甲午战争以中国的失败而告终，中国与日本签订了丧权辱国的《马关条约》。这次不平等条约的签订，与《南京条约》《北京条约》相比，对中国人的情感伤害更重，因为签订条约的对象——日本，曾经是中国的"学生"，在唐朝时日本派遣"遣唐使"和僧人，来中国学习政治、经济制度以及文字，和中国的天朝大国相比，日本也就是一个弹丸之地。然而，就是日本这个曾经的"学生"把中国"老师"打败了，中国的国际地位进一步下降，激起了先进的中国人开始反思这次战争失败的原因。19 世纪末，西方列强掀起了瓜分中国的狂潮，1901 年，清政府与十一国签订《辛丑条约》，该条约规定清政府向各国赔款白银 4.5 亿两，这是当时 4.5 亿中国人的集体耻辱，中国被逼入亡国灭种的边缘，大大伤害了中国人的民族感情，国人的民族意识被唤醒，不同派别的先进知识分子纷纷提出各种救亡图存的改革思想。

1895 年，康有为、梁启超发动在京举人向光绪皇帝上书，反对签订《马关条约》，这是中国近代以来群众运动的开端。随后，康、梁会同严复、谭嗣同等在各地宣传维新思想。谭嗣同在一首诗中写道："世间无物抵春愁，合向苍冥一哭休。四万万人齐下泪，天涯何处是神州。"[1] 严复翻译《天演论》，将"进化论"这一与传统儒家思想完全不同的新观念介绍到中国来，在当时的思想界产生了巨大的影响，成为畅销一时的书籍。"物竞天择"的法则激励着中国的先进分子不甘心处于听任外国列强宰割的状态，迫切要求救亡图存，

---

[1] 《谭嗣同全集》（增订本）下册，中华书局，1981，第 540 页。

改变国家、民族的命运。但中国是拥有几千年文明的国家，独特的地理位置使它处于同外界相对封闭的状态，加上长期形成的农业经济，"中国的社会结构和民族心理在很长时间内保持着近乎迟滞不前的巨大惰性。'天不变，道亦不变'被人们奉为信条"①。

"四千年中二十朝未有之奇变"，形势严峻到"法终当变，不变于中国，将变于外人"②。维新派深刻认识到，自鸦片战争以来，打败中国的并不是坚船利炮，而是西方先进的制度，必须对现行的皇朝行政体制进行改革，"兴民权、开议院，实行君主立宪"。1898 年 6 月 11 日，清政府颁布"明定国是"诏书，在光绪皇帝的支持下，维新变法运动开始了。但是，权力斗争不以人的意志为转移，以慈禧太后为首的保守派发动政变，为期 103 天的戊戌变法失败了。

虽然这是一次流产的政治现代化的尝试，但维新运动期间，"变"的观念成为各项主张的理论基础，激荡着传统封建社会"天不变，道亦不变"的形而上学思想，禁锢人们几千年的封建思想被打开了缺口，其思想上的启蒙作用是不言而喻的。

（三）清末新政：传统中孕育的现代化萌芽

19 世纪末，面对帝国主义的侵略行径，农民为主要力量的义和团以"扶清灭洋"为口号，发起了一场群众性反帝运动。但是，在慈禧太后等顽固派的利用下，盲目排外导致八国联军攻入北京，慈禧太后西逃，清政府的统治岌岌可危。在内忧外患的双重压力下，慈禧太后下令变法。

清末新政主要涉及军事、经济、教育、行政等方面的改革。军事方面主要是废除武科科举考试，编练新军；经济方面，倡导官商创办工商企业，鼓励实业；教育方面，废除科举制，开办新式学堂，

---

① 金冲及：《二十世纪中国史纲》，社会科学文献出版社，2009，第 3 页。
② 罗荣渠：《现代化新论：中国的现代化之路》，华东师范大学出版社，2012，第 234 页。

派遣留学生；政治方面，改内阁六部为十一部，实行君主立宪。1908 年，清政府颁布《钦定宪法大纲》，是中国第一部近代意义上的宪法。

诚然，以慈禧太后为首的顽固派"整顿中法，以兴西法"，公布"宪法大纲"，即使只是统治集团谋求自保的形式上的改变，但正像列宁所说的那样："历史上有这样一些情况：伪造宪制的机构可以燃起争取真正宪制的斗争，并且成为新的革命危机的一个发展阶段。"[①]

从新政的主要成果来看，清政府宣布废除科举制，兴办新式学堂和专门的实业学校，社会风气焕然一新；鼓励实业，促使中国的民族资本主义迅速发展，为新的资产阶级革命奠定了经济基础；军队、政权机构及法律现代化的尝试，有利于民主思想的广泛传播。

（四）辛亥革命：王朝国家向现代民族国家的转型

相对于西方由君主制向民族国家转变的国家建构方式，中国建立民族国家主要是受到列强侵略的刺激。列强掀起的瓜分狂潮，使中国人的民族主义意识大大觉醒，人们对种族、地理、文化和历史纽带联结在一起的"民族"逐渐有了自我确认，并对确认的"民族"共同体建构共同的社会价值体系、社会制度以及行为规范，在反抗帝国主义的过程中不断强化了现代国家意识。然而，中国既没有英国的议会制度，又缺乏美国的《独立宣言》，只能采取"革命"的方式，通过推翻帝制来建立自己的民族国家。

《辛丑条约》签订后，列强对中国的政治控制大大加强，帝国主义势力进一步深入中国内地，兴办工厂，开采矿山，修筑铁路，设立租界，垄断金融，牢牢控制了中国的经济命脉。清政府腐朽无能，大量出卖国家的权益，来换取外国列强对它的承认与支持，维护本

① 《列宁全集》第 17 卷，人民出版社，1988，第 252 页。

已摇摇欲坠的统治，清王朝在人民心目中已经失去了尊严与地位，俨然是帝国主义列强间接统治中国人民的工具，成为"洋人的朝廷"。此时，满族统治者与汉族民众之间的矛盾突出，人们把清政府的倒行逆施，统统归结为"异族统治"的结果，"非我族类，其心必异"有了市场，由此汇合成共同的观念：必须推翻清朝的统治。

辛亥革命推翻了中国两千多年的封建王朝统治，使中国在积贫积弱、遭受帝国主义列强百般欺凌的困境中，迈入了现代国家的门槛，走上了国家民族的整合之路，开启了中华民族伟大复兴的先声。它不仅意味着中国从封建王朝向现代民族国家的转变，也象征着中国人民从"臣民"向"国民"的身份变迁。① 1912 年元月，中华民国成立，这是历史上第一次将"中国"两字作为正式的国名，标志着"一个民族国家的建立，体现了国家是由领土、人民、主权三要素组成的，并按照现代民族国家操作"②。此后，中国各项社会变革加速进行，随着新兴平民知识分子的出现，他们推动了一系列新运动，如男女平等、新文化运动、勤工俭学运动、乡村教育运动等，这些运动都"力图从开启民智入手，引导传统中国转向西方，寻求新的价值观——现代性"③。

然而，由于民族资产阶级的软弱性，辛亥革命的果实被以袁世凯为首的北洋军阀所窃取，随后解散国民党，解散国会，又上演了恢复帝制的闹剧，孙中山组织了一系列反袁复辟的斗争。袁世凯退位后，北洋政府统治中国，军阀混战、内战频仍，"地方自治""联省自治"的论争、主张与活动沉渣泛起。同时，国内的民族问题依然相当严峻，满族由于辛亥革命后帝制被推翻而无奈与中华民国合作；外蒙古王公以武昌起义为契机宣布"独立"，以脱离清廷的名义

---

① 郝时远：《中国共产党怎样解决民族问题》，江西人民出版社，2011，第 43 页。
② 徐迅：《民族主义》，东方出版社，2014，第 236 页。
③ 罗荣渠：《现代化新论：中国的现代化之路》，华东师范大学出版社，2012，第 240 页。

而逐渐从中国分离出去；内蒙古王公也不是无条件地参加民国，而是要求"保留蒙古王公的爵位、保留旗的权利、能组织自治团体"，否则就会像外蒙古那样脱离清廷。新疆对参加民国也持保留态度。①可见，虽然孙中山倡导"五族共和"，但复杂的民族问题与国民统合问题成为他统一中国的一大障碍。

俄国十月革命的爆发、马克思主义的传播、中国共产党的成立为孙中山的救国之道提供了新鲜血液，也为三民主义注入了新的内容。1924年，在共产国际和中国共产党的帮助和推动下，孙中山改组国民党，并主持召开中国国民党第一次代表大会。大会提出反帝、反封建的革命目标，形成"联俄""联共""扶助农工"三大政策，新三民主义由此诞生。特别是在民族主义方面：一则"中国民族自求解放"，"使中国民族得自由独立于世界"；二则"中国境内各民族一律平等"，因为国民党"承认中国以内各民族之自决权，于反对帝国主义及军阀之革命获得胜利以后，当组织自由统一的（各民族自由联合的）中华民国"。②其《建国大纲》也宣示："故对于国内之弱小民族，政府当扶植之，使之能自决自治。对于国外之侵略强权，政府当抵御之；并同时修改各国条约，以恢复我国际平等、国家独立。"③

孙中山是中国资产阶级革命的先驱，其毕生心血都用于中国革命、国家统一及民族独立事业，从"排满"的种族革命到"五族共和"，从"民族同化"到"自决自治"，再到明确的反帝目标，反映

① 参见〔日〕松本真澄《中国民族政策之研究：以清末至1945年的"民族论"为中心》，鲁忠慧译，民族出版社，2003，第78页。
② 中国社科院近代史所等编《孙中山全集》第1卷，中华书局，2011，第118~119页。
③ 中国社科院近代史所等编《孙中山全集》第1卷，中华书局，2011，第127页。

了其民族主义"经历了从情绪到理性、从狭隘到开放的发展过程"①。他积极宣讲新三民主义，并将其运用于民族国家建构的实践中，即使生命进入倒计时，仍希望"国民党在完成其由帝国主义制度解放中国及其他被侵略国之历史的工作中……在争世界被压迫民族自由之大决战中，携手并进，以取得胜利"②。然而，孙中山认为只有"三民主义"才是救国的真理，并通过改组国民党、以党建国、以党治国达到改造国家、建设国家的目的。这种党在国上、一党专政的思想，在孙中山去世后，经过蒋介石等人"一个主义、一个政党"的发挥，注定与孙中山所倡导的国家建构之路渐行渐远，中国依然处于严重的政治危机和混乱局面之中。

实践证明，中国封建社会的沉重，洋务运动、维新变法、清末新政都无法使中国步入现代国家的行列；中国民族问题的复杂性，辛亥革命后的中华民国也未能真正完成现代民族国家的建构任务，西方民族主义思潮的"紧身衣"无法适应中国多民族国家的"庞大身躯"。中国革命需要新的动力和活力，马克思主义在中国的传播、中国共产党的诞生就是这种新的动力和活力的最好阐释，使中国现代民族国家建构之旅踏上了新的征程。

第三节　从"民族自决"到"民族区域自治"：中国共产党民族国家建构的制度设计

1921 年，中国共产党成立，这是开天辟地的大事。这一开天辟地的大事，深刻改变了近代以后中华民族发展的方向和进程，深刻

---

① 暨爱民：《民族国家的构建：20 世纪上半期中国民族主义思潮研究》，社会科学文献出版社，2013，第 208 页。

② 中国社科院近代史所等编《孙中山全集》第 1 卷，中华书局，2011，第 641 页。

改变了中国人民和中华民族的前途和命运，深刻改变了世界发展的趋势和格局。① 中国共产党自成立之初，就非常重视国内民族问题的解决，并不断探索解决民族问题的纲领政策。民族区域自治是中国共产党解决国内民族问题的基本政策，是中国共产党在新民主主义革命过程中，不断深入了解中国国情，正确认识民族问题在中国革命和国家建设的重要性，并将马克思主义关于民族问题的理论与中国实际相结合。中国共产党在领导各族人民进行革命的过程中，对于采用什么样的国家结构形式来解决本国的民族问题，经历了一个长期的摸索过程，逐步由最初的"民族自决"转向"民族区域自治"。

一　理论渊源：马克思主义民族理论

马克思主义是由无产阶级革命导师马克思、恩格斯创立，并由列宁、斯大林不断发展而形成的完整的理论体系。其中，民族理论是整个马克思主义理论体系的重要组成部分，它是马克思主义经典作家以辩证唯物主义和历史唯物主义世界观、方法论为基础，深刻总结欧洲民族解放运动的经验而创立并逐步成为各国工人阶级制定民族政策、处理民族问题的指导思想。1843 年秋，马克思发表《论犹太人问题》一文，在这篇文章中马克思把民族问题与社会主义革命相联系，该文被视作马克思论述民族问题的第一篇重要著作。1845 年，马克思、恩格斯合著《德意志意识形态》一书，其中包含了很多有关民族和民族问题的理论。出于指导欧洲工人运动的需要，马克思、恩格斯分别撰写了《论波兰问题》《德国的革命和反革命》《不列颠在印度统治的未来结果》《印度起义》，以及《共产党宣言》

① 习近平：《在庆祝中国共产党成立 95 周年大会上的讲话》，2016 年 7 月 5 日，http://www.dangjian.cn/gcsy/yw/201607/t20160705_ 3495045.shtml。

等一系列著作，对民族问题进行了更加深入的论述。马克思晚年对摩尔根《古代社会》一书给予了很高的评价，并作了大量的笔记和摘要，但由于马克思的逝世，他对人类社会史前史的研究未能如愿。1884年，恩格斯在此基础上写成了《家庭、私有制和国家的起源》一书，该书成为研究古代民族的重要文献。继马克思和恩格斯之后，列宁、斯大林在领导俄国无产阶级革命和建设的过程中，以马克思、恩格斯民族理论基本原理为指导，同时不断地丰富和发展马克思主义民族理论，撰写了《关于民族问题的批评意见》《关于自决问题的争论总结》《民族和殖民地问题提纲初稿》《马克思主义和民族问题》等一系列重要著作，进而形成了较完整的马克思主义民族理论体系，成为指导广大亚非拉国家民族独立的指导思想，也成为中国民族政策的理论渊源。

马克思主义坚持民族平等团结原则，针对多民族国家国内存在的民族问题，提出了三种解决民族问题的途径。

（一）联邦制

马克思主义认为，多民族国家的国家结构形式与解决民族问题紧密相连。马克思、恩格斯提出，无产阶级在取得革命胜利的成果后，首先面临的问题是建立无产阶级政权，而建立政权就必须解决国家结构形式的问题。国家结构形式，就是指国家的统治阶级根据什么原则，采取何种形式来划分国家行政单位，调整国家整体与组成部分之间的相互关系[1]，是"在国家机构体系内纵向配置和运用国家权力的政治法律制度"[2]。一般来说，由于各国的历史传统、民族状况和社会发展情况不同，国家结构形式主要有单一制和联邦制两种类型。

---

[1] 张尔驹主编《中国民族区域自治的理论和实践》，中国社会科学出版社，1988，第26页。

[2] 童之伟：《国家结构形式论》，武汉大学出版社，1997，第238页。

单一制是由若干行政区域单位或自治单位组成的单一主权国家，权力和权威合法地集中于中央机构的国家结构形式。① 其特点体现在三个方面。一是全国一部宪法，中央立法机关依据宪法制定法律。二是国家只有一个中央政府，中央政府与地方各级政府是中央与地方的垂直关系，地方接受中央的统一领导，地方政府的权力由中央政府授予，地方行政区与单位和自治单位没有脱离中央而独立的权力。中央有权监督和控制地方的财政权、人事权等。三是在外交关系中，国家是进行国际交往的唯一主体。从全世界范围来看，200多个主权国家中，绝大多数国家实行单一制。

联邦制是由相对独立的单位，如共和国、邦、州、省等，组成一个统一的国家。与单一制相比较而言，联邦制具有以下特点。一是国家拥有两套法律体系，即除联邦有宪法、法律之外，各组成单位还有各自的宪法与法律，但从法律地位上讲，联邦法律高于地方法律；二是除联邦设有一套立法机关、政府和司法系统之外，各组成单位还有各自的立法机关、政府和司法系统；三是联邦拥有最高和最终的国家权力，各组成单位拥有有限的国家权力，有关联邦中央和地方的权限争议，由仲裁机关解决。在全世界的国家中，有20多个国家实行联邦制。

关于一国在解决民族问题时国家结构形式的选择问题，马克思列宁主义经典作家曾做过精辟的论述。马克思、恩格斯指出："对实践的唯物主义者即共产主义者来说，全部问题都在于使存在世界革命化，实际地反对和改变现存的事物。"② 在1848年欧洲革命开始时，马克思、恩格斯提出："全德国宣布为统一的、不可分割的共和国。"③ 并于1850年进一步指出："要极其坚决地把这个共和国的权

---

① 戴小明、潘弘祥等：《统一·自治·发展：单一制国家结构与民族区域自治研究》，中国社会科学出版社，2014，第6页。
② 《马克思恩格斯文集》第1卷，人民出版社，2009，第527页。
③ 《马克思恩格斯文集》第4卷，人民出版社，2009，第238页。

利集中在国家政权手中。……因为革命活动只有在集中的条件下才能发挥全部力量。"① 恩格斯在谈到无产阶级政权形式的选择时，指出："如果说有什么是毋庸置疑的，那就是，我们的党和工人阶级只有在民主共和国这种形式下，才能取得统治。民主共和国甚至是无产阶级专政的特殊形式，法国大革命已经证明了这一点。"②

列宁在《民族与国家》一书中，阐释了恩格斯有关坚持民主共和国、联邦制共和国与民族问题关系的论述③，之后，列宁又提出社会主义可能首先在少数，甚至在单独一个资本主义国家内获得胜利的著名论断，进一步指出："无产阶级推翻资产阶级而获得胜利的社会所采取的政治形式将是民主共和国。"④

从以上马克思主义经典作家关于国家结构形式的论述，我们可以看出：首先，国家结构形式对于解决民族问题是至关重要的，具体到建立单一制国家还是联邦制国家，他们认为和联邦制国家相比，单一制的民主共和国更具有优越性。这是因为在资本主义制度尚存的情况下，建立单一制的民主共和国，更有利于工人阶级反抗资产阶级的斗争，同时，从整个社会的发展而言，中央集权的国家可以结束封建经济的分散、割据状态，有利于资本主义经济的发展，为工人阶级不断壮大自己的理论提供经济保证。其次，民主共和国是工人阶级取得统治地位的最后形式，只有建立民主共和国才能彻底推翻资产阶级的统治。再次，民主共和国也是无产阶级专政的特殊形式，社会主义制度要求建立集中统一的国家，而能将这两个方面

---

① 《马克思恩格斯文集》第2卷，人民出版社，2009，第197页。
② 《马克思恩格斯文集》第4卷，人民出版社，2009，第415页。
③ 列宁指出："恩格斯同马克思一样，从无产阶级和无产阶级革命的观点出发坚持民主集中制，坚持单一而不可分的共和国。他认为联邦制共和国或者是一种例外，是发展的障碍，或者是由君主国向集中制共和国的过渡，是在一定的特殊条件下的'一个进步'。而在这些特殊条件中，民族问题占有突出的地位。"参见《列宁选集》第3卷，人民出版社，2012，第175页。
④ 《列宁选集》第2卷，人民出版社，2012，第554页。

同时达到的只有建立社会主义共和国。

（二）民族自决

　　纵观马克思主义科学社会主义体系，它始终将全人类的彻底解放作为最高的宗旨和最终目标，但民族的解放和独立是不会自动实现的，除了被压迫民族通过自身艰苦卓绝的斗争以外，还需要相应的民族思想和原则对其斗争进行必要的指引。民族自决权是马克思主义民族理论的重要方面，也是其解决民族问题的一项基本原则。

　　关于民族自决权原则，马克思主义经典作家有过很多论述。在谈及波兰问题时，马克思指出："必须在运用民族自决权原则的基础上，并通过在民主和社会主义基础上恢复波兰的办法，来消除俄国在欧洲的影响。"[①] 在爱尔兰问题上，恩格斯指出："作为爱尔兰人，他们的首要的和最迫切的职责是争取自己的民族独立。"[②] 马克思也同样赞成爱尔兰与英国分离，"爱尔兰人需要的是自治和脱离英国而独立"[③]。

　　列宁对民族自决权的论述是详尽而深刻的，因为列宁所处的时代，恰好是西方帝国主义列强对整个世界瓜分完毕的时候，世界性的殖民体系被建立起来，全世界的国家成为压迫与被压迫、奴役与被奴役的关系。殖民地国家的人民要想求得国家独立、民族解放，民族自决权便成为达成目标的思想旗帜和战斗纲领。列宁强调："民族自决也就是争取民族彻底解放、争取彻底独立和反对兼并的斗争……不管它采取什么形式，直到起义或战争为止。"[④] 列宁还进一步指出："所谓民族自决，就是民族脱离异族集合体的国家分离，就

---

① 《马克思恩格斯全集》第 19 卷，人民出版社，1963，第 164 页。
② 《马克思恩格斯选集》第 2 卷，人民出版社，1972，第 456 页。
③ 《马克思恩格斯文集》第 10 卷，人民出版社，2009，第 272 页。
④ 《列宁选集》第 2 卷，人民出版社，2012，第 739 页。

是成立独立的民族国家。"① 关于民族自决权，列宁也着重指出："民族自决权只是一种政治意义上的独立权，即在政治上从压迫民族自由分离的权利。"②

从以上马克思主义经典作家的论述看，他们所主张和倡导的民族自决权原则，主要是针对被压迫民族，特别是被异族殖民压迫的民族而言，而不是适用于一切民族，特别是同一国内的各民族，每个国家的民族纲领要立足于这个国家不同于其他国家的具体特点。③同时，列宁还认为民族"有权分离"和民族"是否分离"是两个不同的问题，不能不分情况地赞同民族分离，而应当从整个社会发展的利益和无产阶级争取斗争的利益出发来考虑分离的问题。列宁进一步指出民族分离的底线条件是民族压迫和民族摩擦发展到不堪忍受的地步，甚至阻碍经济关系的发展④，这样就排除了民族分离的随机性和任意性。

（三）民族区域自治

民族区域自治思想虽不是发端于马克思主义，但不可否认的是，

---

① 《列宁选集》第 2 卷，人民出版社，2012，第 371 页。
② 《列宁选集》第 2 卷，人民出版社，2012，第 564 页。
③ 列宁指出："在分析任何一个社会问题时，马克思主义理论的绝对要求，就是要把问题提到一定的历史范围之内；此外，如果谈到某一国家（例如，谈到这个国家的民族纲领），那就要估计到在同一历史时代这个国家不同于其他各国的具体特点。"参见《列宁专题文集·论马克思主义》，人民出版社，2009，第 302 页。
④ 列宁强调："不允许把民族自决权问题（即受国家宪法保障用完全自由和民主的方式解决分离的问题）同某一民族实行分离是否适宜的问题混淆起来。对于后者，社会民主党应当从整个社会发展的利益和无产阶级争取社会主义的阶级斗争的利益出发，完全独立地逐个加以解决。""只有当民族压迫和民族摩擦使共同生活完全不堪忍受，并且阻碍一切经济关系时，他们才会赞成分离"。参见《列宁全集》第 24 卷，人民出版社，1990，第 62 页；《列宁选集》第 2 卷，人民出版社，2012，第 397 页。

对于民族区域自治，马克思、恩格斯持赞同与支持的态度。特别是列宁和斯大林，他们认为民族区域自治不仅可以解决民族问题，也是建立现代真正民主国家的必备条件。列宁把民族区域自治看作是社会主义国家的普遍原则，指出："至于自治，马克思主义者所维护的并不是自治'权'，而是自治本身，把它当作具有复杂民族成分和极不相同的地理等等的民主国家的一般普遍原则。"①他还进一步强调，"非常明显，如果不保证每一个在经济和生活上有较大特点并且民族成分不同等等的区域享有这样的自治，那么现代真正的民主国家就不可能设想了"②，自治同民主集中制并不矛盾，"民主集中制不仅不排斥地方自治以及有独特的经济和生活条件、民族成分等等的区域自治，也要求区域自治"③，因为"一个民族成分复杂的大国只有通过地区的自治才能够实现真正民主的集中制"④。

斯大林认为"自治是一种形式。全部问题在于这种形式包含的是什么样的阶级内容。苏维埃政权决不反对自治，它主张自治，但是它主张的是全部政权掌握在工人和农民手里的自治"⑤。同时，斯大林还强调了区域自治的重要性："正确解决问题的唯一办法就是区域自治，……区域自治的优点首先在于实行的时候所遇到的不是没有地域的空中楼阁，而是居住于一定地域上的一定居民。其次，区域自治不是把人们按民族划分的，不是巩固民族壁垒的，相反地，是打破这种壁垒，把居民统一起来，以便为实现另一种划分即按阶级划分开辟道路的。……总之，区域自治是解决民族问题的一个必要条件。"⑥

从以上列宁、斯大林的论述看，他们认为：民族区域自治得以

① 《列宁选集》第 2 卷，人民出版社，1972，第 553 页。
② 《列宁选集》第 2 卷，人民出版社，2012，第 360 页。
③ 《列宁选集》第 2 卷，人民出版社，2012，第 359 页。
④ 《列宁全集》第 25 卷，人民出版社，1988，第 73 页。
⑤ 《斯大林全集》第 4 卷，人民出版社，1956，第 81 页。
⑥ 《斯大林选集》（上），人民出版社，1979，第 113~114 页。

实现的前提是无产阶级革命胜利，并在夺取政权后建立起社会主义国家；民族区域自治是社会主义国家应该普遍遵循的原则，也是解决民族问题的重要形式；民族区域自治是社会主义国家民主的重要标志，只有少数民族实行民族区域自治，才能建立真正民主的国家；民族区域自治是马克思主义民族平等原则的重要体现；民族区域自治从本质上来讲是占少数民族人口绝大多数的工人、农民的自治；民族区域自治的目的是少数民族自己管理自己的事务。

二 创新与发展：从"民族自决"到"民族区域自治"

近代中国，帝国主义的坚船利炮，粉碎了昔日王朝大国的尊严与地位，帝国主义和中华民族、封建主义和人民大众的矛盾成为中国社会的主要矛盾。中国共产党成立后，将反对帝国主义作为自己的历史使命，并致力于解决中国国内的民族问题，始终坚持团结国内各民族，共同反对帝国主义和封建主义，以实现各民族解放与民族平等。民族区域自治作为处理多民族国家民族问题的政策，在其他国家是没有现成的模式可供借鉴的，必须考虑我国历史及现实国情。中国共产党正是运用马克思主义处理民族问题的普遍原则，将其作为一般规律，结合中国特殊的历史情况与现实国情，这种一般性与特殊性在中国民族问题上的结合，使中国共产党找到了解决民族问题的最恰当的方式，实现了从"民族自决"到"民族区域自治"的历史跨越。

（一）主张民族自决权原则和联邦共和国设想（1922.7~1938.9）

中国共产党在建党初期就认识到解决民族问题的重要性，但受苏联模式的影响，从党的二大一直到党的六届六中全会，主要主张联邦制与民族自决。

1922年7月，中国共产党在上海召开第二次全国代表大会，会议讨论通过了《中国共产党第二次全国大会宣言》《中国共产党章程》等。《宣言》指出："只有打倒资本帝国主义以后，才能实现平等和自决。"① 并宣告了中国共产党的任务及奋斗目标②，这是中国共产党自成立以来第一次制定有关解决国内民族问题的纲领，提出民族自决权原则和建立联邦共和国的设想。从中共二大的民族纲领中可以看出，它包括对内和对外两个层次，对外即整个中华民族之于帝国主义侵略的自决；对内即蒙古、西藏、回疆三部对于国内封建军阀的自决。虽然提出蒙古、西藏、回疆三部实行"自治"，实际上意指建立蒙古、西藏、回疆三个自治邦，通过统一"中国本部"而建立中华联邦共和国，为实现各民族平等联合基础上的国家统一、主权独立、领土完整奠定基础。当然，该时期中国共产党联邦建国的主张，受到共产国际和苏俄革命实践的影响，因为在民族关系复杂的大国中，"联邦制是各族劳动者走向完全统一的过渡形式"③。

　　1923 年 6 月，中国共产党第三次全国代表大会在广州召开，大会讨论了《中国共产党党纲草案》，主张"西藏、蒙古、新疆、青海等地和中国本部的关系由各该地民族自决"④，进一步强调处理各少数民族地区与中国本部的关系，适用民族自决权原则，即赋予西藏、蒙古、青海、西藏脱离中国本部的权利。

---

① 中共中央统战部编《民族问题文献汇编》，中共中央党校出版社，1991，第15页。

② 《宣言》宣告了中国共产党五大方面的任务和奋斗目标：（1）消除内乱，打倒军阀，建设国内和平；（2）推翻国际帝国主义的压迫，达到中华民族完全独立；（3）统一中国本部（东三省在内）为真正民主共和国；（4）蒙古、西藏、回疆三部实行自治，成为民主自治邦；（5）用自由联邦制，统一中国本部、蒙古、西藏、回疆，建立中华联邦共和国。参见中共中央统战部编《民族问题文献汇编》，中共中央党校出版社，1991，第18页。

③ 列宁：《民族和殖民地问题提纲初稿》，转引自郝时远《中国共产党怎样解决民族问题》，江西人民出版社，2011，第51页。

④ 中共中央统战部编《民族问题文献汇编》，中共中央党校出版社，1991，第22页。

大革命失败后，面对国民党的白色恐怖，中国共产党适时召开八七会议，确定了土地革命和武装反抗国民党反动派的总方针，并针对中国不同于苏联的实际国情，决定中国革命要走农村包围城市的道路。这一伟大历史转折，不仅挽救了革命、挽救了党，也使党开始面临处理少数民族与中国革命的关系问题。

1928年7月，中国共产党第六次全国代表大会召开，在大会通过的政治决议案第四部分"中国革命现在阶段的口号"中，明确把"统一中国，承认民族自决权"作为当前中国革命的十大政纲之一，并在关于民族问题的决议案中扩大了少数民族所指称的范围，认识到少数民族问题对于中国革命的重要意义。① 可见，面对当时紧张的国共关系，中国共产党重申民族自决权原则，以此来团结和动员各民族人民反抗国民党的反动统治。同时，中共六大党章还在组织机构上进行了部署，要求在各级委员会设立"少数民族工作部"，标志着中国共产党正式将少数民族工作纳入其日常工作的范畴之中。党的六大之后，中国共产党又多次重申民族自决权原则。②

1931年11月7日，中华苏维埃第一次全国代表大会在江西瑞金召开，会议决定成立中华苏维埃共和国，并公布《中华苏维埃共和国宪法大纲》，这是中国共产党在国民党统治薄弱地区，尝试建立政

---

① 该决议案提出："中国境内少数民族问题（北部之蒙古、回族，满洲之高丽人，福建之台湾人，以及南部苗、黎等原始民族，新疆和西藏）对于革命有重大的意义，特委托中央委员会于第七次大会前，准备中国少数民族问题的材料，以便第七次大会列入议事日程并加入党纲。"参见中共中央统战部编《民族问题文献汇编》，中共中央党校出版社，1991，第86～87页。

② 在1929年1月的《工农红军第四军司令部布告》中，提出"统一中华""满蒙回藏，章程自定"的主张；在接着发布的《湘鄂赣边革命委员会布告》《湖南省工农兵苏维埃政府暂行组织法》等党和革命政权的文告中都明确强调了实行"民族自决"这一政治主张。参见中共中央统战部编《民族问题文献汇编》，中共中央党校出版社，1991，第99页；盖世金《从"民族自决"到"民族区域自治"——中国共产党解决民族问题政治形式的历史选择》，《中国特色社会主义研究》2004年第1期，第71页。

权并首次通过法律形式确定解决国内民族问题的基本原则。① 大会还通过了《关于中国境内少数民族问题的决议案》，它是中国共产党第一个针对国内民族问题的专门性文件，对中共解决民族问题的纲领和政策进行了明确规定。一是明确承认中国是多民族国家，除了汉族以外，境内还有蒙古、回、藏、苗、黎、高丽等少数民族，从而有力地驳斥了蒋介石有关"中国没有少数民族"的谬论；二是中国共产党首次提出"建立自己的自治区域"的思想，虽然这个思想依然囿于民族自决原则的框架之下，却是"中国共产党依据马克思民族理论基本原理，结合中国革命中民族问题的具体实践，对民族自决权给予的符合中国实际的新解释"②，这一新解释经过不断发展和实践，逐步成为具有当代意义上的解决民族问题的基本政策——民族区域自治。③

日本发动侵略中国的"九一八"事变后，蒋介石为首的国民党不顾国难当头，依然坚持"攘外必先安内"的策略，对中国共产党领导的工农红军和根据地进行反革命"围剿"，红军被迫开始长征。长征期间，红军横跨湘、黔、滇、川、康、甘、青、陕等省，途经苗、瑶、壮、侗、布依、土家、白、纳西、彝、藏、羌、回、裕固等少数民族聚居区，对这些少数民族的特点及社会阶级状况有了比较深入的认识，那就是"在长期和深重的民族压迫下，少数民族经

① 大会主张："中国苏维埃政权承认中国境内少数民族的自决权，一直承认到各弱小民族有同中国脱离，自己成立独立的国家的权利。蒙、回、藏、苗、黎、高丽人等，凡是居住中国地域内的，他们有完全自决权：加入或脱离中国苏维埃联邦，或建立自己的自治区域。"参见中共中央统战部编《民族问题文献汇编》，中共中央党校出版社，1991，第166页。

② 郝时远：《中国的民族与民族问题》，江西人民出版社，1994，第74页。

③ 在《关于中国境内少数民族问题的决议案》中，中国共产党重申："绝对地无条件地承认这些少数民族的自决权……蒙古、西藏、新疆、云南、贵州等一定区域内……由当地的这种民族的劳苦群众自己去决定：他们是否愿意和中华苏维埃共和国分离而另外单独成立自己的国家，还是愿意加入苏维埃联邦或者在中华苏维埃共和国之内成立自治区。"参见中共中央统战部编《民族问题文献汇编》，中共中央党校出版社，1991，第169~170页。

济社会发展十分落后，其内部的阶级分化和统治方式各异，少数民族反抗民族压迫所形成的内部团结在很大程度上掩盖和淡化了内部的阶级矛盾"①，同时进一步深化了中国共产党对中国民族问题复杂性的认识。一方面，在少数民族内部，少数民族统治者被视为民族利益的代表，在本民族群众中享有极大的权力和威望，对本民族人民具有号召力；另一方面，少数民族上层在反抗帝国主义侵略和本国封建统治方面，还具有革命性的一面。根据少数民族地区的特殊性以及少数民族地区的革命与中国革命的关系，以毛泽东为代表的中国共产党人，从中国民族问题的具体实际出发，提出的战略思想是："民族的压迫基于民族的剥削，推翻了这个民族剥削制度，民族的自由联合就代替民族的压迫。然而只有中国苏维埃政权的彻底胜利才有可能。赞助中国苏维埃政权取得全国范围内的胜利，同样是各少数民族的责任。"② 明确了少数民族革命的任务是"通过反帝反封建斗争来推翻民族压迫，实现民族的解放和行使民族自决权，而不是在民族压迫下进行本民族内部的阶级革命"③，少数民族反对民族压迫的解放斗争是中国革命的有机组成部分，中国革命的胜利需要少数民族的支持。为此，中国共产党在少数民族地区实行有别于汉族地区的革命方式，即不能一味采取工农苏维埃的形式去组织少数民族政权，可以尝试采取人民共和国及人民革命政府的形式，帮助少数民族获得解放，进而实现中国共产党对少数民族的领导。因此，在红军长征过程中，中国共产党始终坚持民族平等与民族解放的原则，帮助少数民族建立自己的政权，这些政权虽然是在民族自决口号下成立的，但都不是独立政府，而是带有自治性质的少数民族政权。

抗日战争全面爆发后，中日之间的民族矛盾成为中华民族面临的

---

① 郝时远：《中国共产党怎样解决民族问题》，江西人民出版社，2011，第58页。
② 中共中央统战部编《民族问题文献汇编》，中共中央党校出版社，1991，第211页。
③ 郝时远：《中国共产党怎样解决民族问题》，江西人民出版社，2011，第59页。

主要矛盾，面对日本帝国主义妄图利用民族矛盾分裂中国的阴谋，党的民族工作的重心转移到团结中华各民族共同抗日，建立抗日民族统一战线，其中少数民族统战工作是重要内容之一。1937 年 8 月 12 日，中共中央在《关于抗战中地方工作的原则指示》中，主张"在民族自决，民族独立，共同抗日的口号之下，组织与武装全体汉民、蒙民、回民参加抗战"①。在随后的 25 日，毛泽东在《为动员一切力量争取抗战胜利而斗争》一文中指出："动员蒙民、回民及其他少数民族，在民族自决和自治的原则下，共同抗日。"② 1937 年 10 月 16 日，刘少奇在论述抗日政府的民族政策时，认为"抗日政府对中国各少数民族的政策，应以团结各民族共同抗日，援助各少数民族自决，反对大汉族主义为原则"，且抗日政府应该宣布"中国境内一切少数民族实行自决，协助他们组织自己的自治政府，在少数民族与汉人杂处之地，如果汉人占多数，即在该地政府中成立少数民族委员会"。他还进一步解释不执行这样的民族政策的严重后果，倘若不"赞助各少数民族的独立与自治，而日本帝国主义反用赞助各少数民族的独立自治去欺骗，这是很危险的"，因为"这要使少数民族中的一部分感觉日本政府比中国政府和汉人要好，在日本的欺骗之下向中国要求独立，反对中国"，因此，中国政府"只有承认少数民族有独立自治之权——才能取得各少数民族诚意的与中国联合起来去抗日。不承认民族的自决权，就不能有平等的民族联合"。③ 这表明这一时期中国共产党强调的是中国各民族联合起来，从日本帝国主义奴役下争取中华民族的独立，而不是各民族的自决与分离；主张少数民族可建立自己自主的政权，并把民族自决权放在整个中华民族独立的角度去理解。

纵观从中共二大到党的六届六中全会之前的这一段时期，中共

① 史筠：《民族法制研究》，北京大学出版社，1989，第 47 页。

② 《毛泽东选集》第 2 卷，人民出版社，1991，第 355 页。

③ 中共中央统战部编《民族问题文献汇编》，中共中央党校出版社，1991，第 563~564 页。

处理国内民族问题的政策主要是主张民族自决，建立联邦制国家，其中民族自决始终是这一时期民族政策的"主旋律"。但在民族自决问题上，我们看出中共在理论和解决民族问题的具体实践并不是完全一致的。理论上，中共始终坚持民族自决原则，但在实践中，无论是在革命根据地，抑或是长征途中在民族地区建立的政权，大多是苏维埃政权，而不是独立的民族国家。即使是像格勒得沙共和国、波巴人民共和国、豫海县回民自治政府等字面上冠以"民族共和国"或"自治政府"，都是接受中国共产党领导的区域性政权，并没有民族分离或建立独立的国家而导致国家分裂，而是通过民族自决的方式反对日本帝国主义与国民党反动统治，进而实现各民族平等的联合。中国共产党处理民族问题的理论纲领与实践上的差异性，正是将马克思列宁主义与中国具体实际相结合的产物和表现，在不断的实践过程中，随着理论上的日益成熟以及革命形势的变化，中国共产党最终放弃了民族自决纲领，历史性地转向民族区域自治。

（二）民族区域自治的现代抉择（1938.9~1947.5）

1. 历史转折：党的六届六中全会

任何政策都不是一成不变的，必须符合变化着的形势，党的民族政策也不例外。"九一八"事变后，日本帝国主义在武装侵略中国之余，还利用中国历史上造成的民族隔阂与民族矛盾，挑拨各民族之间的关系，并打着"帮助民族自决"的幌子，扶植建立了一些傀儡政权，妄图达到分裂中国的目的。在中国东北，日本制造所谓"满洲民族自治"问题，建立了以溥仪为首的伪满洲国政府；在内蒙古东部地区，日本策划所谓"高度自治运动"，扶植亲日的德王建立伪"蒙古军政府"和伪"蒙疆联合委员会"；在华北地区，日本发动了所谓"华北五省自治运动"；在西北回族地区，日本鼓吹"大回教主义"，煽动建立"大回回国"；在东北延边朝鲜族聚居区，叫嚣"间岛韩人自治"，蓄意挑拨朝鲜族和汉族的关系。日本帝国主义的上述行径，将"民族自决"作为插手中国民族问题的合法外衣，使原本严重的中国民族问题更加复杂化。中国共产党深刻地认识到，日本对华侵略恰恰是离间汉族和少数民族，将自己对中国的军事占领、经济掠夺正当化，日益认识到边疆少数民族对于整个国家军事防卫上的重要性，产生了使边疆少数民族参加到新国家的想法。

1938年9月29日至11月6日，在抗日战争由战略防御阶段转向战略相持阶段的重大关头，中国共产党在延安召开了扩大的第六届中央委员会第六次全体会议（简称六届六中全会），毛泽东作的《论新阶段》的政治报告成为会议的中心议题。在这次大会上，毛泽东号召全党要学会把马克思列宁主义的理论应用于中国的具体环境，把"团结中华各民族（汉、满、蒙、回、藏、苗、瑶、夷、番等）为统一的力量，共同抗日图存"① 作为中共十五项"紧急具体任务"之一，这个民族政策的基本方针首次没有提到各少数民族的自由分离和独立自决，只是强调中华各民族的团结统一和共同抗日。在《论新阶段》中，毛泽东还具体阐述了党在抗日战争相持阶段的民族政策，强调各民族有自己管理自己事务的平等权利，在少数民族和汉族杂居的地方设置由少数民族组成的委员会，尊重少数民族的文化、语言、风俗习惯等。② 在这些民族政策的具体规定中，毛泽东虽

---

① 中共中央统战部编《民族问题文献汇编》，中共中央党校出版社，1991，第608页。

② 具体规定是："第一，允许蒙、回、藏、苗、瑶、夷、番各民族与汉族有平等权利，在共同对日原则之下，有自己管理自己事务之权，同时与汉族联合建立统一的国家。第二，各少数民族与汉族杂居的地方，当地政府须设置由当地少数民族的人员组成的委员会，作为省县政府的一部门，管理和他们有关的事务，调节各族间的关系，在省县政府委员中应有他们的位置。第三，尊重各少数民族的文化、宗教、习惯，不但不应强迫他们学汉文汉语，而且应赞助他们发展用各族自己言语文字的文化教育。第四，纠正存在着的大汉族主义，提倡汉人用平等态度和各民族接触，使日益亲善密切起来，同时禁止任何对他们带侮辱性与轻视性的言语、文字与行动。"参见中共中央统战部编《民族问题文献汇编》，中共中央党校出版社，1991，第595页。

然没有提"民族自决"和"自由联邦"，也没有直接使用"民族区域自治"的提法，而是提出各民族"联合建立统一国家"的思想，强调少数民族与汉族的"平等权"以及自己管理自己事务的"自治权"，这些光辉思想与当今民族区域自治制度的许多具体政策都是一致的，反映了中国共产党理论上的日益成熟与独立，以及对少数民族认识和实践的不断深入。

2. 实践基础：民族区域自治在解决蒙、回民族问题中的尝试

1940 年，中国共产党在《关于回回民族问题的提纲》和《关于抗战中蒙古民族提纲》中，均主张少数民族在政治上与汉族平等，在共同抗日的原则下，允许回、蒙民族自治。

1941 年 5 月 1 日，中共颁布的《陕甘宁边区施政纲领》明确提出："依据民族平等原则，实行蒙回民族与汉族在政治经济文化上的平等权利，建立蒙回民族的自治区。"① 这是中国共产党在解决国内民族问题理论的又一次突进，并在陕甘宁边区得到了实践。陕甘宁边区位于陕西、甘肃、宁夏三省交界处，其中甘、宁两省是回族聚居区，与内蒙古交界地带分布着蒙古族，来自全国各地的各民族青年和进步人士会聚延安，特殊的地理及民族分布特点决定了边区民族问题的解决，直接关系着抗日民族统一战线的巩固，关系着陕甘宁边区的巩固和发展，也关系着西北地区抗战的顺利进行。自 1941 年起，中国共产党在陕甘宁边区试行民族区域自治，先后建立了新正县一、九区回民自治区；定边县城关区新华街、四、五区回民自治乡；曲子县三岔回民自治区；盐池县回六庄回民自治区；鄂托克前旗城川蒙民自治区等一批回族与蒙古族自治政府，并确立自治政府高于同级政府的自治权、本民族任首长、议会及政府中保障少数民族名额等原则，且制定一系列关于经济、文化、教育、宗教等

① 中共中央统战部编《民族问题文献汇编》，中共中央党校出版社，1991，第678 页。

方面的法规、条例，初步积累了民族区域自治的经验，为中国共产党进一步推行民族区域自治打下了基础。

从中国共产党对内蒙古自治运动的指示也可以看出民族政策的这种转变。① 1947 年 5 月 1 日，内蒙古自治区政府成立，这是中国共产党民族区域自治政策具有决定性意义的重要一步。在内蒙古自治运动发展过程中，中共最后确定"民族区域自治"为解决国内民族问题的基本政策，"这不单是名称的不同，制度本身也有一些不同，也就是实质上有一些不同"②。随着中国共产党在全国取得政权和新中国的成立，民族区域自治将成为中国共产党和中华人民共和国处理民族问题的基本政策，也成为我国的基本政治制度之一，得以在全国少数民族聚居地区推行。

综上所述，1840 年鸦片战争的爆发，使昔日的泱泱大国遭受各国列强的百般凌辱，也开启了中国社会由王朝国家向现代国家的转

---

① 1945 年 10 月 23 日，在《中共中央关于内蒙工作方针给晋察冀中央局的指示》中强调："对内蒙的基本方针，目前是实行区域自治。……放手发动与组织蒙人的地方自治运动，建立自治政府。" 1946 年 2 月 24 日，在《中共中央关于不宜成立东蒙人民自治政府给东北局的指示》中指出："在今天整个国内国际形势下，成立这种自治共和国式的政府仍然是过左的……应依和平建国纲领第三节第六条实行地方自治，在辽北省与热河省政府下成立自治区，至多要求成立一个单独的省，作为普通地方政府出现，而不应与中国形成所谓宗主国与类似自治共和国的关系，……警告如他们坚持现在的做法，我们即不能支持他们，必要时还要声明与他们无任何关系。" 1946 年 3 月 23 日，在《中共中央关于内蒙自治问题的指示》中，有关内蒙民族自治政府与中国的关系问题，中央提出："应确定内蒙古自治政府非独立政府，它在内蒙民族自治区仍属中国版图并愿为中国真正联合政府之一部分。" 1947 年 4 月 23 日，内蒙古自治联合会在王爷庙举行会议，会议颁布《内蒙古自治政府施政纲领》，申明："内蒙古自治政府是由内蒙古民族各阶层内蒙古区域内各民族实行高度自治的区域性的民主政府。……以内蒙古各盟、旗为自治区域，是中华民国的组成部分。"参见中共中央统战部编《民族问题文献汇编》，中共中央党校出版社，1991，第 964、1011、1034、1111~1113 页。

② 中共中央文献研究室、中共新疆维吾尔自治区委员会编《新疆工作文献选编》（1949-2010），中央文献出版社，2010，第 185 页。

变历程，中国经历了洋务运动、戊戌变法和清末新政，但都没有使中国步入现代国家的行列。辛亥革命后，中华民国成立，标志着传统的王朝国家向现代国家的转变，但中国随后出现了严重的政治危机和混乱局面，这个时期大约持续了40年。在这40年中，既有军阀之间的派系之争，又伴随着全民性的抗日战争，中国的现代民族国家建构之路依然是"路漫漫其修远兮"。以毛泽东为代表的中国共产党人，以马克思列宁主义为理论指导，借鉴苏俄革命的经验，结合中国社会、中国革命、中国民族状况的实际，真正地、全面地、彻底地动员中国人民大众，将少数民族群众吸收到中国革命斗争中来，初步探索出一条独特的解决国内民族问题的理论，并在实践中取得明显成效，形成有中国特色的解决民族问题的政策，实现了由"民族自决"向"民族区域自治"的伟大转变。

然而，就全国范围来说，政权掌握在以蒋介石为首的国民党手中，中国共产党作为在野党，提出的解决中国民族问题的原则、思想和政策，无法在全国范围内实现，只能在一些根据地、边区进行实践。不断成熟和日益壮大的中国共产党，经过抗日战争、全国解放战争，建立了新中国，其解决民族问题的思想、方针、政策能够在全国少数民族聚居地区推行，并在实践的检验中不断升华其理论，民族工作随之在全国范围内展开。

第二章　制度实施：实行民族区域自治，保障少数民族自治权利

马克思主义有关科学社会主义理论和人类解放的理论，首先在俄国十月革命中得到实践，苏俄建立了社会主义联邦共和国。随着十月革命的胜利，马克思主义传入中国的同时，也给灾难深重的中国人民指明了方向，在中国共产党的领导下，社会主义新中国成立了。在建立一个什么样的国家以及如何解决国内民族问题方面，中国共产党选择了民族区域自治，这一选择是在中华人民共和国成立之前，中国共产党在实践中不断探索的结果，因为中国和苏联的革命经历不同，中国各民族的解放斗争是为了驱除共同的敌人——日本和西方侵略者，而俄罗斯少数民族的解放斗争则是为了打破沙俄帝国与殖民地的关系。同时，"我们整个中华民族对外曾经是长期受帝国主义压迫的民族，内部是各民族在革命战争中同甘共苦结成了战斗友谊，使我们这个民族大家庭得到了解放。我们这种内部、外部的关系，使我们不需要采取十月革命时俄国所强调的实行民族自决、允许民族分立的政策"[1]。因为"我们是根据中国民族历史的发展、经济的发展和革命的发展，采取了最适当的民族区域自治政策"[2]。

中国的民族区域自治，是在国家统一领导下，各少数民族聚居的地方实行区域自治，设立自治机关，行使自治权。[3] 新中国成立

---

[1] 《周恩来选集》（下），人民出版社，1984，第259页。

[2] 《周恩来选集》（下），人民出版社，1984，第260页。

[3] 全国人民代表大会常务委员会法制工作委员会编《中华人民共和国法律》（2013年版），人民出版社，2013，第166~167页。

后，党和国家立足于中国多民族国情，在少数民族聚居的地方实行区域自治，不断实施并完善民族区域自治制度，形成了自治区、自治州、自治县三级民族自治地方的行政区划。民族区域自治制度的推行，自治机关的设立，有效保证了少数民族的自治权利。党和国家还特别重视保障散杂居少数民族的权利，设立民族乡作为民族区域自治地方的有益补充，进一步完善了民族区域自治制度，显示了巨大的优越性。

第一节　历史与国情：新中国成立初期实行民族区域自治的现实考量

马克思主义是有关无产阶级解放运动的理论，是指导各被压迫民族革命运动的理论，但这个科学的理论不是僵化和固定不变的，其基本特点是理论与实践的统一。中国共产党从成立之日起，就以马克思主义为指导思想，在领导全国各族人民的革命斗争中不断地运用并在实践中升华理论，逐步实现了马克思主义与中国具体实际相结合，形成解决国内民族问题的方法论与制度安排。一般来说，影响民族政策制定的因素包括决策主体的阶级性、国内各民族人口的绝对数量和相对数量、民族的分布类型、民族的分布结构以及民族关系的特点等。[①]

一　源与流：中国是一个各民族共同缔造的统一的多民族国家

中国的远古神话传说中有不少关于先祖的记载，如炎帝、黄帝、

[①] 宁骚：《民族与国家：民族关系与民族政策的国际比较》，北京大学出版社，1995，第 4 页。

蚩尤的相互征战等，也就有了今天"炎黄子孙"的说法。自夏、商、周三代，及至春秋战国时期，中国已逐渐形成了以华夏为中心，以夷、蛮、戎、狄为四夷的民族格局，后来再配以方位，就形成了"东夷、南蛮、西戎、北狄"与"华夏居中"的"五方之民"，并成为以华夏为中心形成国家大一统观念的渊源。春秋时代，诸侯争霸，齐桓公率先提出"尊王攘夷"的战略，得到华夏各诸侯的纷纷响应，此时的"五方"观念由地域概念转为政治概念，具有政权中心的色彩。春秋末期，周天子的统治危机四伏，而昔日的"礼""乐"也名存实亡。大思想家孔子力主恢复统治者的权威，重树统治秩序，他认为"天下有道，则礼乐征伐自天子出；天下无道，则礼乐征伐自诸侯出"（《论语·季氏篇》），表现了强烈的国家大一统思想。商鞅主持变法，全国推行郡县制，主张君主不仅要掌权，而且要集权。秦始皇建立了统一的中央集权国家，统一度量衡，统一文字，进一步强化了国家的统一。从秦朝起，中国就是一个统一的多民族国家，各族人民共同缔造了伟大的祖国，共同开拓了祖国的疆土，共同创造了祖国灿烂的中华文化。因此，在我国长达两千多年的封建社会中，无论是汉族政权，还是少数民族入主中原，都通过各自的统治方式维护着"大一统"的局面，历代封建王朝无不遵循着统一的封建皇权为基础的国家建构模式。历史上，中国曾经多次出现国家分裂与统一的局面，总的来说，国家统一时期主要表现为国力强盛、人民生活安定、民族团结，而国家分裂时期主要表现为国家动荡、人民流离失所、民族纷争严重，这是历史留给我们非常宝贵的经验财富。因此，以毛泽东同志为代表的中国共产党人，在解决国内民族问题的制度设计上，必须尊重历史传统，珍视并维护国家统一，通过采取单一制的国家结构形式下的民族区域自治来体现和发展这种统一性，唯此才符合中国历史发展趋势和中国各民族的根本利益。

二 "一"与"多"：多元一体的民族格局要求处理好多元性与一体性的关系

在多民族国家中，政党采取何种政策解决国内的民族问题，还要取决于该国的民族格局。对于中国的民族格局，费孝通先生提出了著名的中华民族多元一体格局理论，虽然该理论是费先生在 1988 年于香港中文大学演讲时提出的，但这一格局在中国各民族历史发展过程中即已逐步形成。

要正确理解中国多元一体的民族格局，首先要明确"中国各民族"与"中华民族"的概念以及二者的联系。"中国各民族"不仅指中国现在经过法律确认的 56 个民族，还包括曾经在中国大地上生衍繁息而后来消失的或融合为其他民族的人们共同体，以及尚未被识别的群体。"中华民族"是指中国历史上所有在建构统一国家的过程中逐渐形成的民族集合体，是生活在中国疆域内的、具有民族认同的全体居民的总和。在多元一体的民族格局中，"中国各民族"是多元，"中华民族"是一体，二者虽然都被称为"民族"，但层次不同。"中国各民族"是历史上原本孤立存在的、具有自身历史与文化的民族单位，经过不断接触、混杂、交往和融合，同时也伴随着分裂和消亡，某个或某些民族的特点逐步被多数民族所接受，各民族之间同质性因素越来越多，逐渐形成一个具有共同性的、你中有我、我中有你的统一体。这个自在的民族实体，随着鸦片战争的爆发，在中国和西方的对抗中逐渐成为一个自觉的民族实体。可以说，中国多元一体的民族格局就是"中国各民族"与"中华民族"的辩证统一。

在中国多元一体的民族格局中，汉族以其人口数量、文明程度、生产力发展水平的绝对优势成为中国各民族的主体，在中华民族多元一体格局中起着核心的凝聚作用；同时，中国各民族能够凝聚成一体性的中华民族，各少数民族也作出了重要贡献。因此，新中国成立后，党和国家处理民族问题的政策和制度要处理好"一"和"多"的关系，即在单一制国家结构形式下，在少数民族聚居的地方实行民族区域自治，因为重视多元性的唯一途径就是坚持民族平等原则，而实行民族区域自治是贯彻民族平等原则的根本措施。

三 "大"与"小"：以汉族为主体的各民族大杂居小聚居的特点

从全国民族人口分布情况看，非常复杂。汉族主要分布在我国东部沿海地区及内地各省市，少数民族则主要居住在从东北到华北、西北、西南等祖国的边疆地区，但汉族与少数民族又不是绝对界限分明的。全国范围形成了以汉族为主体、各民族交错居住的格局，其中以汉族为主要居民的大部分地区也有少数民族居住，而少数民族地区也有或多或少的汉族人口，除新疆、西藏少数民族占多数之外，其他地区都是汉族居民占多数。几个人口较多的少数民族，其分布也不是都在一个大的聚居区内。蒙古族主要聚居在内蒙古地区，新疆、青海、辽宁、吉林、黑龙江、甘肃等省区也有分布，并形成了或大或小的聚居区域；藏族主要居住在西藏，同时四川、青海、甘肃、云南等省也形成了聚居区；回族虽散居于全国各地，除宁夏形成大的聚居区外，甘肃、青海、新疆、河北、云南、贵州等省区也形成了一定的聚居区或杂居区；壮族主要分布在广西，也有一部分人口聚居或与其他民族杂居于云南、广东等省。今天形成这种以汉族为主体的各民族"大杂居、小聚居"的分布特点，是各民族在长期的历史发展中，在政治、经济、文化等各方面密切联系的结果。他们或出于生产生活的需要，在产品生产、交换的活动中增进了彼此的了解；或因受战争、自然灾害以及当时统治者民族政策的影响而引起人口迁徙，在迁移的过程中，各民族经过接触、摩擦、碰撞，加深了彼此的了解，也逐渐打破了居住界限。周恩来曾经论述过我国各民族居住特点及形成原因："中国的民族发展在地区上是互相交叉的，内地更是如此。汉族曾经长时期统治中原，向兄弟民族地区扩张；可是，也有不少的兄弟民族进入内地，统治过中原。这样就形成各民族杂居的现象，而一个民族完全聚居在一个地方的比较少，甚至极少"，因此，他认为"历史的发展使中国各民族多数是杂居的，互相同化，互相影响。中国民族多，而又互相杂居，这样的民族分布情况，就不可能设想采取如同苏联那样的民族共和国办法。因为要构成一个民族共和国需要构成一个独立的经济单位，绝大多数的民族人口要聚居"。①

四 多与寡：我国民族发展程度不平衡，甚至一个民族内部的发展也很不平衡

（一）中国民族人口从数量上表现为"一大众小"

中国共有 56 个民族。② 据 1953 年第一次全国人口普查，全国人口总计 577856141 人，其中汉族人口为 542824056 人，占全国人口的 93.94%；少数民族总人口为 35032085 人，占全国总人口的 6.06%。少数民族的人口数量及所占比例③如表 2-1 所示。

---

① 国家民族事务委员会政策研究室编《中国共产党主要领导人论民族问题》，民族出版社，1994，第 169～172 页。

② 实际上，在中国实行民族识别工作之前，有关中国民族状况尚无系统的研究与统计，为行文方便，这里的 56 个民族使用的是现在惯用的表达方式，特此说明。

③ 在第一次人口普查数据中，还包括其他未识别的民族人口 1017299 人，占比 0.1760%；外国人加入中国国籍 1004 人，占比 0.0002%。此表仅列出当时确定族称的少数民族人口数量和所占比例。

表 2-1 少数民族人口及所占比例

性质	民族	人口数量（人）	所占比例（%）
100 万人以上 （10 个）	壮	6864585	1.1879
	维吾尔	3610462	0.6248
	回	3530498	0.6110
	彝	3227750	0.5586
	藏	2753081	0.4764
	苗	2490874	0.4311
	满	2399228	0.4152
	蒙古	1451035	0.2511
	布依	1237714	0.2142
	朝鲜	1111275	0.1923
50 万人以上 100 万人以下 （4 个）	侗	712802	0.1234
	瑶	665933	0.1152
	白	567119	0.0981
	哈萨克	509375	0.0881
10 万人以上 50 万人以下 （10 个）	哈尼	481220	0.0833
	傣	478966	0.0829
	黎	360950	0.0625
	傈僳	317465	0.0549
	佤	286158	0.0322
	东乡	155761	0.0270
	纳西	143453	0.0248
	拉祜	139060	0.0241
	水	133566	0.0231
	景颇	101852	0.0176

性质	民族	人口数量（人）	所占比例（%）
5万人以上10万人以下（2个）	柯尔克孜	70944	0.0123
	土	53277	0.0092
1万人以上5万人以下（6个）	塔塔尔	6929	0.0012
	鄂温克	4957	0.0009
	保安	4957	0.0009
	裕固	3861	0.0007
	鄂伦春	2262	0.0004
	高山	329	0.0001

资料来源：国家民族事务委员会经济发展司、国家统计局国民经济综合统计司编《中国民族统计年鉴》（2013），中国统计出版社，2014，第684~685页。

中国人口从数量上看，悬殊极大，属于典型的"一大众小"。而从表2-1中可以看出，在除汉族之外的其他少数民族中，人口差异也是相当大的。中国各民族人口在数量上的不平衡性，决定了其解决民族问题的制度设计必须要具有灵活性，可以发挥各个民族的主体作用，民族区域自治制度正是出于这种考量的一种制度安排。

（二）各民族经济形态各异基础上的优势互补

自近代中国沦为半殖民地半封建社会以来，整体经济形态是封建和半封建经济，资本主义经济也有一定发展。中国各民族经济一方面受整个国家半殖民地半封建社会性质的影响，另一方面社会经济发展也呈现出极大的不平衡性。总体来说，汉族地区社会发展程度较高，而少数民族地区大多交通不便，历史、地理的因素决定了少数民族的经济形态呈现出较大的差异。有的仍过着原始的狩猎采集生活，有的过着逐水草而居的游牧生活，有的从事与汉族相似的农业生产生活，有的则已出现了资本主义工商业萌芽，展现了人类社会发展的不同形态。

由于历史的原因，少数民族大多处于高原、高山、沙漠绿洲地带，虽不太适合精耕细作为特点的农业，但却蕴藏着丰富的森林、矿产、水利等自然资源。毛泽东主席曾经总结道："我们说中国地大物博，人口众多，实际上是汉族'人口众多'，少数民族'地大物博'。"① 乌兰夫同志也曾指出："我国的少数民族，现已确认的有55个。与汉族相比，少数民族人口不多，只占全国总人口近6%；可是地区很广，约占全国总面积的50~60%。少数民族居住的地区，上有茂林农草，下有富矿宝藏。至于经济发达的程度，则显然是少数民族地区普遍低于汉族地区。少数民族地区的现代化建设是全国现代化建设的有机的组成部分。汉族地区的现代化建设，离不开少数民族地区丰富资源的接济；少数民族地区的现代化建设，离不开国家的财政援助和汉族地区的技术援助。所以，从社会主义事业的前途来看，汉族和少数民族，也是合则俱获其力，分则同受其害。"② 先进的汉族社会，与那些处于原始社会、奴隶社会、农奴制社会的少数民族，各自建立独立的国家，再以平等的资格结成联邦制，是不符合各民族实际情况的，也不符合各民族的利益诉求。我国各民族可谓社会形态各异却优势互补，需要从制度设计上发挥各自民族的优势，民族区域自治恰恰满足了这一要求。

五 利与害：近代以来各民族结成了命运共同体

近代以来，中国社会由独立的主权国家逐渐转变为半殖民地半封建社会，中国各民族的命运随之在共同抵抗外来侵略的过程中紧紧联系在一起。纵观整个近代中国，血雨腥风、命运多舛，随着帝

① 《毛泽东文集》第7卷，人民出版社，1999，第33页。
② 国家民族事务委员会、中共中央文献研究室编《新时期民族工作文献选编》，中央文献出版社，1990，第125~126页。

国主义的入侵与中国社会性质的变化，中国社会主要矛盾也由原先的封建主义和人民大众的矛盾，转变为帝国主义与中华民族的矛盾，主要矛盾的变化决定了中国近代革命的首要目标是获取国家独立、主权和领土完整以及民族解放。王朝国家的日渐衰微，帝国主义、封建主义、官僚资本主义成为压在中国各民族人民头上的"三座大山"，共同的敌人使各族人民同呼吸、共命运，掀起了反对帝国主义和国内封建主义的革命斗争，并在斗争中结成了坚不可摧的命运共同体，给外国帝国主义以沉重打击，表现了中国各民族人民的爱国主义和斗争精神，有力地捍卫了中华民族利益，成为民族区域自治坚实的政治基础。

综上所述，中国共产党在领导各族人民进行革命斗争过程中，不断探索解决国内民族问题的政策与制度，做到了以马克思主义为指导，逐步将理论与中国历史情况和现实国情相结合，提出解决国内民族问题的纲领与政策。1939年，毛泽东在《中国革命和中国共产党》一文中，就对我国各民族的历史情况与现实国情做了精辟的论述。毛泽东认为中国是一个由多数民族结合而成的国家；自秦朝统一后就建立中央集权的封建国家，鸦片战争后，中国逐步沦为半殖民地半封建社会；中国各少数民族虽然文化发展程度不同，但是都有长久的历史，对祖国历史都做出过自己的贡献；中华民族不但以勤劳勇敢著称于世，同时又是有着光荣传统和优秀的历史遗产的民族；中华民族的各族人民都反对外来民族的压迫，都要用反抗的手段解除这种压迫，他们赞成平等的联合，而不赞成互相压迫。1951年，李维汉同志进一步表述："中国是一个多民族的大国。国内各民族，包括汉族和各少数民族在内，用自己辛勤的劳动发展了生产，创造了各民族的历史和文化，对我们伟大祖国的缔造都有重要的贡献。各民族经过长期的接触，发展了经济上的合作和文化上的交流；并多次共同抵抗外来的侵略。近百年间，帝国主义势力的侵入中国，使各民族的命运密切不可分离地联系起来了，特别是近

30 年来中国共产党领导的民族民主革命运动，更使各民族人民逐渐地结合起来了。"① 民族区域自治制度是中国共产党为各民族群体利益而做出的一种地域性制度安排，也是我国在政权建设过程中，应对民族和地域多样性而做出的一项制度设计。

第二节　政策制度化：民族区域自治制度的确立与全面推行

民族区域自治既是中国共产党解决国内民族问题的基本政策，又是中华人民共和国的一项基本政治制度。这一制度确立于 1949 年 9 月中国人民政治协商会议第一次全体会议通过的《中国人民政治协商会议共同纲领》（简称《共同纲领》），发展于《民族区域自治实施纲要》（简称《实施纲要》），最终在 1954 年《中华人民共和国宪法》（简称五四宪法）中确定为国家的基本政治制度之一。"同其他所有的民族理念、政策和制度一样，民族区域自治归根到底是由人，确切地说是由领导国家的政治力量和国家政权机关制定和选择的"②，民族区域自治制度由解决国内民族问题的政策上升为国家政治制度，蕴含着毛泽东、周恩来等为代表的中国共产党人的政治智慧，也凸显出民族区域自治制度不断发展与完善的建构历程。

一　《共同纲领》：民族区域自治制度的确立

中国共产党自成立起，就重视国内民族问题的解决，从主张民族自决权原则和联邦共和国的设想，到民族区域自治政策的选择，

---

① 李维汉：《统一战线问题与民族问题》，人民出版社，1981，第 462~463 页。
② 陈云生：《中国民族区域自治制度》，经济管理出版社，2001，第 173 页。

是马克思主义与中国具体实际相结合的典范。民族区域自治制度的确立与《共同纲领》中有关民族政策考虑息息相关，体现出党和国家对解决民族问题的重视程度。

（一）《共同纲领》的制定与民族政策考虑

1.《共同纲领》的制定过程

随着中国人民解放军以摧枯拉朽之势胜利进军，新中国成立事宜提到了中国共产党的议事日程。1948年4月30日，中共中央在《五一劳动节口号》中提出"为着打倒蒋介石建立新中国而共同奋斗"，号召全国"各民主党派、各人民团体、各社会贤达迅速召开政治协商会议，讨论并实现召集人民代表大会，成立民主联合政府"。① 而召开政治协商会议、成立民主联合政府的重要工作就是拟定一个民主联合政府的施政纲领，即共同纲领。1948年9月，中共中央决定将中央城市工作部改名为中央统一战线工作部（简称统战部），负责管理国民党统战区工作、国内少数民族工作、政权统战工作、华侨工作及东方兄弟党的联络工作。统战部在毛泽东、周恩来领导下，由李维汉主持，为筹备新政治协商会议和拟定《共同纲领》，做了大量工作。据胡乔木回忆："《中国人民民主革命纲领草稿》第一稿是在李维汉主持下，1948年10月27日写出的。……该稿除简短的序言外，分总则、政治、军事、土地改革、经济财政、文化教育、社会政策、少数民族、华侨、外交等十部分，共46条。"②

辽沈、淮海、平津三大战役的胜利结束，新民主主义革命的胜利已无悬念。1949年4月23日，南京解放，国民党反动统治宣告灭亡。起草和制定《共同纲领》的工作愈发紧迫。

1949年6月15日，新政协筹备会第一次全体会议召开。毛泽东

① 《周恩来年谱（1898-1949）》（修订本），中央文献出版社，1998，第790页。
② 《胡乔木回忆毛泽东》，人民出版社，1994，第554页。

指出，筹备会的主要任务是"完成各项必要的准备工作，迅速召开新的政治协商会议，成立民主联合政府，以便领导全国人民，以最快的速度肃清国民党反动派的残余力量，统一全中国，有系统地和有步骤地在全国范围内进行政治的、经济的、文化的和国防的建设工作"①。

1949 年 6 月 16 日晚，筹备会常务委员会第一次会议举行，推选毛泽东为主任，周恩来、李济深为副主任，李维汉为秘书长。常务委员会下设六个小组，第三小组负责起草《共同纲领》。6 月 18 日，起草共同纲领小组成立。

2.《共同纲领》中有关民族政策的考虑

在筹建中华人民共和国的诸多事务中，党和国家领导人对民族政策、民族问题有着慎重的考虑。1949 年 1 月 31 日，毛泽东在接见米高扬及其随行人员时，对民族问题进行了专门的论述。毛泽东认为，中国是多民族大国，应在互相团结、互相友爱、互相合作的基础上共同建国，在解放军进入少数民族聚居地区之前，要制定出一套相应的方针、政策。② 但在起草《共同纲领》之初，并未把"民族政策"单列一个方面详加规定，在随后起草和讨论的过程中，民族政策问题始终是一个重点。③

1949 年 9 月 7 日，在中国人民政治协商会议的会前会上，周恩来作了《关于中国人民政协的几个问题》的报告，就民族政策问题，

① 《毛泽东选集》第 4 卷，人民出版社，1996，第 1463 页。

② 毛泽东说："中国是多民族大国，有几十个民族，汉族人数最多，其他如蒙、回、藏、维吾尔等民族大多数居住在边远山区。中国人并非只有汉族，居住在我国版图内的所有民族都是中国人。我们提倡互相团结、互相友爱、互相合作、共同建国。……我军向前发展，很快就要进入少数民族聚居的地区了。因此，关于民族问题将会在最近制定出一套相应的方针、政策。"参见《毛泽东传（1893-1949）》（下），中央文献出版社，1996，第 911~912 页。

③ 中共中央党史研究室科研管理部、国家民族事务委员会民族问题研究中心编《中国共产党民族工作历史经验研究》（上），中共党史出版社，2009，第 220 页。

他指出："关于国家制度方面，还有一个问题就是我们的国家是不是多民族联邦制……这里主要的问题在于民族政策是以自治为目标，还是超过自治的范围，我们主张民族自治，但一定要防止帝国主义利用民族问题来挑拨离间中国的统一。……任何民族都是有自决权的，这是毫无疑问的事。但是今天帝国主义者又想分裂我们的西藏、台湾甚至新疆，在这种情况下，我们希望各民族不要听帝国主义者的挑拨。为了这一点，我们国家的名称，叫中华人民共和国，而不叫联邦。……我们虽然不是联邦，但却主张民族区域自治，行使民族区域自治的权力。"①

经过充分的民主协商、反复讨论，民族政策被单列一章，且明确提出实行民族区域自治。

（二）民族区域自治制度的确立

据李维汉同志回忆，共和国成立前毛泽东曾就是否采取联邦制征求过他的意见，李维汉认为由于历史发展和特点不同，中国不宜实行苏联那样的联邦制，他提出如下几个方面的理由。一是苏联少数民族人口和主体民族——俄罗斯族人口大致相等，而中国少数民族人口只占总人口的6%，而且是大分散小聚居的状态，民族之间往往互相杂居或交错聚居。二是苏联实行联邦制是逼出来的。在俄国革命期间，就已经分离为许多独立的民族国家，中国则无此情况。因此，李维汉建议新中国应在单一制国家内实行地方自治，获得了中共中央和毛泽东的同意。②

1949年9月29日，中国人民政治协商会议第一届全体会议召开，共有代表、候补代表和特邀人士662名，其中少数民族代表33

---

① 中共中央统战部编《民族问题文献汇编》，中共中央党校出版社，1991，第1266~1267页。
② 江平：《李维汉同志在民族理论方面的卓越贡献》，《民族研究》1985年第1期，第2~9页。

名。会议通过了《共同纲领》。《共同纲领》由序言和七章组成，共60条，对新中国的国体、政体、基本政策都做了相应的规定。在《共同纲领》第一章总纲中明确规定："中华人民共和国为新民主主义及人民民主主义的国家，实行工人阶级领导的、以工农联盟为基础的、团结各民主阶级和国内各民族的人民民主专政，反对帝国主义、封建主义、官僚资本主义，为中国的独立、民主、和平、统一和富强而奋斗。"《共同纲领》还专设"民族政策"一章，对新中国的民族政策进行了规定，一是各民族平等、团结、互助，反对两种民族主义，禁止民族歧视、民族压迫和民族分裂；二是少数民族聚居地区实行区域自治，建立自治机关；三是各少数民族都有参加人民解放军和地方人民公安部队的权利；四是各少数民族享有平等的语言、风俗习惯和宗教信仰自由方面的权利。①《共同纲领》以临时宪法的作用为新中国的成立提前做了准备。从以上《共同纲领》中关于民族政策的规定，我们不难发现：第一，新中国是统一的多民族国家，遵循民族平等、民族团结、各民族共同繁荣的原则。第二，确立民族区域自治为解决中国民族问题的基本政策，也是调整民族关系、维护少数民族权利的有效途径。第三，确认了人民政府对于促进少数民族政治、经济、文化、教育发展的国家责任。

---

① 具体规定为："第五十条：中华人民共和国境内各民族一律平等，实行团结互助，反对帝国主义和各民族内部的人民公敌，使中华人民共和国成为各民族友爱合作的大家庭。反对大民族主义和狭隘民族主义，禁止民族间的歧视、压迫和分裂各民族团结的行为。第五十一条：各少数民族聚居的地区，应实行民族的区域自治，按照民族聚居的人口多少和区域大小，分别建立各种民族自治机关。凡各民族杂居的地方及民族自治区内，各民族在当地政权机关中均应有相当名额的代表。第五十二条：中华人民共和国境内各少数民族，均有按照统一的国家军事制度，参加人民解放军及组织地方人民公安部队的权利。第五十三条：各少数民族均有发展其语言文学、保持或改革其风俗习惯及宗教信仰的自由。人民政府应帮助少数民族的人民大众发展其政治、经济、文化、教育的建设事业。"参见中共中央统战部编《民族问题文献汇编》，中共中央党校出版社，1991，第1290页。

至此，中国共产党确立了在单一制国家中实行民族区域自治的政策，民族区域自治制度成为中华人民共和国的政治制度被正式确立，标志着中国共产党实现了由"民族自决"向"民族区域自治"的历史性跨越。我们从中共中央向西南进军的第二野战军做出的指示，大概能够看出中国共产党民族政策转变的内在逻辑："关于各少数民族的'自决权'问题，今天不应再去强调，过去在内战时期，我党为了争取少数民族，以反对国民党的反动统治（它对各少数民族特别表现为大汉族主义）曾强调过这一口号，这在当时是完全正确的。但今天的情况，已有了根本的变化，国民党的反动统治基本上已被打倒，我党领导的新中国业经诞生，为了完成我们国家的统一大业，为了反对帝国主义及其走狗分裂中国民族团结的阴谋，在国内民族问题上，就不应再强调这一口号，以免为帝国主义及国内各少数民族中的反动分子所利用，而使我们陷于被动的地位。在今天应强调，中华各民族的友爱合作和互助团结。"①

（三）实施《共同纲领》，建立民族自治地方

共和国成立伊始，满目疮痍、百废待兴，党和国家面临着政权巩固和国家建设的双重任务，而民族问题更是关乎国家统一和民族团结的重大问题。为此，党和国家确定新中国成立初期的民族工作，首先按照《共同纲领》的要求执行民族政策，实施民族区域自治制度，建立民族自治地方。我国民族自治地方的建立及行政区划，经历了一个长期的探索过程，从中不断充实和发展了民族区域自治理论。

新中国成立后，党和国家按照《共同纲领》有关"各少数民族聚居的地区实行民族区域自治"的规定，贯彻实施民族区域自治政策，在民族聚居地区建立了许多民族自治地方。

---

① 中共中央文献研究室编《建国以来重要文献选编》（第一册），中央文献出版社，1992，第24页。

1950 年 11 月 24 日，西康省藏族自治区成立，"是新中国建立初期成立最早的相当于省辖市一级的自治地方"①。1951 年 4 月 24 日，政务院发布《关于人民民主政权建设工作的指示》，要求："少数民族聚居地区的各级人民政府，应当根据当地具体情况，认真地推行民族区域自治，实时地建立民族自治机构。"该指示为民族区域自治的进一步实施指明了方向。自 1950 年开始，到 1952 年年底，共建立了县级以上民族自治地方 40 个，其中专区级的自治区 8 个。②

按照《共同纲领》要求，在推行民族区域自治政策实践中取得了不少经验，但也存在一定的问题。主要表现为在民族区域自治问题上只有原则规定，缺少可以遵循的统一的、规范的法规，对于民族自治地方的确立和划分尚未明确等。这导致各地在实施民族区域自治政策中出现一些紊乱，一些干部群众对实施民族区域自治的认识不足，存在一些疑虑。

在实施民族区域自治政策中，一方面派到少数民族地区工作的汉族干部对民族政策不够熟悉，对实施民族区域自治制度的重要性和必要性缺乏认识，认为"既然已经有少数民族干部参加了政权，就是实质上自治了，不需要再挂自治的牌子"，有的甚至认为实行民族区域自治"等于搞分裂，各搞各的"。另一方面，少数民族同志认为实行民族区域自治就是和汉族分家，可以不要汉族了，致使一些汉族居民出现了"怕受气，怕变为少数民族"等顾虑。同样，民族区域自治地方内的非自治民族也存在着类似的顾虑，恐怕遭到自治民族的歧视和不公正待遇。各民族中存在的这些疑虑，成为进一步推行民族区域自治制度的思想障碍。为使民族区域自治制度更有效地贯彻执行，有必要制定实施民族区域自治制度的相关法规和具体办法，统一思想、消除疑虑。

---

① 金炳镐、董强：《新中国民族区域自治政策 60 年》，《黑龙江民族丛刊》2009 年第 5 期，第 9 页。
② 中共中央党史研究室科研管理部、国家民族事务委员会民族问题研究中心编《中国共产党民族工作历史经验研究》（上），中共党史出版社，2009，第 266 页。

二 《实施纲要》：民族区域自治制度的进一步充实

根据推行民族区域自治制度的现实需要，1951年12月，中央民族事务委员会遵照政务院指示，召开了具有全国民族代表会议性质的第二次委员会议。会上，李维汉作了《有关民族政策的若干问题》的报告，全面阐述了新中国的民族政策，澄清了人们对实行民族区域自治的疑虑，统一了实施民族区域自治的认识。李维汉指出："民族的区域自治，是中华人民共和国领土之内的，在中央人民政府统一领导下的，遵循着中国人民政治协商会议共同纲领总道路前进的，以少数民族聚居区为基础的区域自治。""一切聚居的少数民族，依据这个总原则和大前提，都有权利实行民族的区域自治，建立自治区和自治机关，按照本民族大多数人民及与人民有联系的领袖人物的志愿，管理本民族的内部事务"。①

这次会议还总结了各地建立民族区域自治地方的经验，讨论了实行民族区域自治需要解决的重大问题，出台《中华人民共和国民族区域自治实施纲要（草案）》（以下简称《实施纲要》）。1952年2月22日，政务院第125次政务会议讨论通过了《实施纲要》。同年8月8日，中央人民政府委员会第18次会议批准了《实施纲要》，国家主席毛泽东签署命令颁布实施。

《实施纲要》规定了民族自治地方的建立形式，主要有以下几种类型：一是以一个少数民族聚居区为基础而建立的自治区。二是以一个大的少数民族聚居区为基础，并包括个别人口很少的其他少数民族聚居区所建立的自治区，其中的各个人口很少的其他少数民族聚居区，均应实行区域自治。三是以两个或多个少数民族聚居区为基础联合建立的自治区。在这种自治区内，各少数民族聚居区是否

---

① 李维汉：《统一战线与民族问题》，人民出版社，1981，第464页。

单独建立民族自治区，应视具体情况及有关民族的意愿而决定。

《实施纲要》颁布以后，各少数民族聚居的地区纷纷要求建立民族自治区及民族民主联合政府。到 1953 年 3 月，全国县级及县级以上的民族自治区 47 个，人口达 1000 万人。① 民族区域自治制度的进一步推行，少数民族有了自己选举的政府，本民族干部主持政府工作，实现了少数民族当家作主的权利，真正实现了民族平等，得到了广大少数民族群众的拥护。

各地在推行民族区域自治工作中，也积累了许多宝贵经验，使民族区域自治制度逐渐完善。1953 年 6 月 15 日，中央人民政府民族事务委员会召开了第三次会议，对新中国三年多以来的民族区域自治制度实施经验进行了总结，指出：一是必须充分考虑各少数民族的特点和具体情况。我国各少数民族在政治、经济、文化、风俗习惯等方面表现出来的特点，不仅与汉族有很大不同，而且在少数民族之间互不相同，甚至在同一民族内部也有一些差异。因此，不能照搬汉族地区的某些经验到民族地区，也不能把某一民族地区的做法应用到另一民族地区，必须要考虑各少数民族和民族地区的具体情况来实施。二是加强、巩固民族之间和民族内部的团结，不仅是实行民族区域自治的基本条件，而且也是重要目的。新中国的成立，民族压迫制度的废除，民族之间歧视、隔阂的根源已经消除，但是，从全国来看，大汉族主义依然存在，一些民族地区的狭隘民族主义也不容忽视，还有在某些地区占多数民族存在着大民族主义的倾向。因此，必须从民族团结入手，尊重少数民族的平等权利，加强爱国主义教育和国际主义教育。三是逐步使自治机关民族化，这是加强和巩固民族团结，密切自治区机关与各族人民联系的重要环节。自治机关民族化是《实施纲要》中重要的规定，包括少数民族干部队伍的培养，少数民族语言文字权利的保护，尊重民族形式等。四是

---

① 王桧林主编《中国现代史·下册，1949－2002》，高等教育出版社，2010，第9页。

必须帮助自治区逐步地行使自治权利。在国家统一的制度安排下，各民族都享有管理本民族内部事务和本地方内部事务的权利，有利于发挥处于不同发展阶段的民族充分发挥其主动性，促进本民族、本地区的经济、社会、文化发展。五是必须在可能条件下尽力发展政治、经济、文化事业，这是解决民族问题的基本环节之一。实行民族区域自治还不能等同于解决了民族问题，必须要关心自治区少数民族人民的疾苦，发展其政治、经济、文化事业，特别是要发展其经济，逐步达到先进民族水平。①

作为中华人民共和国第一部民族政策法规，《实施纲要》的颁布"是一个具有重大历史意义的措施，使我国推行民族区域自治的工作获得了指针"②。但是，《实施纲要》将各少数民族聚居地区建立的民族自治地方统称为自治区，模糊了自治地方层次，在1954年《宪法》的立宪讨论中，仍存在着自治区、自治省、自治州、自治县的混同提法。鉴于在实行民族区域自治制度中存在行政区划和级别层次比较混乱的情形，需要做一个统一的规定，1954年《中华人民共和国宪法》应运而生。

三　五四宪法：民族区域自治制度的日益完善

1954年9月20日，第一届全国人民代表大会第一次会议通过了《中华人民共和国宪法》，这是我国历史上第一部社会主义类型的宪法，民族区域自治制度也首次被载入宪法。五四宪法包括序言、总纲、国家机构、公民的基本权利和义务、国旗、国徽、首都，共106条。其中有关民族问题的规定主要有四个方面，即实行民族区域自

---

① 参见中央人民政府法制委员会编《中央人民政府法令汇编（1953）》，法律出版社，1955，第106~112页。
② 中央人民政府法制委员会编《中央人民政府法令汇编（1953）》，法律出版社，1955，第104页。

治、民族自治地方、自治机关形式及组成人员以及自治机关的自治权等。①

五四宪法关于民族问题的规定成为新中国解决民族问题的指导思想和纲领，其中第 53 条明确规定："自治区、自治州、自治县都是民族自治地方"，正式确立了我国民族自治地方的准确提法。民族自治地方，是"依照宪法和法律的规定，在少数民族聚居地区建立

---

① 五四宪法中关于实行民族区域自治的规定见第三条：中华人民共和国是统一的多民族国家，各民族一律平等。禁止对任何民族的歧视和压迫，禁止破坏各民族团结的行为；各民族都有使用和发展自己的语言文字的自由，都有保持或者改革自己的风俗习惯的自由；各少数民族聚居的地方实行区域自治。各民族自治地方都是中华人民共和国不可分离的部分。关于民族自治地方的规定见第五十三条：中华人民共和国的行政区域划分如下：（一）全国分为省、自治区、直辖市；（二）省、自治区分为自治州、县、自治县、市；（三）县、自治县分为乡、民族乡、镇。直辖市和较大的市分为区。自治区、自治州、自治县都是民族自治地方；关于自治机关的形式及组成人员的规定见第五十四条：省、直辖市、县、市、市辖区、乡、民族乡、镇设立人民代表大会和人民委员会。自治区、自治州、自治县设立自治机关。第六十七条：自治机关的形式可以依照实行区域自治的民族大多数人民的意愿规定。第六十八条：在多民族杂居的自治区、自治州、自治县的自治机关中，各有关民族都应当有适当名额的代表。第七十条：自治区、自治州、自治县的自治机关依照宪法和法律规定的权限行使自治权。自治区、自治州、自治县的自治机关依照法律规定的权限管理本地方的财政。自治区、自治州、自治县的自治机关依照国家的军事制度组织本地方的公安部队。自治区、自治州、自治县的自治机关可以依照当地民族的政治、经济和文化的特点，制定自治条例和单行条例，报请全国人民代表大会常务委员会批准。第七十一条：自治区、自治州、自治县的自治机关在执行职务的时候，使用当地民族通用的一种或者几种语言文字。第七十二条：各上级国家机关应当充分保障各自治区、自治州、自治县的自治机关行使自治权，并且帮助各少数民族发展政治、经济和文化的建设事业。第七十七条：各民族公民都有用本民族语言文字进行诉讼的权利。人民法院对于不通晓当地通用的语言文字的当事人，应当为他们翻译。在少数民族聚居或者多民族杂居的地区，人民法院应当用当地通用的语言进行审讯，用当地通用的文字发布判决书、布告和其他文件。参见《中华人民共和国宪法》，人民出版社，1954，第 6~20 页。

的实行民族自治的法定行政区域"。① 较之于《共同纲领》和《实施纲要》，五四宪法更为清楚地对民族自治地方的行政区划和行政级别作了规定，使民族自治地方的建立朝着更为有序的步骤迈进，逐步将民族民主联合政府改为自治州、自治县，并对民族自治地方做了统一规范。1955 年 12 月，国务院发布了《关于更改相当于区的民族区的指示》，全国各地开始更改民族区工作。

表 2-2 民族自治地方名称变化

成立时间	原名称	现名称
1950.5.6	甘肃省天祝藏族自治区	天祝藏族自治县
1950.7.29	甘肃省肃北蒙古族自治区	肃北蒙古族自治县
1950.7.	青海省同德藏族自治区	1953 年改为同德县，属青海海南藏族自治区（州）
1950.9.25	甘肃省东乡族自治区	东乡族自治县
1950.10.1	甘肃省卓尼藏族自治区	1953 年改为卓尼县，属甘肃省甘南藏族自治州
1950.11.24	西康省藏族自治区	四川甘孜藏族自治州
1951.3.22	西康省昭觉彝族自治区	1952 年隶属凉山彝族自治区（州）
1951.5.12	云南省峨山彝族自治区	峨山彝族自治县
1951.8.19	广西龙胜各族联合自治区	龙胜各族自治县
1951.10.1	内蒙古鄂伦春旗	鄂伦春自治旗
1951.12.25	青海省玉树藏族自治区	玉树藏族自治州
1952.4.17	青海省同仁藏族自治区	1953 年改为同仁县，属黄南藏族自治区（州）
1952.5.28	广西大瑶山瑶族自治区	金秀瑶族自治县
1952.7.1	广东省海南黎族苗族自治区	1955 年改为海南黎族苗族自治州，1987 年撤销

① 常安：《统一多民族国家的宪制建构——新中国成立初期民族区域自治制度的奠基历程》，《现代法学》2012 年第 1 期，第 44~56 页。

续表

成立时间	原名称	现名称
1952.9.3	吉林省延边朝鲜族自治区	延边朝鲜族自治州
1952.10.1	西康省凉山彝族自治区	四川省凉山彝族自治州
1952.11.5	青海省海晏藏族自治区	1953 年改为海晏县，隶属海北藏族自治州
1952.11.26	广西大苗山苗族自治区	融水苗族自治县
1952.12.3	广西三江侗族自治区	三江侗族自治县
1952.12.7	贵州省丹寨苗族自治区	1956 年划入黔东南自治州
1952.12.9	广西省桂西壮族自治区	1956 年改为桂西壮族自治州，1957 年撤销
1953.1.1	四川省藏族自治区	阿坝藏族羌族自治州
1953.1.1	广西省隆林各族自治区	隆林各族自治县
1953.1.1	云南省弥勒彝族自治区	1956 年改为弥勒彝族自治县。1957 年隶属红河哈尼族彝族自治州后复称弥勒县
1953.1.7	贵州省台江苗族自治区	台江县
1953.1.24	云南省西双版纳傣族自治区	西双版纳傣族自治州
1953.1.25	广东省连南瑶族自治区	连南瑶族自治县
1953.2.19	西康省木里藏族自治区	四川省木里藏族自治县
1953.4.7	云南省澜沧拉祜族自治区	澜沧拉祜族自治县
1953.5.16	甘肃省泾源回族自治区	泾源县
1953.7.6	甘肃省张家川回族自治区	张家川回族自治县
1953.7.24	云南省德宏傣族景颇族自治区	德宏傣族景颇族自治州
1953.9.7	甘肃省广通回族自治区	划归临夏回族自治州
1953.9.30	甘肃省甘南藏族自治区	甘南藏族自治州
1953.10.30	甘肃省西海固回族自治区	划归宁夏回族自治区
1953.12.6	青海省海南藏族自治区	海南藏族自治州
1953.12.19	青海省门源回族自治区	门源回族自治县
1953.12.22	青海省黄南藏族自治区	黄南藏族自治州

续表

成立时间	原名称	现名称
1953.12.31	青海省海北藏族自治区	海北藏族自治州
1954.1.1	青海省果洛藏族自治区	青海省果洛藏族自治州
1954.1.1	云南省红河哈尼族自治区	红河哈尼族彝族自治州
1954.1.11	青海省都兰蒙古族自治区	都兰县
1954.1.25	青海省海西蒙古族藏族哈萨克族自治区	海西蒙古族藏族自治州
1954.2.17	青海省互助土族自治区	互助土族自治县
1954.2.20	甘肃省肃南裕固族自治区	肃南裕固族自治县
1954.3.1	青海省化隆回族自治区	化隆回族自治县
1954.3.1	青海省循化撒拉族自治区	循化撒拉族自治县
1954.3.15	新疆焉耆回族自治区	焉耆回族自治县
1954.3.25	新疆察布查尔锡伯自治区	察布查尔锡伯自治县
1954.4.9	热河省翁牛特旗蒙古族自治区	翁牛特旗
1954.4.20	宁夏河东回族自治区	划归宁夏回族自治区
1954.4.27	甘肃省阿克塞哈萨克族自治区	阿克塞哈萨克族自治县
1954.5.7	湖南省通道侗族自治区	通道侗族自治县
1954.5.18	云南省江城哈尼族彝族自治区	云南省江城哈尼族彝族自治县
1954.6.16	云南省孟连傣族拉祜族佤族自治区	孟连傣族拉祜族佤族自治县
1954.6.23	新疆巴音郭楞蒙古自治区	新疆巴音郭楞蒙古自治州
1954.7.13	新疆博尔塔拉蒙古自治区	博尔塔拉蒙古自治州
1954.7.14	新疆克孜勒苏柯尔克孜自治区	克孜勒苏柯尔克孜自治州
1954.7.15	新疆昌吉回族自治区	昌吉回族自治州
1954.7.17	新疆木垒哈萨克自治区	木垒哈萨克自治县
1954.8.23	云南省怒江傈僳族自治区	怒江傈僳族自治州
1954.9.10	新疆和布克赛尔蒙古自治区	和布克赛尔蒙古自治县
1954.9.17	新疆塔什库尔干塔吉克自治区	塔什库尔干塔吉克自治县

续表

成立时间	原名称	现名称
1954.9.30	新疆巴里坤哈萨克自治区	巴里坤哈萨克自治县
1954.10.16	青海省河南蒙古族自治区	青海省河南蒙古族自治县
1954.11.11	贵州省威宁彝族回族苗族自治区	贵州省威宁彝族回族苗族自治县

资料来源：国家民族事务委员会经济司编《民族工作统计提要（1949-1989）》，民族出版社，1990，第6~12页；《当代中国的民族工作》编辑部编《当代中国民族工作大事记（1949-1988）》，民族出版社，1989。

从表2-2可以看出，五四宪法将我国的民族自治地方确定为自治区、自治州、自治县三级，改变了以往专区级、行政公署级、县级自治区等混用的局面，使民族区域自治制度更加规范化、法制化。1954年11月27日，新疆伊犁哈萨克自治州成立，自此民族自治地方都遵从宪法所规定的自治区、自治州、自治县的行政区划，对以往重复建立的民族自治地方也以"合并同类项"方式予以规范化。在我国，自内蒙古自治区成立第一个省级民族自治地方到1998年底，共建立了155个民族自治地方，其中包括5个省级自治区、30个地级自治州、120个县级自治县（旗）。[1] 其中，除西藏之外的4个自治区、28个自治州、51个自治县均成立于20世纪50年代。55个少数民族中，有44个少数民族建立了自治地方，民族自治地方占全国土地总面积的64%左右。实行民族区域自治的少数民族人口，约占全国少数民族总人口的75%，民族自治地方人口占全国总人口的13%。[2]

随着民族自治地方的建立，各民族自治地方建立了自治机关，保障了少数民族的自治权利。按照宪法规定，各民族自治地方的自治机关不仅行使一般地方国家机关的职权，还有比一般地方国家机

---

[1] 陈云生：《中国民族区域自治制度》，经济管理出版社，2001，第204页。

[2] 国家民族事务委员会编《中央民族工作会议精神学习辅导读本》，民族出版社，2005，第197页。

关较大的自治权利。同时，国家为了帮助民族自治地方发展，还对财政收入少的自治地方给予大力补助。民族自治地方和自治机关的建立，少数民族第一次有了本民族的人民政府，有自己本民族的干部，政府执行职务时使用本民族语言，这就使自治机关成为广大少数民族群众亲近的政权，使国家各项政策快速而有效地贯彻到民族地区，最大限度地满足了各少数民族当家作主的愿望，保障了各个民族的平等地位和平等权利。截至 20 世纪 50 年代末，全国聚居的少数民族人口，95% 以上实行了民族区域自治，建立民族地方、设立民族自治机关的工作基本完成。

四 散杂居少数民族权利保障：民族区域自治制度的重要补充

新中国成立后，在少数民族聚居地区推行民族区域自治、建立民族自治地方的同时，中央人民政府同样重视散杂居少数民族的权利保障问题。据统计，新中国成立之初，我国有 2800 多万散杂居少数民族人口，其中有 630 多万居住在城市，2200 多万散居在农村。农村散居人口中约 68% 遍布全国乡村，沿海和交通线约 28%，山区和偏僻地区约 4%。他们居住在汉族地区或其他民族自治地方，或聚落成寨，形成村落，或几家几户散居其中。① 中央政府根据散杂居少数民族城市与农村的不同分布，采取了相应的不同的权利保障政策。

按照《共同纲领》中"各民族杂居的地方及民族自治区内，各民族在当地政权机关中均应有相当名额的代表"的规定，1952 年 2 月，政务院通过了《关于地方民族民主联合政府实施办法的规定》（以下简称《规定》）。《规定》指出，在民族杂居地区，即汉族占

---

① 任一农等编《民族宗教知识手册》，中共中央党校出版社，1994，第 111~114 页。

多数、少数民族人口占 10% 以上的省、市、专区、县、区和乡（村），或少数民族人口未达到 10%，而民族关系显著、对行政产生多方面影响的地区，都可建立民族民主联合政府。根据这一规定，全国少数民族杂居地区普遍建立了民族民主联合政府。自 1949 年 10 月至 1950 年 6 月，全国建立了包括新疆、宁夏在内的 200 多个民族民主联合政府①，仅西南地区（包括云南、贵州、四川）就建立了各级民族民主联合政府 163 个。②

1952 年 2 月 22 日，政务院还通过了《关于保障一切散居的少数民族成份享有民族平等权利的决定》，明确规定：一切散居的少数民族成分的人民，均与当地汉族人民同样享受《共同纲领》规定的各种权利，任何人不得加以歧视；依法享有选举权和被选举权；无论在社会上，在工厂、学校、团体、机关和部队中，均有自由保持或改革其民族的生活方式、宗教信仰和风俗习惯的权利，别人不得干涉，并须加以照顾；有分别加入当地各种人民团体及参加各种职业的权利，各人民团体及各种职业部门，不得因其民族成分的关系而加以拒绝或歧视；散居少数民族有其本民族语言、文字者，有在法庭上以本民族语言、文字进行诉辩的权利。

为保障城市散杂居少数民族政治上的平等权利，中央政府主要做了以下具体工作：一是就各地上报的有关清真寺土地处理问题，主张从尊重少数民族风俗习惯和宗教信仰的原则出发，按《土地法大纲》处理。二是鉴于回族提出单独成立团体和实行自治的要求，1950 年 1 月 13 日，中央民委发出《对回回民族的意见》，对回族提出的要求给予答复。1951 年，针对各地上报的组织回民群众团体的

---

① 中共中央党史研究室科研管理部、国家民族事务委员会民族问题研究中心编《中国共产党民族工作历史经验研究》（上），中共党史出版社，2009，第265 页。

② 陈连开等主编《中国近现代民族史》，中央民族大学出版社，2011，第709 页。

材料，中央民委予以批示，并强调不要带有政治色彩。三是照顾城市少数民族尤其是回族的饮食问题。1952 年 7 月 18 日，政务院秘书厅发出《关于解决京津二市羊肉供应问题通知》，次年在全国开展了关于尊重回民宗教信仰及生活习惯问题的检查。四是充分尊重少数民族，禁止使用"满清""回教"等提法。

对于农村散居少数民族，党和国家采取建立民族乡的办法来保障他们的平等权利。民族乡是一种特殊的基层地方政权，是指"在少数民族聚居地方建立的相当于乡一级的国家基层政权，或者说民族乡是中国在不具备实行民族区域自治条件的少数民族较小的聚居地方建立的由少数民族自主管理内部事务的乡级基层政权"。①

1954 年《宪法》规定，取消区级民族自治区和民族民主联合政府的形式，而是广泛实行民族自治地方，在不具备民族区域自治条件的较小的少数民族聚居地方，建立民族乡。1955 年 12 月，国务院发布《关于建立民族乡若干问题的指示》，并部署建立民族乡的工作。此后，天津建民族乡 1 个，河北省建立民族乡 119 个、民族镇 2 个，黑龙江建民族乡 48 个，安徽建民族乡 1 个，湖南建民族乡 17 个，青海建民族乡 76 个，甘肃建民族乡 42 个。到 1958 年，我国共建民族乡（镇）1300 多个，建乡少数民族约 200 万人。②民族乡的建立，适应了我国各民族"大杂居、小聚居"的民族分布特点及保障散杂居少数民族平等权利的现实需要，是解决中国民族问题的特殊政治形式，也是民族区域自治制度的重要补充形式。实践证明，民族乡在解决散杂居民族问题和保障其平等权利方面发挥了重要的历史作用，同时也推进了民族区域自治制度的发展和完善。

---

① 沈林：《中国的民族乡》，民族出版社，2001，第 15 页。
② 张崇根主编《中国民族工作历程》，远方出版社，1999，第 63 页。

第三节　中央与地方：民族区域
自治制度的优越性

现代国家都有自己特定的国家性质（国体）、政权组织形式（政体），也涉及处理国家内部整体与组成部分之间、中央政权机关与地方政权机关之间的关系，即国家结构形式。一般来说，国家结构形式的选择决定着一个政党解决民族问题的政策。新中国成立后，我国采取单一制的国家结构形式，正式确立并实施民族区域自治制度，实践表明中国的民族区域自治制度是成功的，采取民族区域自治政策来解决中国的民族问题，符合中国各民族历史和现实的特点，也符合各民族人民的共同利益，因而显示出巨大的优越性。

一　经与纬：单一制国家结构形式下实行区域自治，有利于多民族国家的稳定

中国实行单一制的国家结构形式，而不采取苏联式的民主共和国联邦制，是基于国情和多民族的实际情况而选择的。邓小平曾经说过："解决民族问题，中国采取的不是民主共和国联邦的制度，而是民族区域自治的制度。我们认为这个制度比较好，适合中国的情况。……这是我们社会制度的优势，不能放弃。"① 中国的民族自治地方，是中华人民共和国不可分离的部分。民族区域自治的实质，就是在统一的国家内，使或大或小聚居区内的各少数民族有管理本民族内部地方事务的权利，充分发挥各少数民族参与国家政治生活，建设社会主义，促进本民族、本地区发展的积极性。

---

① 《邓小平文选》第 3 卷，人民出版社，1993，第 257 页。

单一制国家结构形式的特点是，全国一部宪法、一个中央政府，实行民族区域自治既保护了少数民族的权利，实现了民主，又保障了国家的统一和稳定，体现了民主集中制原则在解决我国民族问题上的灵活运用。单一制国家结构形式的重要标志在于中央政府与民族自治地方是中央与地方的关系，国家利益与民族地区的区域利益是一致的，只有维护国家的整体利益才能保障民族地区的区域利益；同时，只有照顾到民族地区的区域利益，才能实现少数民族基于满足本民族特殊利益基础上的国家认同，增强中华民族凝聚力。在民族区域自治制度框架之下，"虽然中国的少数民族人口仅占全国总人口的9%左右，但是少数民族聚居地区建立的民族自治地方则占全国国土面积的64%，也就是说，中国领土的大部分地区属于民族区域自治地方，这在世界多民族国家实行的相似的民族区域自治行政区划中可谓绝无仅有"①。反观其他国家，20世纪80年代末90年代初，世界民族主义浪潮风起云涌，在"一个民族、一个国家"口号的鼓动下，不少多民族国家出现了严重的民族问题，有的发生了民族大仇杀，有的爆发了规模宏大的民族冲突，有的甚至走向了解体或分裂，这些教训是深刻的。

特别是在经济全球化的大背景下，基于社会制度和意识形态的不同，国家与国家之间存在着利益纠葛，一些西方国家容易利用我国的民族问题，破坏我们来之不易的繁荣稳定局面，这些都不得不令我们保持清醒的头脑。我国之所以能够保持长期的国家统一、社会稳定、民族团结，与民族区域自治制度的优越性是分不开的。实践证明，"中国的民族区域自治制度及其实践具有中国特色，是中国特色社会主义制度的有机组成部分，必须在改革开放实现中华民族

---

① 郝时远、王希恩主编《民族发展蓝皮书——中国民族区域自治发展报告（2010）》，社会科学文献出版社，2011，第1页。

伟大复兴的进程中坚持和完善"①。

二　内与外：充分发挥国家与各民族的优势，促进民族自治地方的经济发展与进步

对于民族地区来说，经济发展是新中国成立初期民族工作的重要组成部分。而民族地区的经济发展，既要发挥国家的扶持作用——外因，又要发挥少数民族的主动性和积极性——内因，民族区域自治制度能够将外因和内因有效结合起来，可以充分发挥国家与各民族的优势，促进民族自治地方的经济发展与进步。

民族区域自治制度使少数民族可以行使自治权，实现了各民族真正意义上的平等。民族平等是马克思主义民族观的核心内容，也是处理和解决民族问题的基本原则。马克思主义经典作家认为，"我们要求国内各民族绝对平等，并且要求无条件地保护一切少数民族的权利。我们要求广泛的自治并实行区域自治，自治区域也应当根据民族特征来划分"②。作为马克思主义武装起来的政党，中国共产党将民族平等作为制定民族政策的总原则，在新中国成立前颁布的《中国人民政治协商会议共同纲领》中，明确规定："各少数民族聚居地区，应实行民族的区域自治，按照民族聚居的人口多少和区域大小，分别建立各种民族自治机关。凡各民族杂居地方及民族自治区内，各民族在当地政权机关中均应有相当名额的代表。"③ 我国《宪法》也明确规定："中华人民共和国公民在法律面前一律平等。"这意味着各民族不论人口多寡、历史长短、发展程度高低，都一律

---

① 郝时远、王希恩主编《民族发展蓝皮书——中国民族区域自治发展报告（2010）》，社会科学文献出版社，2011，第 1 页。

② 《列宁全集》第 23 卷，人民出版社，1990，第 215 页。

③ 中共中央文献研究室、中共新疆维吾尔自治区委员会编《新疆工作文献选编》（1949-2010），中央文献出版社，2010，第 13 页。

平等。

但不可否认的是，我国各民族之间还存在事实上的不平等问题。首先，从历史上看，我国56个民族在其形成和发展过程中，由于所经历的时空不同，其发展的程度也不尽相同。例如，新中国成立后，很多少数民族并没有按照奴隶社会—封建社会—社会主义社会的脉络发展而来，有的处于农奴制时期，有的甚至还处于原始社会末期，起点的不同导致后来发展速度与水平也相差甚远。其次，从地域看，我国少数民族大多生活在高原、丘陵、草原、滩涂等地，自然条件极其恶劣，造成从事牧业的民族多为少数民族，生产力水平较低的依然是民族地区。地域上的劣势导致民族教育的落后，不发达成为一种恶性循环。民族区域自治制度的实施，保障了少数民族自己管理自己民族内部事务的权利，同时，少数民族的自治权表现在政治、经济、文化和社会生活的方方面面，真正实现了各民族的平等。因此，"中国实行的民族区域自治制度，是中国共产党把握中国历史国情做出的选择，也是中国共产党依据马克思主义经典作家的理论对统一的多民族社会主义国家实现民族平等做出的制度安排"[1]，具有极大的优越性。

中国的少数民族，是相对于人数众多的汉族而言的其他55个民族的总称，自然地理、人文历史等因素导致了我国少数民族经济社会的普遍落后，因此，促进少数民族的经济发展与进步就成为摆在中国共产党面前重大的现实问题。正如邓小平指出的那样："实行民族区域自治，不把经济搞好，那个自治是空的。"[2] 从地理分布看，我国的民族自治地方大多地处草原、林地、荒原、高山等边疆地区，自然条件的恶劣使得这些地方的经济发展水平较低。新中国成立之前，大多数民族地区生产力水平极其低下，传统的农牧业主要依靠

---

[1] 郝时远、王希恩主编《民族发展蓝皮书——中国民族区域自治发展报告（2010）》，社会科学文献出版社，2011，第9页。

[2] 《邓小平文选》第1卷，人民出版社，1994，第167页。

人力和畜力，甚至有的地区还停留在刀耕火种的原始状态，少数民族群众的生活十分贫困。

实行民族区域自治，有利于国家统一领导和规划全国和各民族地区的社会主义建设，有利于各民族互相帮助与支援，促进共同发展与繁荣。新中国成立初期，党和国家把民族地区的经济发展放在突出的位置，帮助民族地区发展农牧业、工业、贸易、交通建设等。农牧业方面，国家加大资金投入，主要以加强基础设施建设、推广新耕作技术和发放农具为重点。1956 年，农业部拨专款给昌都和西藏地区发展畜牧兽医的经费达 33 万元，两次给青海省拨此款项也达 35 万元。① 工业方面，主要是帮助少数民族和民族地区建立现代工业。"一五"计划期间，在全国 156 个大型建设项目中，国家把其中的 40 个项目安排在民族地区，如云南个旧锡业公司、新疆克拉玛依油田、内蒙古包头钢铁基地等。党和国家还加大了对民族贸易、交通建设的专项投入，这些举措大大促进了民族地区的经济发展。

除国家采取各种措施促进少数民族和民族地区发展之外，民族区域自治制度对少数民族自身主动性和积极性的调动作用也非常突出。民族区域制度的实施，赋予少数民族管理本民族和本地方事务的自治权利，使他们从昔日被压迫、被歧视的地位中彻底得到解放，真正体会到当家作主的喜悦之情，极大地动员了他们建设本地方、发展本民族的热情。1953 年西双版纳傣族自治州成立，基诺族群众说："毛主席他老人家就像天上的金太阳，照亮了基诺山，温暖着我们的心窝。"爱尼（哈尼）代表说："自治州成立，结束了我们世世代代当牛做马的历史，我们真正当家作主了。"在庆祝大会上傣族赞哈放声歌唱道："今天是我们几代人梦想的日子，是各族人民当家作主的盛大节日。把毛主席纪念章高挂在头巾上，表示我们各族人民衷心的敬意。来吧，过去受苦受难的奴隶！让我们紧紧地拥抱在一

① 《当代中国的民族工作》编辑部编《当代中国民族工作大事记（1949 - 1988）》，民族出版社，1989，第 88~93 页。

起，像一个父母所生的兄弟。"① 这种主人翁地位的肯定、建设热情的焕发，内化为少数民族民众自力更生、建设美好家园的动力，大大促进了民族自治地方的发展与进步。以新疆为例，在新疆各族人民的积极努力和国家的大力帮助下，新疆的社会主义建设成就突出。1958 年的工业总产值为 1949 年的 113 倍多；粮食产量为 1949 年的 3倍；牲畜总头数增加将近一倍。②

三 点与面：兼顾民族因素和地方因素，体现了我国民族分布的特点

我国自秦汉以来就是一个多民族国家，从秦朝到清朝的 2000 多年时间里，虽然王朝政权时有更迭，但纵观历史，还是统一多于分裂，民族友好关系多于民族冲突。历代王朝更替，人口迁徙，我国民族分布呈现出分散、杂处的格局，同一个少数民族可能分布在不同的地区，或者不同的少数民族聚居于同一个地区，长此以往形成了我国大杂居、小聚居、交错居住的特点，这就使民族自治地方的设立必须多样化。

我国的民族区域自治，是中国共产党在长期的革命实践中探索出的适合中国国情的解决国内民族问题的有效路径，是实现各少数民族自治权利的重要保障，具有极大的灵活性和实操性。民族区域自治制度的灵活性表现在以下几个方面：一是不仅使能够达到一级行政单位标准的少数民族可以依法建立自己的民族自治地方，设立自治机关、行使自治权，而且可以使聚居在不同地区的同一少数民族分别建立不同行政级别的民族自治地方，设立相应级别的自治机关，保障自治权利。二是能够使共同聚居在同一地区的两个或两个

---

① 征鹏、方岚：《金太阳照亮了西双版纳》，人民出版社，1978，第 15~16 页。
② 《十年民族工作成就》（上册），民族出版社，1959，第 63 页。

以上的少数民族联合建立自治地方，通过设立统一的自治机关共同行使自治权。三是对于那些聚居在同一地区但又达不到一级行政单位标准的少数民族，通过建立民族乡，作为民族区域自治的补充形式来保障这些民族的自治权利。四是对于散杂居少数民族，国家和民族自治地方的自治机关也制定了专门的法律、行政法规、地方性法规、条例等保障他们的合法权益。可以说，中国的民族区域自治几乎覆盖所有民族，保证了各民族享有平等的自己管理本民族事务的权利，成为新中国现代民族国家建构整体系统中的重要组成部分。

中华人民共和国成立后，党和国家确立并逐步完善民族区域自治制度，建立了包括自治区、自治州、自治县在内的三级民族自治地方。从名称看，我国的民族区域自治地方，既包含民族因素，又包括区域因素，它既不是单纯的民族自治，也不是单纯的地方自治，而是二者的有效结合，各民族可以根据本民族、本地区的实际情况和特点，集中各民族智慧，依照法律自主地管理本民族、本地区内部事务。例如，宁夏回族自治区各族人口的比例是回族占 32.5%，汉族占 67.3%，其他少数民族占 0.2%。在自治区人民代表大会代表中，回族代表占 42.79%，汉族代表占 56.25%，其他少数民族代表占 0.96%。在自治区人民委员会委员中，回族委员占 48.57%，汉族委员占 48.57%，其他少数民族委员占 2.86%。① 这样既保障了回族当家作主的自治权利，也保障了汉族和其他少数民族的平等权利。因此，我国的民族区域自治制度，是兼顾民族因素和区域因素、体现我国民族分布特点、适合中国国情的基本政治制度之一，必须坚持并不断完善这一重要制度，更好发挥其优越性。

综上所述，中国的民族区域自治，是中国共产党在长期革命实践中，依据马克思主义关于民族问题的基本原理，结合我国的民族构成、民族分布和民族关系等方面的实际情况和特点，提出的解决

① 《十年民族工作成就》（上册），民族出版社，1959，第 61 页。

我国民族问题的基本政策，是国家的一项重要政治制度。民族区域自治制度的确立，表明它作为解决国内民族问题的基本政策与制度在国家政治生活中的确立，具备了理论形态到现实形态的可能性。新中国成立初期，国家根据《共同纲领》《实施纲要》、五四宪法的规定和精神，在少数民族聚居地区实行了民族区域自治制度，确立了自治区、自治州、自治县三级民族自治地方，设立了民族自治机关，保障少数民族享有充分的自治权。同时，又在少数民族散居或杂居地区，建立民族民主联合政府。作为民族自治地方的重要过渡形式，民族民主联合政府的建立，使民族区域自治制度不断发展和完善。针对农村散杂居少数民族，又创造性地建立了民族乡作为民族区域自治制度的补充形式。这一系列举措保障了少数民族的平等权利，使少数民族能够参加管理国家事务和自主管理本民族内部事务，表达自己的政治愿望。可以说，党和国家贯彻执行民族平等原则，实行民族区域自治，充分保障各民族的平等权利和自治权利，各少数民族在民族自治地方都充分享有宪法规定的当家作主的自治权利，散杂居少数民族权利也得到充分保障。

周恩来高度评价我国的民族区域自治制度，认为它"是民族自治与区域自治的正确结合，是经济因素与政治因素的正确结合，不仅使聚居的民族能够享受到自治权利，而且使杂居的民族也能够享受到自治权利。从人口多的民族到人口少的民族，从大聚居的民族到小聚居的民族，几乎都成了相当的自治单位，充分享受了民族自治权利。这样的制度是史无前例的创举"①。

---

① 国家民族事务委员会政策研究室编《中国共产党主要领导人论民族问题》，民族出版社，1994，第 173 页。

第三章 民族识别：摸清多民族国家的民族"家底"

中国是一个多民族国家，目前确定的民族有 56 个。但在新中国成立初期，我国到底有多少个民族。少数民族情况如何都很不清楚，正像当时主持西南地区民族工作的邓小平所说的那样，"在少数民族问题上，我还是一个小学生"①，表明我们对我国多民族国家的民族"家底"尚缺乏深入了解和把握。1953 年，新中国开展了第一次人口普查，登记上报的民族名称达 400 余种，其中云南就有 260 多种，贵州有 80 多种。② 而且，在这些民族名称中，有的以某些民族居住的地名命名，有的以从事的生计方式命名，有的是同一民族内部不同分支的名称，还有的是对同一民族的自称和他称。面对如此复杂的民族情况，新中国成立初期首先要做的是进行科学甄别，这是执行民族政策、开展民族工作的基本前提。为此，党和政府决定对我国少数民族历史与现状开展实地调查，确定民族成分与民族族称，并用国家法律的形式确定下来，这项工作一般被称为"民族识别"。

第一节 酝酿与升华：民族识别的依据

我国是多民族国家，国土面积大而地形复杂，加上历史上各民

---

① 国家民族事务委员会政策研究室编《中国共产党主要领导人论民族问题》，民族出版社，1994，第 51 页。

② 国家民族事务委员会研究室编著《新中国民族工作十讲》，民族出版社，2006，第 65~66 页。

族之间的迁徙、流动，民族情况复杂，民族识别工作的难度可想而知。但是，民族识别又是新中国成立初期基础的、必要的民族工作，它不仅是党和国家开展民族工作、实施民族区域自治的政治需要，同时也是少数民族平等参与国家政治生活的内在要求。在民族识别工作中，要确定某一民族的族属与族别，需要依据科学的标准。我国的民族识别，是在灵活运用斯大林"民族"定义及特征的基础上，结合本民族意愿而进行的，是马克思主义与中国具体实际相结合的又一体现。

一 酝酿：民族识别的缘起

新中国成立初期的民族识别工作，既不是"心血来潮"，也不是"自找麻烦"，而是党和国家贯彻实施民族平等原则，实行党和国家的民族政策，推行民族区域自治制度的政治考量，也是少数民族在获得主人翁地位后民族自觉的一种表现。

（一）党和国家开展民族工作的政治需要

中国共产党自诞生之日起，就非常重视国内民族问题，并在少数民族中长期开展民族工作。民族工作，通常就是"少数民族工作"，是"有关少数民族事务的工作"[①]。新中国成立之前，主要指中国共产党的民族工作，在中国共产党掌握国家政权之后，"中国的政党领导体制就决定了'党的民族工作'相应地在新的国家政治体系内全面铺开，及政党民族工作的国家化。党的民族工作就转变成了'党和国家的民族工作'"[②]。党和国家要开展"有关少数民族事

[①] 费孝通：《代序：民族研究——简述我的民族研究经历》，费孝通主编《中华民族多元一体格局》，中央民族大学出版社，1999，第 11 页。

[②] 白利友：《中国共产党的民族工作与少数民族的政党认同》，云南大学博士学位论文，2013，第 58 页。

务"的工作，首先需要明确工作所面向的"对象"，摸清少数民族的历史与现状。

辛亥革命后，孙中山先生曾倡导"五族共和"，虽然认识到中国的多民族国情，但"五族"并不能够涵盖我国所有的民族，而且把信仰伊斯兰教的民族都认为是回族，表明对民族及少数民族状况还不甚了解。新民主主义革命期间，中国共产党虽然重视农村地区，包括少数民族地区的调查研究，但也仅仅是粗略的估计与认知。① 而且，在新中国成立之前，国内派系林立，战乱频仍，中国社会处于动荡不安之中，没有条件进行全国性的人口普查，缺乏对少数民族情况的实际摸底。除了几个大家公认的民族，如汉、满、蒙、回、藏、苗、瑶、彝等民族之外，对其他少数民族的状况还不够了解。特别是我国西南地区，地形复杂，民族支系多样，对少数民族的实际情况更缺乏深入了解。②

针对我国多民族国情，党和国家积极采取相应政策措施，开展民族工作。新中国起临时宪法作用的《共同纲领》还明确了民族区域自治政策的地位，而民族区域自治这一重要的政治制度在落实过程中，首先面临的一个重要问题是民族"家底"，即中国到底有多个民族？这些民族具体情况如何？那些自报称谓的民族单位，是否独

---

①　当时中国共产党对少数民族人数及情况的了解是这样的："我们中国现在拥有四亿五千万人，差不多占了全世界的四分之一。在这四亿五千万人口中，十分之九以上为汉人。此外，还有蒙人、回人、藏人、维吾尔人、苗人、彝人、壮人、仲家人、朝鲜人等，共有数十种少数民族，虽然文化发展的程度不同，但是都已有长久的历史。中国是一个由多数民族结合而成的拥有广大人口的国家。"参见《毛泽东选集》第2卷，人民出版社，1991，第622页。

②　1950年，邓小平在讲到西南民族问题时，他说："西南的少数民族究竟有多少，现在还不清楚。据云南近来的报告，全省上报的民族名称有七十多种。贵州的苗族，据说有一百多种，实际上有些不是苗族。例如侗族，过去一般都认为是苗族，实际上语言、历史都不同，他们自己也反对这么说。从这一情况就可以看出，我们对少数民族问题不仅没有入门，连皮毛还没有摸着。"参见国家民族事务委员会政策研究室编《中国共产党主要领导人论民族问题》，民族出版社，1994，第51页。

立的民族，关系到民族区域自治制度的实施。也就是民族区域自治制度实施过程中，"在各级权力机关中要体现民族平等，就得决定在各级人民代表大会里，哪些民族应出多少代表，在实行民族区域自治建立民族自治地方时，就得搞清楚这些地方是哪些民族的聚居区"①，这关系到少数民族成员能否切实享有《共同纲领》与《实施纲要》所规定的基本权利。另外，随着社会主义革命和建设的发展，党和国家的民族工作也日益推进，民族政策内容也不断得到丰富与完善，族属族别必须要弄清楚。否则，党和国家对少数民族的一些特殊优惠政策，如选举人民代表、实行民族区域自治、少数民族干部培养、录取学生、计划生育、民族地区补助费和经济建设费及开办民族学校等，造成该享受的得不到享受，该照顾的得不到照顾，影响党和国家民族政策的效能。因此，民族识别工作可谓势在必行。

（二）少数民族平等参与国家政治生活的内在要求

历史上王朝国家的皇权专制下，实行残酷的民族压迫政策，少数民族人民群众难以得到平等的政治地位。步入近代，军阀统治沿袭民族压迫政策，广大少数民族人民苦不堪言，在国民政府统治期间，还否认我国多民族国家的实际情况，把各民族归为汉族的宗支。由于民族压迫，许多本可以得到公认的民族不得不隐瞒自己的民族身份。

新中国成立后，压在各民族头上的三座大山被推翻，各族人民成为国家的主人。许多少数民族迫切要求确认自己的族称，公开自己的民族成分，以新中国多民族大家庭成员的身份平等地参与到国家政治生活和国家建设中来。这是党的民族政策深入人心的重要体现，也是少数民族人民民族意识觉醒的表现。

---

① 费孝通：《费孝通民族研究文集新编》（上），中央民族大学出版社，2006，第291页。

二　破茧：斯大林"民族"定义的灵活运用

要确定族属，首先要弄清楚何谓"民族"。马列主义民族理论认为，民族是人类社会发展到一定阶段的产物，是具有一定共同特征的稳定的人们共同体。恩格斯指出，从部落发展成为民族和国家。在马克思主义经典作家有关论述的基础上，斯大林将民族定义为人们在历史上形成的有共同语言、共同地域、共同经济生活以及表现于共同的民族文化特点上的共同心理素质的稳定的共同体。按照斯大林的民族定义，共同语言、共同地域、共同经济生活、共同心理素质作为民族的四个基本特征，而且"只有一切特征都具备时才算是一个民族"，强调"民族不是普通的历史范畴，而是一定时代即资本主义上升时代的历史范畴"。①

然而，在中文语境中，"民族"一词指称范围较广，可以说，从原始社会部落共同体到构成民族国家的人群都可泛称为"民族"。若严格按照斯大林民族定义及民族的四个特征，中国没有几个民族能够完全符合这个标准。不过，斯大林也认为"当然，民族的要素——语言、地域、文化共同性等等——不是从天上掉下来的，而是还在资本主义以前的时期逐渐形成的，但是这些要素当时还处于萌芽状态，至多也不过是将来在一定的有利条件下使民族有可能形成的一种潜在因素"②，斯大林这个补充无疑是中肯的。结合我国民族的实际情况，为使民族识别工作有效开展，1953 年，毛泽东作了如下指示："科学的分析是可以的，但政治上不要去区分哪个是民族，哪个是部族或部落。"③ 根

---

① 中国社会科学院民族研究所编《斯大林论民族问题》，民族出版社，1990，第 28~29、33、393 页。
② 《斯大林全集》第 11 卷，人民出版社，1955，第 289 页。
③ 转引自黄光学、施联朱主编《中国的民族识别：56 个民族的来历》，民族出版社，2005，第 81 页。

据这一指示，在我国民族识别开展过程中，并没有对不同历史时期的人们共同体加以区分，而是不论人口多少、历史长短、居住地域大小、社会形态如何，都称为民族，一律平等，这既符合中国民族的实际情况，又做到了理论创新。

三　升华：民族识别的标准

民族识别是一项科学性很强的工作，也是一项关乎国家进一步实施民族政策的基础性工作，还是一项涉及少数民族特殊群体利益的工作，需要在识别之前制定科学、合理又符合本民族意愿的标准。

（一）民族特征

任何一个人们共同体，在长期的历史发展中都会形成自己的特征，民族也不例外。我国的民族识别既不能照搬资本主义时期形成的民族特征作为识别标准，又不应该不把这些特征作为研究的入门指导[1]，因为"我国许多民族在解放前虽然没有发展到资本主义阶段，但是它们的民族特征都已不同程度地存在着，这种历史和现实的情况都应当正视、研究和照顾，否则就不能合起来"[2]。为此，我国的民族识别在考察民族特征时，不是孤立地看某个民族是否同时具备"四个要素"特征，而是全面、综合地分析民族的特征，再将其置于中国民族实际情况之中去考虑。

1. 共同地域

共同地域是重要的民族特征，是指"历史上一个人们共同体的

---

①　费孝通：《关于我国民族的识别问题》，《费孝通民族研究文集》，民族出版社，1988，第 172 页。

②　国家民族事务委员会政策研究室编《中国共产党主要领导人论民族问题》，民族出版社，1994，第 151 页。

基本群众长期稳定地居住在一起，从而形成这个族体的共同居住生活的地区"①。共同地域是人们共同体进行生产、生活等内部联系的生存空间，是形成民族的基础。在我国，由于历史上民族压迫造成的民族迁徙、流动，各民族群众之间交往、联系进一步加强，一些少数民族被分割在互不连接的地区，或是脱离了地域"母体"形成了大散居、小聚居状态。这些脱离整体而分出的单元，有的已经形成新的民族共同体；有的因长期与其他民族共居一地而融合于其他民族之中；有的仍保留着本民族成员之间的联系和民族共同性，依然是统一的民族共同体。因此，在运用"共同地域"这个民族特征时，应该看到，"共同地域"并不等同于"同一地区"，因为同一地区可以有不同的民族共同"插花式"地聚居在内，而同一民族也可能在几个不同的地区分布。基于此，在民族识别工作中，讲"共同地域"并不一定必须是连片的地域，它是根据民族的发展历史和分布特点来考察现实的民族居住区域。

2. 共同语言

语言不仅是人们交流和沟通的重要媒介与工具，也是一个复杂的系统，语言的不同语系、语族、语支等，需要语言学家做专门的研究。共同语言是指同一个民族共同体成员在生产、生活等交往过程中形成的通用语言，也是重要的民族特征之一。我国少数民族都有自己的民族语言，有的民族使用两种或两种以上的语言，50个少数民族使用的语言在80种以上，个别民族已不具备自己民族独特的共同语言。② 在各民族自报的400多个族称中，有两种不同的情况。一种是不同民族有不少语言是相同或相近的，如广西的"布壮""布越""布雅依""布衣""布土""布雄""布侬"等，讲的都是侗傣语系语言，他们的语言出于同一母语，后自愿合并到壮族之中；

---

① 宋蜀华、满都尔图主编《中国民族学五十年》，人民出版社，2004，第59页。

② 黄光学：《别具特色的创举——中国民族识别的理论和实践》，黄光学著《民族工作文集》，民族出版社，2008，第102页。

另一种是同一民族使用不同的语言，如广西大瑶山的瑶族，就有三种不同的语言，一是属苗瑶语族苗语支的勉语（盘瑶），二是属苗瑶语族苗语支的布努语（花篮瑶），三是属壮侗语系侗水语支的拉珈语（茶山瑶），虽各有自称，但都一致认同于瑶族。[①] 可见，我国的民族识别，共同语言是判断同一民族的重要参照和线索，但不能单纯依据语言来确定族别。也就是说，一些语言是某一民族单独的语言，一些语言是和其他民族同一语言，个别民族内部还没有共同语言而使用不同语言。这表明，一个民族除了全民族使用的共同语言外，一些人使用一两种其他民族语言，并不影响明确某一民族语言的共同性。

3. 共同经济生活

共同经济生活是一个人们共同体在经济上的联系性，表现为各地区、各部门、各行业在经济上的社会分工，人们之间相互依赖的经济关系，以及共同市场内的产品交换等。新中国成立起，在我国少数民族中，除了藏、维吾尔、白、蒙古等民族程度不同地出现资本主义萌芽之外，其余大多数均处于前资本主义发展阶段，经济联系基本处于自给自足基础上的简单的物物交换。因此，在民族识别时，共同经济生活更着重考察经济结构、生产工具、贸易特点等，而不是机械地要求出现资本主义发展阶段的统一市场和经济中心。

4. 共同心理素质

共同心理素质是民族诸特征中居于重要地位的特征之一。在斯大林"民族"定义中，将"共同心理素质"限定为"表现于共同的民族文化特点上"，足以说明民族文化在民族共同心理素质形成中的作用。

---

① 费孝通主编《中华民族多元一体格局》（修订本），中央民族大学出版社，2003，第6页。

民族文化是民族共同体物质生活和历史发展的反映，具有传统性与继承性，是该民族成员共同认可的文化特点，并内化为一种精神、心理特点，即共同心理素质，这是维系民族成员之间关系的重要的心理和精神纽带。我国少数民族，都有本民族独特的文化特点，都具有共同心理素质的特征。因此，在民族识别过程中，把待识别民族的共同文化特点作为民族识别的最重要特征来加以考虑。①

由于历史条件差异，不同民族的各个特征发展不平衡，不能孤立地看待民族特征，必须将共同语言、共同地域、共同经济生活和共同心理素质等特征结合起来考察。同时，特别要考虑各民族历史上的渊源关系，包括该民族社会发展情况，民族地区历史，民族来源，政治制度，民族关系等，做到既不拘泥于斯大林民族定义和民族特征，又将语言、地域、经济生活、文化等视为基本标准，表现了极大的灵活性。

（二）民族意愿

民族意愿，"从本质上说是一种民族意识，是人们对于自己的族体究竟是汉族还是少数民族，究竟是一个单一的少数民族还是某个

---

① 对于共同心理特征的重要性，费孝通先生曾做过专门论述，他认为共同心理素质是"同一个民族的人感觉到大家是属于一个人们共同体的自己人的这种心理。……这个特征可能比其他的特征在形成和维持民族这个人们共同体上更见得重要"，因为"一个民族的共同心理，在不同时间、不同场合，可以有深浅强弱的不同。为了要加强团结，一个民族总是要设法巩固其共同心理。它总是要强调一些有别于其他民族的风俗习惯、生活方式上的特点，赋予强烈的感情，把它升华为代表这个民族的标志；还常常把从长期共同生活中创造出来的喜闻乐见的风格，加以渲染宣扬，提高成为民族形式，并且进行艺术加工，使人一望而知这是某某民族的东西，这也就是所谓民族风格。这些其实都是民族共同心理的表现，并且起着维持和巩固其成为一体的作用。我们认为，这就是上面所引斯大林的民族定义中关于这个要素上所说的'表现于共同文化上'这几个字的意义"。参见费孝通《关于我国民族的识别问题》，《费孝通民族研究文集》，民族出版社，1988，第173~175页。

少数民族的一部分的主观愿望的表现，也是对人们共同体意识的具体反映"①，是民族共同体成员对本民族历史和特征的认同和表达。

虽然民族识别主要是一种政府行为，但它的出发点是民族平等，民族工作者的研究意见不能代替待识别群体的意愿。② 因此，在民族识别时，除了考察待识别民族的民族特征，结合该共同体的历史溯源，还要尊重少数民族群众和上层人士的意见和愿望，获得待识别群体成员的认同。但是，由于地理条件造成各民族之间的隔绝，历史上的民族压迫造成各民族之间的隔阂，统治阶级的民族歧视造成鲜有对少数民族的相关记载，再加上受文化水平的制约，少数民族对自身族源缺乏全面的了解，民族意愿也无法得到正确的表达。基于这种实际状况，在民族识别工作中，在自愿原则的基础上，专家和学者耐心地帮助他们正确地认识本民族的历史，经过充分考证和协商，以实事求是的态度确定民族成分和民族名称。这种真正体现民族平等的创新原则，形象地被称为"名从主人"原则。

第二节　复杂而艰巨：民族识别的历程

新中国成立初期，随着我国民族地区的解放，剿匪工作的胜利，国民党残余势力的肃清，中国共产党逐步在这些地区建立了人民政

---

① 国家民族事务委员会研究室编著《新中国民族工作十讲》，民族出版社，2006，第 70 页。

② 正像费孝通、林耀华等老一辈民族学家所说的那样："我们进行的族别问题的研究并不是代替各族人民来决定应不应当承认为少数民族或应不应当成为单独民族。民族名称是不能强加于人或由别人来改变的，我们的工作只是在从共同体的形成上来加以研究，提供材料和分析，以便帮助已经提出民族名称的单位，通过协商，自己来考虑是否要认为是少数民族或者是否要单独成为一个民族。这些问题的答案是要各族人民自己来做的，这是他们的权利。"参见费孝通、林耀华《当前民族工作提给民族学的几个任务》，《科学通报》1956 年第 8 期，第 1~17 页。

权，民族工作随即跟进，民族识别也提上议事日程。从 1950 年起，中央人民政府和地方民族事务委员会就组织专家、学者、民族工作队，组成民族访问团宣传党和国家的民族政策，并开展了关于少数民族情况的调查研究工作，包括少数民族的称谓问题。1953 年，启动大规模的民族识别工作，经过长期、大量的科学调查和甄别，逐步从当初自报的 400 多个民族名称中，最终确定为如今的 56 个民族，民族识别的任务和历程是复杂而艰巨的。

一 千头万绪：民族识别工作的复杂性

1953 年，中华人民共和国进行了第一次人口普查，登记上报的民族名称有 400 多个，不仅数量多，情况也很复杂。其原因有如下几个方面：一是原本是汉族，由于各种原因迁徙到少数民族地区，从民族特点看依然保留汉族的生活习惯、劳作方式等，他们并未意识到自己是汉族，当地人对他们也有别称，如云南的蔗园、广东的疍民等。因此，在登记上报族称时，他们也被列入少数民族之中。二是汉族迁徙到少数民族地区，但不是同一时期迁徙，而是分为好几批。早去的汉族由于长期和内地隔绝，而和当地少数民族在服饰、语言、风俗习惯上较为接近，这样就和后去的汉族有所区别，并且受到后去汉族的歧视，因而认为同当地汉族不同，如贵州的穿青、广西的六甲等。新中国成立后，在调查民族意愿时，他们作为少数民族登记上报。三是在新中国成立前，有些少数民族为了免受民族压迫，自我隐藏了自己的民族特点，从而和汉族差别不大。还有一些少数民族上层，由于受到统治阶级的利用，曾经统治过当地的少数民族。新中国成立后，在统计民族族称时，那些被统治过的少数民族不承认他们是少数民族，认为他们和汉族并没有差别，因而在登记上报时没有被列入少数民族行列之中，如湖南西部的土家等。四是受历史条件影响，有些少数民族在迁徙过程中被分散，他们中的一部分由于长期和汉族接触，受汉族影响较大，语言等民族特点并不显著。这些民族经济上依赖于汉族的生产方式，但在过去受到汉族歧视，居住与汉族保留界限，认同自己是少数民族，如福建、浙江等地的畲民等。五是历史上原本是一个民族，虽然迁徙到不同地区，但基本上保留本民族的语言、风俗习惯、历史传统等，但因分散居住于各地，当地其他民族对他们又有各自的名称，由此在长期隔离的情况下，按不同的民族名称登记上报，如广西的布壮、云南的布沙、布侬等。六是有些民族虽然分布在不同地区，组成该民族的各个部分，在和邻近民族的长期生产、生活过程中，形成了不同的生活和文化特点，但仍然保留着共同的语言，并在不同的地区被他族使用同一名称相称，如四川、云南的"西番"等。七是有些民族居住较为分散，形成许多聚居区，但这些聚居区并不相互联结。在语言、文化等方面，该民族的组成部分既有类似的地方，又有各自不同的特点。从称呼上看，其他民族都用同一族称来称呼他们。从民族认同来说，他们自认为是同一民族，如苗人等。八是有些民族到底是单一民族，还是别的民族的组成部分，本民族内部的意见分歧就较大，如东北的达斡尔等。①

面对如此复杂的民族情况，民族识别的初步调查研究是要基本上划清那些待识别的共同体是汉族还是少数民族；若是少数民族，也要判定是单一民族还是某一少数民族的一部分。根据当时分析，有的民族特点与汉族相近或相同，需要确定究竟是汉族还是少数民族的问题，有四种情况：一是在汉族地区杂居，共同语言为汉语，经济生活、文化等与汉族接近，但同时又保留着自己某方面的特点，有着本民族固有的族称，如畲民、疍民；二是在汉族地区杂居，虽然共同语言为汉语，但依然保留着自己语言的一些特点，从文化、习俗方面的特点看，和当地汉族的差别并不显著，如贵州的龙家、

① 参见费孝通《关于我国民族的识别问题》，《费孝通民族研究文集》，民族出版社，1988，第159~160页。

卢家；三是相对聚居，并有自己的语言、文化、习俗，但与当地汉族在政治、经济生活方面的差别并不十分显著，如湘西的土家；四是在少数民族地区杂居，语言、文化、生活方面的特点或与汉族接近，或与当地少数民族相近，又具有固定族称，如穿青、六甲、蔗园等。①

有些民族虽然可以确定是少数民族，但还需要确定是单一民族还是其他民族的一部分的问题，这包括七种情况：一是长期居住在相互联结的地域上，具有基本相同的语言、文化特点，只是没有统一名称，在各自居住范围内都有各自的名称，如布依、布依、布雅依等；二是历史上长期共同生活于同一地域，民族关系较为密切，具有相同或相近的文化、习俗特点，但语言差别较大，且有自己各自的族称，如景颇与载瓦、布朗与傣等；三是历史上可能或是同一来源，或关系密切，但在发展过程中居住于不同地区，由于居住地之间的隔绝，导致在语言、文化方面产生了各自不同的特点，逐渐形成不同的民族，如达斡尔与蒙古；四是虽然长期居住在不同地域，又具有各自固有的族称，但却具有基本相同的文化特点，只是语言方面有些差异，如撒尼、阿西、阿哲、腊罗巴等属于彝语，勒墨、那马属于白语，索伦、鄂温克、通古斯属于通古斯语；五是有的民族散居或杂居在不同民族之中，在长期的交往交流过程中，逐步接受了居住地民族的语言和文化，而部分或全部丧失了本民族固有的语言和文化特点，但无论是本民族还是其他民族，都认为是少数民族，如仡佬；六是有的民族具有自己的语言、文化等特点，只是因居住在不同地区而与所在地区的民族更为接近，如居住在四川的西番，其语言、文化特点就与藏族相近，而居住在云南的西番，则与纳西族接近；七是有的民族内部不同部分因居住较分散，在语言、文化、习俗方面表现出较大的差别，但无论是其他民族还是本民族，

① 参见王建民、张海洋、胡鸿保《中国民族学史》（下卷），云南教育出版社，1998，第109页。

都冠以同一族称，如瑶族。①

面对如此复杂的民族状况，在民族识别过程中，学者们既注重民族名称的来源、意义以及本民族群众对族称的态度和意见，也参酌民族的来源、迁徙；既调查、分析语言的使用情况，也分析了待识别群体的经济生活、社会结构、文教、卫生、宗教信仰和风俗习惯，并将社会结构与政权建设问题联系起来。即便如此，负责识别工作的专家、学者们在调查研究时，为做到识别的科学性与准确性，同时也在不断研究与思考以下问题。一是既然不同的民族可以语言相同，那么不同语言的几个群体可否成为同一民族，如载瓦、景颇，他们语言不同，却都是景颇族；二是有些人丧失了本民族语言，如有的满族成员并不讲满语，而是讲汉语，他们是否依然属于满族的问题；三是如何理解民族、部落、部族的概念，以便在民族识别过程中更好地符合中国实际情况的问题；四是确定一个民族的族称，到底应根据本民族自称还是其他民族对其称呼的问题；五是按照"名从主人"的原则，在确认某一民族时，遇到上层人物与群众意见不一致的情形，应该按照谁的意愿的问题；六是民族利益与发展前途应参照哪些标准的问题；七是汉族变为少数民族，或者少数民族变为汉族，应根据什么标准来区别的问题；八是某民族被称为单一民族，或者几个民族单位合并为同一民族，应采用什么标准的问题；九是在研究与识别工作中，如何灵活运用列宁所反对的"民族联系是氏族联系的继续和综合"这一观点的问题；十是关于畲民的识别问题；十一是在识别过程中，如何理解民族特点的问题，即民族特点应是与其他所有民族都不同的特点，还是与所居住地区的当地民族不同；十二是如何应用斯大林有关民族"共同经济生活"这一特征的问题。②

---

① 参见王建民、张海洋、胡鸿保《中国民族学史》（下卷），云南教育出版社，1998，第110页。

② 参见王建民、张海洋、胡鸿保《中国民族学史》（下卷），云南教育出版社，1998，第113~114页。

民族识别，既是理论性很强的科学研究工作，又是政策性很强的社会实践工作[1]，特别是许多民族的族称在历史上发生了不断分化和融合的现象，有时古代的一个族称，可以包括今天的几个民族共同体；有时古代的一个族称仅指今天某个民族或某个民族的一部分。可以说，中华人民共和国成立初期的民族识别工作是一项相当复杂而艰巨的工作。

二　旷日持久：新中国成立初期民族识别的历程

新中国成立后，党和国家非常重视民族工作的开展，特别强调对我国复杂民族情况进行调查研究的重要性。[2] 新中国初期的民族识别工作，主要经过了两个阶段。

（一）第一阶段：新中国成立至 1954 年

1950～1952 年，中央人民政府先后派出西南、西北、中南和东北等访问团深入少数民族地区，除宣传党的民族政策、疏通民族关系之外，也担负着少数民族现状调查的任务。中央访问团到少数民族地区访问期间，通过向当地干部、民族代表及熟悉当地情况的人士了解少数民族情况，并将大量的实地调查情况及想法整理成专题报告及资料集，所涉及内容包括政权建设、经济贸易、历史、社会组织、文化风俗、教育卫生等方面，为民族识别工作提供了丰富的基础性资料。除中央访问团外，西南、西北、中南等行政区以及少数民族比较集中的地区，也组建访问团、慰问团或工作队，对民族

---

[1]　金炳镐：《民族理论通论》，中央民族大学出版社，1994，第 435 页。

[2]　1950 年 6 月，中共中央指示："在少数民族地区进行工作，必须首先了解少数民族中的具体情况，并从少数民族中的具体情况出发，来决定党的工作方针和具体工作步骤。"转引自郝时远编《田野调查实录：民族调查回忆》，社会科学文献出版社，1999，第 1 页。

地区进行访问，各级访问团所到之处几乎覆盖我国所有的民族地区。

除派遣访问团、慰问团之外，带有民族识别性质的调查活动也相继展开。1950 年夏，林耀华、陈永龄带队的内蒙古工作调查团，对呼伦贝尔盟的蒙古、达斡尔、鄂伦春、鄂温克等民族进行调查，形成《内蒙古呼纳盟民族调查报告》；1951 年 5 月，林耀华、多吉才旦率领的"西藏工作队·社会历史组"，完成了《西藏地方社会概况》《昌都地区社会概况》《西康三十九族地区社会概况》等调查成果；1951 年 9 月，中共中央新疆分局组派出南疆工作组进行调查，撰写调查报告《南疆农村社会》；1953 年 8～10 月，由林耀华、傅乐焕等组成的调查小组对达斡尔族进行调查、识别。此外，云南、贵州、广西、广东等省都对本地方自报的民族共同体进行了调查、识别。

从 1953 年全国第一次人口普查中自报登记的民族名称中，经过识别和归并，确认了蒙古族、回族、藏族、维吾尔族、苗族、彝族、朝鲜族、满族、壮族、布依族、侗族、白族、哈萨克族、哈尼族、傣族、黎族、傈僳族、佤族、高山族、东乡族、纳西族、拉祜族、水族、景颇族、柯尔克孜族、土族、塔吉克族、乌孜别克族、塔塔尔族、鄂温克族、保安族、羌族、撒拉族、俄罗斯族、锡伯族、裕固族、鄂伦春族等 38 个少数民族。

（二）第二阶段：1954～1964 年

经过第一阶段的调查、识别、确认，我国西北、东北的民族名称和民族格局已经较为明晰，民族识别取得了阶段性成果。但是，西南、中南地区的民族情况还尚未明确，特别是云贵高原一带，山高谷深的地形，支系复杂的民族情况，成为这一阶段识别的重点。

1954 年 5～10 月，中央民委派调查组赴云南开展识别、调查工作。云南属多民族的省份之一，新中国成立之初那些自报的 400 多个民族中，云南就有 260 多个，可见其民族识别问题之复杂，任务之繁重。据此，中央民委派出了林耀华、沈家驹等组成的云南民族识别小组，相较于其他地区，该识别小组调查人员较多，规模较大，历时也长。云南识别小组到文山、蒙自、玉溪、大理、丽江、普洱六个专区，对彝、壮、傣、哈尼等民族进行识别调查工作。调查工作除弄清楚一些人是属于汉族还是少数民族的问题以外，大部分工作是归并民族支系，明确某一共同体是单一少数民族还是其他少数民族一部分的问题。调查识别工作分两个阶段进行，第一个阶段识别了 29 个民族单位，第二个阶段识别了 39 个民族单位，将 260 多个待识别族体归并为 22 个。

除云南外，贵州也是一个多民族省份，上报的民族有 80 多种。1955 年 4 月中旬到 8 月底，由费孝通、王静如带领的调查小组到贵州调查民族情况。在贵州当地调查工作队的配合下，以毕节、安顺两个专区的织金、纳雍、大方、水城、安顺、普定、镇宁等县为重点，对穿青、穿蓝、龙家、蔡家、卢人、革佬、白儿、七姓民、羿人等共同体进行了较为深入的调查，形成了民族成分识别的初步意见。

1955 年 3~7 月，中央民族学院研究部的杨成志、刘振乾等四位研究人员，与中央民委的一位干部组成广东畲民调查组，会同中南民族学院及广东派出的调查人员，组成了十余人的调查小组，赴广东进行调查。调查小组主要调查了广东潮汕地区凤凰山区的潮安、饶平、丰顺，莲花山区的海丰、惠阳，罗浮山区的增城、博罗、龙门等地。[①] 经过对畲民的两次调查，再结合畲民的历史、语言、风俗习惯、心里感情等方面，学者们认为畲族与汉人有区别，是一个少数民族，并向中央民族事务委员会汇报。1956 年，国务院正式确定畲族为单一民族。

1956 年，为了有针对性地进行少数民族地区的社会主义改造，同时需要对少数民族传统的物质文化和精神文化进行调查和记录，

---

① 参见王建民、张海洋、胡鸿保《中国民族学史》（下卷），云南教育出版社，1998，第 119~120 页。

根据毛主席的指示，由全国人民代表大会和中央民族事务委员会共同负责，组成内蒙古东北、新疆、四川、西藏、云南、贵州、广西和广东8个调查组，在全国各主要民族地区开展了大规模的实地调查研究活动。这次社会历史大调查历时8年之久，几乎动用了当时全国相关的学术力量，被誉为"中国历史上第一次有组织地进行的全国少数民族社会历史状况的科学调查"①，为中国少数民族研究，民族工作特别是民族识别工作，积累了丰富的历史资料。同年，经过调查研究，先后确定了毛南族、仫佬族和京族。

这一时期的民族识别工作从1954年下半年持续到1964年底，学术界一般认为是新中国民族识别的高潮阶段。在这一阶段中，经过调查、研究、识别，新确认了15个民族，即土家、畲、达斡尔、仫佬、布朗、仡佬、阿昌、普米、怒、崩龙（现为德昂）、京、独龙、赫哲、门巴、毛难（现为毛南）等民族，将74种不同名称的族体归并到53个少数民族之中，还有几十种族体在识别过程中自动撤销原登记的民族名称。② 加上1965年确认的珞巴族和1979年确认的基诺族，从新中国成立时自报登记的400多个民族族称，正式确认了55个少数民族，加上汉族，共56个民族，基本弄清了中国统一多民族大家庭的民族构成。

第三节　差别与多样：新中国成立初期民族识别的类型

民族识别在甄别族属、归并支系、最终实现国家法律上的确认等一系列工作中，是实践性最强的一项工作。我国的民族工作实践，

---

① 林耀华：《社会人类学讲义》，鹭江出版社，2003，第318页。

② 参见黄光学、施联朱主编《中国的民族识别：56个民族的来历》，民族出版社，2005，第109页。

基于待识别族体具体情况的复杂性，以及各族体民族特征显著程度的差别性，采取了各具侧重的识别标准与调查方法，形成了几种不同类型的民族识别。

一 甄别：属于汉族族属的识别

在登记上报的名目繁多的民族族称清单中，有不少是属于汉族，但由于历史上的各种原因，迁入少数民族地区，经过历史变迁与民族之间交往程度的深入，汉族影响了少数民族的生产方式，同时也在生活习俗上受到当地少数民族的影响而有所变化。如湖南的"瓦乡人""梧州瑶人"，云南的"蔗园人"，贵州的"穿青人"，广西的"黎族""阳山人""六甲人""水族"等。从族源上看，他们不是少数民族；从心理素质来看，兼有汉族和少数民族的心理素质；从风俗习惯来看，受到当地少数民族的影响，同时保留汉族的民族特点及语言，与其他汉族地区也保持一定的联系。因此，在识别工作中，首先是确定哪些是属于汉族族属的问题。

(一) 湖南"瓦乡人""梧州瑶人"的族属问题①

"瓦乡人"，自称"果熊人"，主要分布在湖南沅陵、辰溪、溆浦、泸溪、吉首、古丈、保靖、大庸和城步苗族自治县等地。"瓦乡

① 关于新中国成立初期湖南"瓦乡人"的识别，参见黄光学、施联朱主编《中国的民族识别：56 个民族的来历》，民族出版社，2005，第 181～184 页；张永家、侯自佳《关于"瓦乡人"的调查报告》，《吉首大学学报》1984 年第 1 期，第 109～115 页；王辅世《湖南泸溪瓦乡话语音》，《语言研究》1982 年第 1 期，第 135～147 页；刘兴禄《湘西"瓦乡人"及其研究现状考察》，《湖北民族学院学报》（哲学社会科学版）2013 年第 1 期，第 56～61 页；明跃玲《论族群认同的情境性——瓦乡人族群认同变迁的田野调查》，《云南社会科学》2007 年第 3 期，第 89～92 页。"梧州瑶人"的识别问题参见黄光学、施联朱主编《中国的民族识别：56 个民族的来历》，第 184～185 页。

人"长期生活于苗族、土家族、汉族之中，其族属问题十分复杂。1951 年，中央访问团曾对"瓦乡人"做过调查，将居住在今城步苗族自治县的"瓦乡人"定为"黎族"，而居住在保靖县的"瓦乡人"则承认其为"苗族"。自 1954 年起，"瓦乡人"提出要求鉴别其族属问题。

对"瓦乡人"提出的要求，湖南省民委很重视并专门进行了调查，于 1958 年提出《关于确定"瓦乡人"的民族成分为汉族的意见》，认定"瓦乡人"不是单一的少数民族，而是汉族的一部分。①同时，湖南省民委还向"瓦乡人"宣传党的民族政策，向他们解释不是少数民族的理由，对那些已经定为少数民族的部分"瓦乡人"，通过做好思想政治工作予以更改民族成分。

"梧州瑶人"主要分布在湖南省江华瑶族自治县。新中国成立初期，湖南省民委曾对"梧州瑶人"进行调查，报请中央民委同意后登记为瑶族。但有的"高山瑶"认为"梧州瑶族"不是真正的瑶族，因为他们之间语言不通，风俗习惯也迥异，且广东、广西把"梧州瑶人"当作汉人。据此，经过调查、研究、识别，从民族迁移、语言情况等综合考察，确认"梧州瑶人"不是少数民族，也是汉族的一部分。

（二）云南"蔗园人"的族属问题

云南"蔗园人"以种植甘蔗为生，故自称"园人"或粤语"蔗园"，当地少数民族多称他们为"粤西人"，主要分布于云南省阜宁

---

① 《关于确定"瓦乡人"的民族成分为汉族的意见》认为："瓦乡人"不是湖南西部的世居民族，相传他们是从陕西、甘肃、江苏、湖北辗转江西到沅陵定居。语言与我国少数民族的苗瑶、藏缅等语族有所不同，语法结构和汉语没有什么差别，只少数基本词汇与普通汉语有方言性的不同，这种语言和当地同行的汉语方言的语音部分有显著的不同，可能是古代汉语的遗留。生活、婚姻、文娱活动、节日等方面基本与当地汉族相同，据此认定"瓦乡人"为汉族。参见黄光学、施联朱主编《中国的民族识别：56 个民族的来历》，第 181 页。

县二区皈朝、三区剥隘和四区那当。新中国成立后，自报族称“蔗园”族。1954 年，云南民族识别小组进行调查识别后认为，“蔗园人”是从广西迁到云南省富宁县，他们操汉语粤语方言，语法结构与汉语相同，语音系统与粤语基本相同。“蔗园人”的社会文化、家庭婚姻、风俗习惯和宗教信仰都与汉族完全相同，由于与周围各族杂居，接受了一些当地少数民族的风俗，如参加“赶风流街”，丧葬请壮族支系“布傣”（“土”）的魔公作法等。据此，“蔗园人”也为汉族的一部分。

（三）贵州“穿青人”的识别问题[①]

“穿青人”主要居住在贵州省西部、乌江上游的六冲、三岔和鸭地三条河的流域。“穿青”这个名称用来区别“穿蓝”的汉人，最早出现在清代的文献中。“穿青人”并没有自己固定的自称，有些地区称“里民子”或“大脚板的”。当地少数民族认为他们是有自己特点的汉人，一般称他们为“白汉人”“穷汉人”“大脚汉人”“蒿子秆汉人”“吃荞麦的汉人”“穿大袖子汉人”“当里民的汉人”等。

新中国成立后，“穿青人”要求被识别为少数民族，以区别于“穿蓝”的汉人。他们提出如下理由：一是语言与当地汉人不同，讲“老辈子话”；二是从居住形式上，有自己的聚居区；三是信仰和风俗习惯与当地汉人不同；四是生活方式上也不同，如妇女穿大袖滚花上衣，梳三把头，不裹脚，出嫁不坐轿等，看似具备单一民族的各种特征。

1955 年，民族识别工作组对“穿青人”进行了实地调查。识别工作首先从“老辈子话”开始分析，分析结果显示这是汉语的一种方言，它与早期江西、湖北、湖南通行的方言有渊源关系，证明

---

① 参见黄光学、施联朱主编《中国的民族识别：56 个民族的来历》，第 185～186 页。

"穿青人"是从以上各省移入贵州的，这也与地方志、家谱、墓地碑文、民间传说相吻合。从"穿青人"在贵州的历史看，他们的祖先曾经在明洪武年间随军进入贵州，并没有与其他汉族隔离而发展为单一的民族，而是形成一个有地方性特点的汉族移民集团。据此，经过调查、识别，认定"穿青人"属于汉族，而不是少数民族。

（四）广西大新县"水族"的识别

广西大新县"水族"分布于龙门、硕龙等地，自称"游民佬"，他称"挨佬""挨刁"，自认与当地壮族不同，新中国成立后自报为"水族"。

据调查，他们是从玉林、钦州、广东梅县等地迁至广西的，不会水语，而是操汉语"白话""客家话"。生活习惯也与汉族基本相同，历法、节日、舞蹈器乐也不具备水族的特点，据此认定他们为汉族。

（五）疍民的识别

1954年4~10月，根据部分疍民自认为一个单独民族的情况，学者们对疍民进行了调查，由杨成志担任疍民调查小组组长，赴广东的湛江、阳江、江门、广州、中山、珠海，广西的桂林、柳州、南宁、融县、钦县、合浦、北海等地对疍民情况进行调查。调查小组采取个别访谈、开座谈会、查阅户籍资料等方式进行实地调查。经过调查，疍民以船为家，从事渔业和运输业，讲汉语方言，生活习俗与当地汉族相同，民族意识不明显，被确认为汉族。

二　确认：属于单一少数民族的识别

在民族识别工作实践中，有一些待识别民族由于长期与其他民族杂居，深受其他民族的影响，其民族特征并不十分明显，但具有较强烈的民族自我意识。对这些群体进行调查、识别时，必须追溯其历史渊源，再结合该族体的民族特征和民族意识，最终确认是否为单一少数民族并确定族称，属于这一类型的包括畲族、土家族、达斡尔族等。

（一）畲族的识别①

畲族确定为单一少数民族之前，一般被称为"畲民"或"客家人"，自称"山哈"或"山达"，意为"居住在山里的客人"。畲族主要居住在福建、浙江、江西、广东、安徽等东南地区，尤以福建、浙江的人数最多。关于畲民的族别，有的学者认为畲民是汉族农民的后裔，有的学者认为畲民是瑶族的一支。新中国成立后，畲民要求承认其为单一少数民族。

1953 年 5 月，费孝通写成《关于畲民是否系一种少数民族问题的意见》一文，就畲民的研究方法发表了意见。次月，施联朱、黄淑娉等专家到福建、浙江等地调查畲民情况，当地干部约 10 人参与了调查，其中畲民干部 6 人。调查小组拜访了魏应麟、林惠祥等民族学专家，历经三个半月，调查了浙江的景宁县、福建的罗源县和漳平县等地，整理出较为详实的调查资料。

1953 年 8 月，中央民族事务委员会派出施联朱为组长的识别调查小组，在浙江省景宁县东衢村、福建省罗源县八景村、漳平县山羊隔村作了为期三个月的识别调查工作，写出《浙江景宁县东衢村畲民情况调查》等报告。②《浙江景宁县东衢村畲民情况调查》对该

---

① 参见黄光学、施联朱主编《中国的民族识别：56 个民族的来历》，第 134~146 页；《中国少数民族社会历史调查资料丛刊》修订编辑委员会编《畲族社会历史调查》（修订本），民族出版社，2009。

② 实际上，该调查组对上述三个村进行调查研究后分别写出了调查报告。由于"十年动乱"、"四人帮"的干扰与破坏，许多宝贵的调查资料多已散失，现仅存《浙江景宁县东衢村畲民情况调查》这份调查报告。

村畲民的人口与名称、民族压迫与反抗斗争、经济生活、社会组织和风俗习惯、文教卫生等方面进行了较为详尽的阐述。浙江畲族在畲语中自称 SAN HAK，HAK 意为"怕"，即害怕汉族欺负而住到山上的意思，音译为"山客"。历代统治者对畲民采取残酷的民族压迫和歧视政策，如清朝政府不允许畲民参加科举考试，北洋政府对他们进行罚款敲诈，国民政府实行抓兵、派夫、苛捐杂税等，激起畲民不断进行反抗斗争。

1955 年，中央民委又派出识别小组对广东畲民进行识别调查。广东省的畲民主要分布在凤凰山区、罗浮山区和莲花山区，由于反动统治者对畲民较歧视，新中国成立前不敢承认自己的畲族身份。在调查过程中，专家们发现，除广东增城、博罗、惠阳等地一千多畲民使用苗瑶语族的语言外，绝大多数畲民使用接近汉语客家方言但又有所差别的语言，这种语言又不同于当地汉语方言，这是畲民与各民族长期交错杂居、互相影响的结果。在居住地域上，畲民虽与汉族交错杂居，经济上基本上处于自给自足状态，共同地域和共同经济生活等民族特征已不太明显。但从历史上的民族关系看，各地畲民被侮称为"老畲客"，而畲民则贬称汉族为"阜老""河老"，或称自己为"我边人"，汉人为"你边人"，汉、畲两族隔阂深重，民族界限清晰。此外，畲民的服饰、文化、风俗习惯、宗教信仰等方面都有自己独特的民族特点，尤其是在"共同心理素质"方面，畲民中广泛流传着"盘瓠传说"，即他们的始祖盘瓠帮助高辛帝平番有功，被封为忠勇王，娶帝女为妻，繁衍子孙，形成了今天以盘、蓝、雷、钟为主要姓氏的畲民。这种同属于一个始祖的传说，维系着畲民的共同心理素质，成为不同于汉族的民族共同体。综合以上畲民的民族特征及历史上的民族特征，调查组解决了畲民不是汉族的问题。

此外，中央及地方的识别小组还对浙江平阳县王神洞、矾山公社以及泰顺县司前人民公社竹垟大队等地的畲族进行了调查；对福建宁德县、连江县、罗源县、福安县、福鼎县、霞浦县以及江西省畲族进行了情况调查，这些调研资料对畲族识别起到了重要的参考作用。

针对畲民是瑶族一支的说法，调查识别小组主要从畲民的族源进行考察。关于畲族来源，学术界主要有"长沙武陵蛮"说，"东夷"说，"越人后裔"说，"南蛮"说，"福建土著闽族后裔"说等。通过对畲族历史来源的分析，基本上认为畲民与瑶族在历史上有着密切的渊源关系，但在长期的发展过程中，畲、瑶民族的迁徙路线不同，居住于不同的地域，语言发生了差异，族称也产生了相应的变化，共同心理素质与民族认同感也各不相同，据此确认畲族为单一的少数民族。

（二）土家族的识别①

新中国建立初期，有人就提出土家族的族属问题。1950 年，湖南永顺县的田心桃以苗族代表身份参加了国庆观礼。她与其他民族接触过程中，发现自己的民族特点与苗族不同，不仅表现在语言不同，而且在自称、风俗习惯上也不同。她认为自己的民族成分是土家族而不是苗族，并提出对土家族进行调查识别的要求。中央和中南地区对此十分重视，多次派遣调查小组进行调查研究，先后写了一系列调查报告。

1952 年，严学宭写了约十万字的调查报告；1953 年 9 月，中央民族学院研究部在参阅大量资料之后，绘制了土家分布图，准备了调查提纲，由汪明瑀、胡克瑾等到湘西的龙山、永顺、保靖等县，对三县内 4 个乡共 24 个自然村进行了调查。1954 年，汪明瑀从经济、文化角度写了《湘西土家概况》。

---

① 参见黄光学、施联朱主编《中国的民族识别：56 个民族的来历》，第 144~147 页；《中国少数民族社会历史调查资料丛刊》修订编辑委员会编《土家族社会历史调查》（修订本），民族出版社，2009。

同年，王静如写了《关于湘西土家语言的初步意见》，说明了土家族在语言、宗教信仰、风俗习惯方面的特点。

1956 年，潘光旦到湖南湘西土家族苗族自治州进行了为期 26 天的考察，他对古代的巴人与土家族的历史关系进行了研究，从历史、文化、心理的角度写成《访问湘西北"土家"的报告》《湘西北的"土家"与古代的巴人》等论文。《湘西北的"土家"与古代的巴人》一文通过对土家自己的一些传说，历代正史中专叙"蛮夷"的列传，地方志以及文集和游记等进行梳理，对土家与其他民族的关系、土家族的起源和发展进行了分析。

通过调查、分析，学者、民族工作者都认为土家族有自己的语言，这种语言既与汉语不同，与附近的苗、瑶、仡佬等语言也不同。他们没有文字。在风俗习惯与宗教信仰方面，与附近的汉族和少数民族也有许多不同的地方，可以肯定他们不是汉族，而是单一的少数民族。

然而，中央民委要求湖南省民委落实土家为单一少数民族的族属问题时，一些同志持相反意见，其理由：一是他们认为湘西土家彭土司的祖籍来自江西，是汉人，不是少数民族；二是他们认为土家民族特征不显著，不具备斯大林的民族特征四要素。为了统一认识，尽早解决土家族的族属问题，1956 年 5 月，中央派出由中央民委副主任谢鹤筹担任调查组组长的中央土家识别调查组，与湖南省有关部门组成联合调查组，进行了为期 3 个月的识别调查，对土家族的社会历史、语言、经济、文化、社会形态、风俗习惯、群众意愿等做了更为细致的调查。经过反复交流、探讨，调查组认为，土家人有自己的族称，有独立的语言，有一定的聚居区域，有独特的文化生活和风俗习惯，与古代巴人的一支有历史上的渊源关系，广大群众具有强烈的认同感等。据此，中央调查组确认土家族为单一的少数民族，并上报中央。1956 年，党中央和国务院批准土家族为单一的少数民族，历时六年之久的土家族识别问题尘埃落定，这是中国共产党民族政策的伟大胜利，是马列主义民族问题理论与中国实际相结合的示范案例。

（三）达斡尔族的识别①

达斡尔人主要分布在黑龙江省、内蒙古自治区交界处的嫩江流域，还有部分居住在新疆塔城。达斡尔人历来被认为是少数民族，达斡尔人的识别工作主要在于他们是蒙古族的一支，还是单一的少数民族的问题。

1953 年，达斡尔调查识别小组在中央民委的领导下，到黑龙江省龙江县、纳和县和内蒙古呼伦贝尔盟、海拉尔、布特哈、莫力达瓦等地，利用当地已有资料，听取各地领导和主管部门负责人的报告，召开各种类型的座谈会，还通过个别访问实地了解当地各民族的生活情况。通过调查发现，达斡尔族和蒙古族来源相同、语言接近，但因历史条件的变化，经济生活与风俗习惯已有差异，特别是语言和心理素质等方面存在较大差异，已经发展成为具有自己独特民族特点的单一少数民族，而不是蒙古族的一支。

（四）毛南族②、仫佬族、京族的识别③

毛南人自称"哀难"，主要分布在广西环江县"三南"地区，部分居住在河池、南丹、都安一带。1953 年，中南民委和广西民委联合组成的工作组，实地调查了毛南人的人口分布、社会状况、历

---

① 参见费孝通《关于我国民族的识别问题》，《中国社会科学》1980 年第 1 期，第 147~162 页；黄光学、施联朱主编《中国的民族识别：56 个民族的来历》，第 147~155 页。

② 初为毛难族，1986 年根据本民族意愿，改为毛南族。

③ 参见黄光学、施联朱主编《中国的民族识别：56 个民族的来历》，第 156~159 页；《广西仫佬族毛南族社会历史调查》《广西仫佬族社会历史调查》《广西京族社会历史调查》。

史来源、神话传说、语言、风俗习惯、经济生活、民族关系等。毛南，也称"茆滩""矛滩""冒南"等，历史上是作为地名而不是族名出现的，历代封建统治者并不承认有这样一个民族。毛南人没有文字，语言属汉藏语系壮侗语族水语支，与黔南水语、桂北的侗语及仫佬语有接近之处，与壮语、布依语亲属关系密切。从毛南人与水族、侗族、仫佬族、壮族、布依族的历史联系、社会经济生活以及文化习俗看，他们具有共同的历史渊源，即从古代百越发展而来。毛南人主要从事农业生产，有下南、中南两个初级墟场作为自己的经济活动中心。风俗习惯与当地壮族不同但也受一定影响。经识别，国务院于1953年批准毛南族为单一少数民族。

民族识别工作组还对仫佬族进行了识别调查。1953年，广西省民委民族识别调查组对仫佬人进行调查，主要调查其人口、社会状况、历史来源、神话传说、语言、风俗习惯、经济生活及其民族关系，特别是仫佬人的来源问题。仫佬人主要分布在广西省宜山专区①的宜山、忻城、柳城、罗城四县，其中罗城县人数最多，有"仫佬山乡"之称。调查组从历史、语言、风俗习惯等方面分析，认为仫佬人是当地土著民族，历史上对仫佬人就有"木佬""姆佬""木老苗"等称谓。仫佬语属汉藏语系壮侗语族水语支，大多数仫佬人精通汉语和壮语，并使用汉文。经识别，仫佬族被中央人民政府确定为单一少数民族。

1953年，中南民委、广西省民委民族调查组对京族进行了识别调查。京族主要聚居在广西防城各族自治县的江平镇，过去被称为"越族"，缘于其先祖从越南涂山（今越南海防市附近）等地迁来。京族主要从事渔业，兼营农业和盐业。京族的语言为京语，与越南语基本相同，通用汉语文。在文化、生活习惯方面与越南的越族相似，但在长期与汉族的交往联系中已经形成自己独特的民族特点。

---

① 宜山专区今已无存，宜山、罗城属河池地区，忻城、柳城属柳州地区。

根据京族的历史来源、语言、文化、生活习俗等特点以及本民族的意愿，1958 年，经国务院批准，正式确定为单一的少数民族。

（五）阿昌族的识别①

阿昌族聚居在云南省盈江县三区户撒、腊撒两地，户撒的阿昌族自称"户撒"，腊撒的阿昌族自称"腊撒"，"阿昌"乃他称。还有部分阿昌族散居于梁河、腾冲、陇川、龙陵等地。1954 年，云南民族识别工作组对阿昌族进行了调查识别工作。从语言看，阿昌语属汉藏语系藏缅语族的一种。经济生活以农业为主，盈江阿昌族手工业发达，尤以打制铁器出名。风俗习惯、宗教信仰方面，盈江阿昌族受傣族影响，但自认不是傣族；梁河阿昌族受汉族影响较深，但也自认有别于汉族。阿昌族在地域上分隔而往来较少，缺乏同一民族的认同意愿。在民族识别工作中，通过宣传党的民族政策，阿昌族取得共识，认定为单一的少数民族。

三　合并：民族支系的认定与归并

在民族识别实践中，除了确认是汉族还是少数民族，还有一项重要的工作是已经确定为少数民族，但属于某个少数民族的支系，需要认定其为哪个少数民族。一个民族在长期的历史发展长河中，会分化出一些支流，但仍属于该民族的组成部分。民族支系的说法是按照语言学划分系属而得名的，因此在民族支系的归并与认定工作中，语言亲属关系的调查是其中的关键。1955 年年底，中国科学院和中央民委组织了 700 人组成的 7 个民族语言调查队，赴 16 个省区普查少数民族语言，为民族支系的认定和归并提供了科学的依据。

---

① 参见黄光学、施联朱主编《中国的民族识别：56 个民族的来历》，第 159~160 页；《阿昌族社会历史调查》。

（一）云南省民族支系的归并工作

我国是一个多民族国家，云南又是多民族国家的多民族地区，在新中国成立初期自报的民族族称清单中，云南就有 260 多个。除彝、白、傣、苗、回、佤、哈尼、傈僳、拉祜、纳西、景颇、藏、瑶等过去公认的民族不需要识别外，其余 200 多个族体亟须甄别其民族属性。1954 年，云南民族识别工作组对全省民族情况展开调查识别，其中多属于民族支系的归并工作。

经过深入调查研究，"沙人""侬人""土族""天保""黑衣""隆安""土佬"等族体，被确认为壮族支系；"蜡鲁波""罗罗坡""蜡鲁巴""撒尼"等族体被确认为彝族支系；墨江、普洱等地的"哈尼""豪尼""碧约""卡都""斡纽""阿木"被确认为哈尼族支系；"勒墨""那马""土家"被确认为白族支系；"本人"被确认为佤族支系。

（二）贵州省民族支系的归并工作

贵州也是民族成分复杂的省份。1950 年，中央访问团对贵州省内各地报来的民族名称进行了初步研究。1953 年贵州省有关部门经过协商并报请省人民政府同意后，对苗族各支系进行了归并且统一了称谓，正式确定了布依族的称谓。1955 年，中央民委、中央民族学院和贵州省民委组成的调查小组对穿青人、蔡家、卢家、龙家等进行了调查，为贵州省民族支系的进一步归并与识别提供了资料。

（三）广西民族支系的归并工作

共和国成立初期，广西民族支系的归并，主要是将自称"布偏""布壮""布土""布侬""布傣"等族体归入壮族支系。

总之，在我国现有的 55 个少数民族中，除珞巴族和基诺族之外，其余都是在 20 世纪 50 年代予以确认的。关于新中国成立初期民族识别工作总览见表 3-1。

表 3-1　新中国成立初期民族识别工作总览

年份	识别方式	民族	他称或自称	支系归并	名称更换
1949	历来即被承认为单一民族	蒙古、回、藏、苗、朝鲜、满、黎、高山	—	—	—
		瑶	他：徭、傜、猺；自：勉、布努等数百种	—	本民族意愿
		彝	他：夷、倮倮 自：诺苏、纳苏、撒尼、阿西等	土家、蒙化、撒尼、散民、子君、阿西等	毛主席与彝族领袖协商
		维吾尔	他：塔兰奇 自：维吾尔	—	1953 年更名
1950~1952	未经识别即予以公认	哈萨克、柯尔克孜、乌孜别克、塔塔尔、塔吉克、锡伯、土、撒拉、东向	—	—	—
		俄罗斯	他：归化 自：俄罗斯		1953 年更名
		布依	他：仲家、水户、夷 自：布依、布仲等		1953 年更名

续表

年份	识别方式	民族	他称或自称	支系归并	名称更换
1950～1952	未经识别即予以公认	白	他：民家、那马 自：白子、白尼	勒墨、那马、洱源的土家	1956 年更名
		傣	他：摆夷、泰 自：傣渤、傣雅等	黑浦	1951 年更名
		壮	他：僮 自：布壮、布衣	云南文山的沙人、侬人、土族、天保、黑衣、隆安、土佬	1965 年更名
1953	云南历来公认的民族	傈僳	—	—	—
		纳西	他：摩沙夷、摩梭 自：纳、纳西	—	1954 年更名
		拉祜	他：果黑 自：拉祜	—	1953 年更名
		佤	他：佧佤 自：佤、布饶克等	本人	1963 年更名
		景颇	他：山头 自：景颇等	—	本民族意愿
		哈尼	—	哈尼、豪尼、碧约、卡都、斡纽、阿木	—

续表

年份	识别方式	民族	他称或自称	支系归并	名称更换
1953	人口普查时即为单一民族	鄂伦春、羌、保安	—	—	—
		鄂温克	他：索伦、通古斯、雅库特 自：鄂温克	—	1958 年更名
		水	他：水家 自：水	—	1956 年更名
		裕固	他：黄蕃 自：尧乎尔	—	1953 年更名
1953	广西民委调查国务院批准	毛南	他：毛难、冒南 自：毛难	—	1986 年更名
1953	广西民委调查国务院批准	仫佬	—	—	—
1954	调查后确认	达斡尔	他：索伦 自：达斡尔	—	1954 年更名
1956	调查后确认	畲、仡佬、土家	—	—	—
1958	广西民委调查国务院批准	京	他：越	—	1958 年更名

年份	识别方式	民族	他称或自称	支系归并	名称更换
1954~ 1964	调查后确认	阿昌、赫哲、门巴、怒	—	—	—
		布朗	他：蒲蛮、濮满 自：白朗、翁拱、乌	—	1954 年更名
		普米	他：西番、巴 自：普英米、普日米	—	1961 年更名
		德昂	他：崩龙 自：崩龙、昂等	—	1985 年更名
		独龙	他：俅 自：独龙	—	依其自称
1965	调查后确认	珞巴	—	—	—
1979	调查后确认	基诺	—	—	—

资料来源：黄光学主编《中国的民族识别》，民族出版社，1995，第 147~160、208、275~276 页；《中国少数民族》关于各民族的记载；《民族政策文献汇编》，人民出版社，1953，第 27~61 页。

第四节　民族与国家：民族识别的意义分析

人类作为地球上最高级的动物，总是以类的方式存在于这个世界，不论是生存于地球哪个角落，都有其共同性，这不仅是人类区别于其他动物的明显标志，也表现于人与人之间的相互交往当中。这种共同性的突出标志之一就是人类对先进文明的趋同，因为人类社会的发展是不平衡的，不仅各国、各民族的发展参差不齐，就是在本民族内部，也有很多差异性。人类对先进文明的学习，促使他们不断进步。古往今来，人类社会群体在发展进程中呈现了由分散到聚合的趋势，经历了血缘氏族的多样性到亲属部落的统一性，从亲属部落的多样性到部落联盟的统一性，从地域联盟的多样性到国家的民族统一性。这一进程是伴随着私有制、国家、资本主义而演进的，其中国家的力量发挥着重要作用，国家本身也在这种统一性的趋势中经历了城邦—帝国—民族君主国—现代民族国家的演变。① 现代民族国家的出现，深刻改变了民族的生存与发展，也改变了民族与国家之间的关系，"民族必须在国家这个政治共同体中存在，国家成为维护民族权利、协调民族关系、推进民族整合的推动力量"②。

　　我国是一个单一制的中央集权国家，国家在政治生活中的作用是任何一个社会力量所不能企及的。国家是政治联合体的基本形式，是影响规范国民的文化、价值、制度以及政治行为的一个强大的政治力量，国家和政府的本质决定了民族政策的前提和参项。③ 新中国建立初期开展的民族识别工作，是新中国所有民族工作中的基础工作。民族识别从提出到真正实施，恰逢新中国处于"多事之秋"，国家初获新生，满目疮痍、百废待兴；人民饱经离乱，渴望安定；境内外敌对势力虎视眈眈，妄图颠覆新生的红色政权。在这样艰难的背景下，中国共产党坚持民族平等原则，保障少数民族当家作主权利，将马列主义民族理论与中国实际相结合，创造性地进行了有中国特色的民族识别，其规模之大、调查地区之多、持续之久、程度之深，都是空前的。通过民族识别调查工作以及社会历史调查和语

① 郝时远：《中国共产党怎样解决民族问题》，江西人民出版社，2011，第4页。
② 付春：《民族权利与国家整合——以中国西南少数民族社会形态变迁为研究对象》，复旦大学博士学位论文，2005，第3页。
③ 吕永红：《民族、国家与制度：历史制度主义视域下的民族区域自治研究》，世界图书出版广东有限公司，2014，第30页。

言调查，积累了丰富的民族语言及社会历史的第一手资料，形成了大批从事民族研究的队伍，促进了中国民族学及民族理论学科的发展。应当看到，民族识别是一项国家行动和政府行为，在人才紧缺的情况下，包括民族学家在内的一批高级知识分子参与到政府对少数民族的工作中，无论学者个人还是政府，主要目的不是进行学术建设，而在于稳定政权①，其政治意义远胜于学术意义，"体现出中国共产党在政治上的高超智慧、高度诚信和远见卓识"②。

一　传统与现代：有助于不同社会形态民族的现代转型

现代化理论是当代社会发展理论的一个重要流派，其核心概念是"传统"与"现代"。1958 年，丹尼尔·勒纳在《传统社会的消逝》一书中提出了相互对立的两种社会系统，即一端是传统社会，另一端是现代社会，现代化就是由传统社会向现代社会转变的过程。无论是民族还是国家，都可以分为传统形态和现代形态，二者具有内在历史连续性，且"现代形态的民族与国家都是以人类的政治解放为前提的"③，而人与人之间的平等是一个现代国家得以存在和发展的重要条件。

中华人民共和国的建立，使国家获得了主权独立，民族获得了政治解放，中国的现代民族国家建构进入了新的历史时期。然而，新中国成立初期，我国各民族处于不同的发展水平，居于不同的社会形态。有的民族已经进入封建制社会，其发展水平与汉族接近；

---

① 王建民、张海洋、胡鸿保：《中国民族学史》（下卷），云南教育出版社，1998，第 32 页。

② 中共中央党史研究室科研管理部、国家民族事务委员会民族问题研究中心编《中国共产党民族工作历史经验研究》（上），中共党史出版社，2009，第 373~374 页。

③ 付春：《民族权利与国家整合——以中国西南少数民族社会形态变迁为研究对象》，复旦大学博士学位论文，2005，第 3 页。

有的民族处于封建领主制阶段；有的民族处于奴隶制社会形态；还有的民族则依然保留有浓厚的原始公社残余。在这部人类社会发展形态的"活化石"中，不仅人口规模悬殊，既有人口几百万的民族，也有仅仅几百人的民族；而且民族称谓混乱，族属情形复杂。

中国共产党根据中国民族的实际情况，创造性地实行"政治上不分哪个是民族，哪个是部落或部族"，从中国的历史和现实情况出发，在民族识别过程中，遵循科学认定与本民族意愿相结合的原则，每个民族不论其社会发展水平如何，居住区域大小，民族人口多少，只要符合单一民族的条件，都被认定为一个民族。这就使历史上长期受歧视、压迫、不被承认或不敢承认自己是少数民族的广大少数民族同志，从此有明确的族属，得到国家法律的保护，平等地成为祖国大家庭的成员，成为新中国的主人。

通过民族识别和民族身份确认，各少数民族的政治权利通过各级人民代表大会代表的选举、民族自治地方的建立、少数民族干部的任用等更好地得到落实，各少数民族的经济、社会、文化各个方面的实际利益得以更可靠地落实，使少数民族群众能够更好地享受经济、教育、计划生育等方面的优惠措施，这样就有力地保障了少数民族享有宪法规定的各项权益和国家的优惠政策，特别是人数较少的民族得以在党、国家和其他兄弟民族的帮助下，实现经济、社会、文化等方面的全面发展。

随着民族身份的确认及各项民族政策的实行，平等、自主、发展等现代观念深入人心，不同社会形态的民族实现了现代转型。对此，郝时远一语中的："如果现实存在的民族得不到族体成分的承认，民族平等又从何谈起？如果对现实存在的且经济文化发展水平参差不齐的各民族进行表明社会发展程度的等次划分，民族平等权利如何保证？……各少数民族族体成分的确定，使各少数民族人民在社会主义制度下通过民族区域自治和各项民族政策的保障，行使参与国家权力、自主管理本民族内部事务、促进民族发展与繁荣，提供了民族平等的基础。"①

二 整合与认同：有利于将少数民族及民族地区纳入现代国家治理体系

随着人类步入现代社会，民族与国家结合在一起必然发展为现代民族国家，民族就可以通过维护本民族的权利和利益，"实现民族的理想和价值"②；而现代国家同样具有很强的整合能力，通过对其国家内部的少数民族和民族地区进行整合，将其纳入现代国家治理体系之中。这样，国家在保障少数民族权利的同时，也保持了国家内部政治与社会的稳定；既实现了现代民族国家对国家统一性的内在要求，又同时获得少数民族成员对国家的认同；既是民族与国家之间的一个双向互动的过程，也是双方共赢的结果。

辛亥革命以后，中国虽然在形式上建立了现代国家组织，但由于内乱外患不断，中央政府始终未能对全国实行有效统治，特别是在少数民族地区以及被军阀控制的地区。孙中山由"驱逐鞑虏，恢复中华"的种族革命，再到倡导"五族共和"，终究无法走出"一国一族"的民族主义建国模式。而此后的国民政府对少数民族一直奉行不予承认和强制同化为主的政策，蒋介石公开否认中国是一个多民族国家，否认少数民族的存在；在广西成立了所谓"改良风俗委员会"，强迫当地少数民族改穿汉服；在蒙古地区，国民党政府以设立行省为名，对少数民族进行地域分割和政治分割。③ 可以说，国民党在处理国内民族问题方面，推行强制同化的政策是不得人心的，其教训是深刻的。

---

① 郝时远：《中国的民族与民族问题》，江西人民出版社，1996，第 144～145 页。
② 陈云生：《中国民族区域自治制度》，经济管理出版社，2001，第 10 页。
③ 潘华、勾霄丹：《抗战时期国共两党民族政策之比较》，《社科纵横》2010 年第 4 期，第 116～118 页。

中国共产党自成立之日起，就重视民族问题，主张民族平等。但在没有掌握全国政权的情况下，中国共产党解决民族问题的原则、主张难以付诸实施。中华人民共和国成立后，中国共产党得以运用国家力量、资源，通过民族识别工作，将这一带有政治和法律意味的民族划分确定下来，从国家角度承认少数民族的身份和地位，使少数民族能够不再隐讳其民族身份，平等地参与国家建设与社会生活，并受到国家的保护。如今，民族成分成为人们身份信息中不可缺少的重要信息，在填写各种各样表格中，"民族"一项一般排在姓名、性别之后。少数民族成员享有生育、就业、居住、参政以及经济、文化上的各项优惠政策，既有助于同一民族内部的整合，也有利于国家的整合，使少数民族及民族地区纳入现代国家治理体系之下。

民族识别使得原本混乱的民族认同得以梳理，或者变得明确起来。在进行民族识别过程中，学者们特别重视将实地调查与历史资料分析结合起来，并对那些待识别民族的族体来源和发展历史进行了再现。当地民众对调查者们对本民族历史的梳理与再现表示了很大程度的认同。如部分达斡尔民众就反映："现在是任何事情都可以搞清楚的时代，达斡尔的历史多少年来弄不清楚，这次以调查组来，我们有希望知道自己的正确来历了。……索伦族一向受压迫，生活还顾不上，把自己的历史也忘了，这次毛主席专为了解我们的历史派来了调查组，真正令人感激。"[1] 同时，经过识别后，各民族不论人口多少，社会经济文化发展程度如何，其地位一律平等。人民政府承认这些民族的民族身份，有利于提升他们在政治、经济、文化以及社会生活中的地位，对于那些人口特别少又相对较落后的民族，如赫哲族、怒族、独龙族等，依托国家的经济、教育、生育等优惠政策，加速其内部发展，有利于增强他们的民族认同和国家认同。

---

[1] 王建民、张海洋、胡鸿保：《中国民族学史》（下卷），云南教育出版社，1998，第 126 页。

三 交往与交流：有益于增强中华民族的凝聚力

民族识别使各民族成为祖国大家庭的一分子，为建立和发展平等、团结、互助、和谐的社会主义民族关系奠定了良好的基础。毛泽东主席曾明确指出："少数民族在政治上很大地帮助了汉族，他们加入了中华民族这个大家庭，就是在政治上帮助了汉族。"[①] 民族识别就是这样一个让少数民族名正言顺地加入这个"大家庭"的过程，它远非简单的学术问题。[②]

民族识别工作使得原本复杂的族属问题得以甄别、归并，民族身份得到国家法律层面的确认和保护，这样就保证了党和国家一系列民族政策的全面贯彻执行。特别是推行民族区域自治制度，在建立民族自治地方的时候，可以充分考虑民族因素；在设立自治机关时，各级人民代表大会也可以明确少数民族代表的数额，各民族真正实现了当家作主的美好愿望，从而凸显其主人翁意识与作用，调动了各民族的主动性与能动性，也可以激发各民族的爱国热情，并将这种热情转化为国家建设的力量，保证国家各项事业顺利推进。

中华人民共和国成立初期，不论是中央和地方的民族访问团、专门的民族工作识别调查组，或者是民族地区社会调查组等，都属于对少数民族和民族地区的深入调查研究，也可以说是对全国各族人民展开了一次深入的民族政策宣传和教育活动，有利于党和国家的民族政策更好地贯彻执行。通过民族识别，调查工作者、民族学家们从学科角度，充分挖掘和整理各民族的历史渊源、民族特征，深入了解各民族分布及支系情况，通过与本民族上层人士以及群众充分沟通，在尊重本民族意愿的前提下确定各民族的族属和族称，

① 《毛泽东选集》第5卷，人民出版社，1977，第154页。

② 纳日碧力戈：《重观民族识别：综合与变通》，《中央民族大学学报》（哲学社会科学版）2012年第6期，第5～13页。

这个过程本身就是各个民族内部成员了解和认同本民族的很好的途径，有利于各民族内部成员的交往与团结。民族识别工作摸清了我国多民族国家的民族"家底"，明确了社会成员的民族成分，有利于加深各民族之间的了解与认识，增进各民族之间的交往和交流，进一步促进国家层面上的民族整合，增强了中华民族的凝聚力。

综上所述，中华人民共和国成立初期，党和国家贯彻实施马克思主义民族平等原则，重视解决民族问题，积极开展民族工作，在国家经济极其薄弱的情况下，仍派出访问团、调查识别小组对我国少数民族状况进行调查摸底，以国家法律形式确认少数民族的族属和族称，为有效开展民族工作、实施民族政策奠定了基础。中国的民族识别，体现了"中国在解决民族问题的理论和时间上有顺应人心的先见之明，中国民族政策的思想理念和具体内容在世界范围都具有先进性"，因为"在世界范围内没有可资借鉴的所谓'成功经验'，反而有不少从否认到承认的普遍实证"。2014 年 4 月，英国政府正式承认康沃尔人（Cornish）是其国内与苏格兰人、威尔士人、北爱尔兰人地位相同的少数民族（national minority），这是西方国家在尊重少数民族权利方面的"补课"[①]，而中国早已在国家统一的前提下做到了尊重差异和保护平等。

不可否认，由于时间紧、任务重，加之缺乏既有经验可循，民族识别工作难免有不尽如人意的地方。但是，民族识别除参照斯大林的民族定义与民族特征，结合我国民族的实际情况之外，还注意分析各民族社会历史发展情况，充分挖掘史料、语言、传说、系谱等资料，以做到历史与现状相结合，使民族识别更具客观性与科学性，充分体现了党对少数民族的亲切关怀，显示了社会主义制度的优越性，也为民族区域自治的划界和建政工作提供了科学依据。因此，民族识别是新中国成立初期开展民族工作的前提，也是实行各项民族政策的基础，是一项重要的、有意义的民族工作，是中国共产党民族工作的创举。

---

① 郝时远、王延中、王希恩主编《中国民族发展报告（2015）》，社会科学文献出版社，2015，第 17 页。

第四章　组织保障：大力培养与
任用少数民族干部

大量培养和任用少数民族干部是重要的民族政策之一，这是中国共产党灵活运用马克思主义民族理论，并结合少数民族干部的特点而制定的。与汉族干部相比较而言，少数民族干部通晓本民族语言和文字，熟悉本民族历史、生活方式、风俗习惯、宗教信仰，了解本民族人民的愿望和利益要求。少数民族干部具有的这些优势使他们成为国家与本民族群众建立联系的重要纽带，也使他们成为党与国家的民族政策得以在民族地区落实的重要力量。新中国成立初期，党和国家通过出台一系列政策和措施，培养了大批优秀的少数民族干部，为贯彻实施《共同纲领》规定的民族政策、民族工作的快速展开、民族地区经济社会发展提供了有力的组织保障。

第一节　缘起：新中国成立初期少数民族
干部培养的现实考虑

大力培养、选拔、任用少数民族干部是党和国家一项重要的民族政策，也是中国共产党自成立以来一直重视的民族工作之一。共和国成立后，随着少数民族地区获得解放，少数民族聚居地区纳入中央政权体系之下，如何开展民族工作就成为摆在中国共产党面前的重大问题。中国共产党已经确立了解决民族问题的制度——民族区域自治，而民族干部是解决民族问题、实施民族区域自治的关键。

因此，在新的国家政权确立之后，要巩固中国共产党的执政地位，必须做好民族工作，贯彻执行党的民族政策，加强民族团结，大量培养和使用少数民族干部就成为党和国家必须考虑的重要问题。

一 借鉴：中国革命胜利的经验使然

新中国成立初期，党和国家大力培养少数民族干部，源自于中国共产党对少数民族干部问题的一贯重视。早在新民主主义革命时期，中国共产党在反对帝国主义、封建主义和官僚资本主义的革命斗争中，就认识到少数民族干部的重要性，有意识地培养了一批少数民族骨干分子，他们成为中国革命的重要力量，在争取中华民族独立、祖国解放的斗争中发挥了重要的作用。

（一）"五四运动"中的少数民族骨干

1919 年 1 月，第一次世界大战战胜国召开巴黎和会，会议不顾中国也是战胜国的事实，拒绝了中国代表提出的废除外国在中国的势力范围、撤退外国驻中国的军队和取消"二十一条"等正当要求，将德国在山东的权益转让给日本，面对这种不合理行径，北洋政府居然准备签字认可。中国外交的失败激起了青年学生的极大愤慨，他们的游行示威活动得到了社会各阶层的支持，最后演变成为广大人民群众参加的爱国运动。在这场声势浩大的反帝反封建民主革命中，青年学生中的少数民族骨干在这场斗争中起到了重要的作用，他们也在这次斗争中成长起来，成为中国革命的不可忽视的重要力量。

1919 年 5 月 4 日，北京十几所学校的 3000 多名学生齐聚天安门前，他们举着条幅，手持小旗，喊着"外争国权、内惩国贼""拒绝合约签字""还我青岛、保我主权""诛卖国贼曹汝霖、章宗祥、陆宗舆"等口号，举行游行示威。游行示威的学生遭到军警镇压，

32 名爱国学生被捕。

学生示威游行遭军警镇压的消息引起了北京各学校学生的极大愤慨。当时正在清华学校（今清华大学）读书的白族学生施滉倡议清华学生与全市各校一致行动，被誉为"清华园举火人中杰出的代表"。6 月 3 日，施滉率领清华学生参加全市大游行，不幸被捕入狱。出狱后，施滉与几个进步学生组织成立"唯真学会"，提出"改良社会，以求人类的真幸福"和"政治救国"的主张。他们还编印了《劳动声》和《清华园刊》等刊物，揭露社会黑暗现象，宣传革命真理，成为引导青年关注国家大事的阵地。

5 月 6 日晚，北京蒙藏学校全体学生致函《晨报》，称"吾蒙藏学校亦国家之分子"，定要肩负起国家兴亡之职责。该校蒙古族学生荣耀先成为学生运动的领导人之一，他思想敏锐，富有组织能力，在学生运动中快速成长，后来成为最早的蒙古族党员。

北京学生的爱国救亡运动，迅速得到全国各地各民族的响应与声援。在天津、济南地区，回族青年马俊、郭隆真、刘清扬，水族青年邓恩铭是爱国运动中的著名领袖。

5 月 5 日，北京爱国学生被捕的消息传到天津，当晚郭隆真主持召开天津直隶第一女子师范学校各班积极分子大会，倡议用行动声援北京的爱国运动。次日，她又召开各班代表会议，提出"爱国不分男女，救国不能后人"的口号，决定发起组织妇女救国团体。经过筹备，天津女界爱国同志会于 5 月 25 日成立，选举刘清扬为会长，张若名为评议部部长，郭隆真和邓颖超为演讲部部长，会员达600 多人。她们组织爱国妇女印发传单，张贴标语，查封日货，宣传妇女解放及平等思想，揭露帝国主义的侵略行径和北洋政府的卖国行径，引导天津爱国运动不断向纵深发展。

5 月 6 日，在南开中学学生马俊等人的推动下，天津各校学生代表 1000 多人到北洋大学集会，声援北京爱国学生运动。5 月 14 日，天津学生联合会成立，马俊当选为副会长。6 月 9 日，天津学生联合会在河北公园（今中山公园）举行公民大会，要求商会罢市，保护各省爱国学生。在巴黎和会签字之前，天津各界联合会推举马俊为总代表，率郭隆真、刘清扬等十余人赴京，联合北京学生到总统府请愿。徐世昌面对请愿团的坚持，不得已接见了请愿代表。马俊斥责道："你身为大总统，就有责任保护国家的领土和主权，你必须拒绝在丧权辱国的巴黎和约上签字。如果你接受了我们的请愿，全国学生和人民都愿作你的后盾，反对帝国主义的侵略！否则，全国人民势必斗争到底！"在全国各族人民的积极斗争下，中国代表终于拒绝在和约上签字。

5月7日，以学生为主的山东省议会内召开了国耻纪念大会，号召"到会省各速回家联络市民人等，组织小刀会，速杀日本人，非此做法，青岛实难挽回，而国耻非以血洗不可"。① 在山东声援北京爱国运动的斗争中，济南一中的水族青年邓恩铭作为济南学生代表团的成员之一，到北京、天津组织、宣传爱国运动，成为有较高声誉的学生领袖。

在东北，五四运动爆发后，5月7日，永吉（今吉林市）的省立一中、第一师范、农业中学、毓文学校等学生相继罢课，召开国耻纪念会。5月12日，永吉各界在省议会门前召开了国民大会，第一师范的朝鲜族学生吴仁华首先发表演说，号召声援北京爱国运动，拒绝在和约上签字，取消与帝国主义签订的不平等条约。东北地区的满族、朝鲜族人民，在爱国学生的激励下，也积极展开反对对日本帝国主义反动统治的革命斗争。

在内蒙古地区，不少在京学习的蒙古族青年返回家乡，发动和组织当地青年开展斗争。李裕智、吉雅泰等都是内蒙古五四运动的领导骨干。

广西、湖南、云南、贵州等地也都纷纷响应号召，支持、声援

---

① 李澄之：《五四运动在山东》，《五四运动回忆录》（下册），中国社会科学出版社，1979，第 648 页。

北京爱国运动。各族民众的爱国斗争，汇成了汹涌的革命洪流，"五四"爱国运动取得了完全的胜利。

（二）1921~1937 年中国共产党对少数民族干部的培养

1921 年 7 月中国共产党的成立，是中国历史上开天辟地的大事件，从此中国革命焕然一新。中国共产党自成立就代表着各民族的利益，中共一大 12 名代表中就有 1 名少数民族代表邓恩铭（水族），50 多名党员中有 2 名是少数民族。

早在中国共产党初创时期，李大钊、邓中夏等党的领导人就开展了少数民族干部培养工作。

1. 发展少数民族党员，配备少数民族干部

1923 年，中共北方组织深入北京的蒙藏学校，与进步青年学生建立联系，在他们中间发展党团员，逐步把该学校变成培养少数民族干部的摇篮，成为将革命火种散布于各民族地区的干部学校。最早的蒙古族党员荣耀先，按照李大钊的指示，以蒙藏学校招生的名义，回到绥远省土默特旗招收蒙古族青年学生。经过努力，荣耀先动员了乌兰夫、奎璧、吉雅泰、多松年、李裕智、佛鼎、赵诚、高布泽博、康根成等 20 多个蒙古族的进步青年入蒙藏学校学习。李大钊及其领导的北方地区党组织"敏锐地认识到要迅速地把内蒙古地区的民族解放运动引导到正确的道路上去，把它推向一个更高的阶段，使它成为党领导下的中国革命不可分割的一部分，没有一批出身于蒙古族的共产主义的干部是不可能的。这是党在民族地区工作的一个特点"。为此，邓中夏、赵世炎、黄日葵等先后到北京蒙藏学院，为这里的蒙古族青年讲课，主要内容是宣传马克思主义革命理论，介绍中国共产党的纲领和民族政策等。这些来北京学习的蒙古族进步青年，大多得到"五四"爱国运动的锻炼，具有初步的民主革命思想基础，在党的精心培养下，他们迅速成长起来，成为具有共产主义信念的革命者。北京蒙藏学校的近 40 名学生，除了两名贵

族家庭出身的学生外，绝大多数加入了中国共产党和共青团。

为加强对蒙古族干部的培养，党组织还分批送他们到苏联、蒙古及广东等地学习。1924 年，选送荣耀先、白海风、王瑞甫等到黄埔军校第一期学习；1925 年上半年，先后派奎璧、赵诚、佛鼎等到蒙古人民共和国党务大学学习；同年冬，选送云泽（乌兰夫）、多松年、云润、康根成、荣照等到莫斯科中山大学学习；1925 年底 1926 年初，陆续选送贾力更、春和、赵文翰、王建功等十多名蒙、汉青年到毛泽东主持的农民运动讲习所学习；还选送云继先、云星槎、荣崇仁、荣尚义、云继军、朱实夫等数十名蒙古族青年到黄埔军校第四期学习。

大革命时期，中国共产党除发展少数民族党员外，还注意在少数民族地区配备少数民族干部。土家族的赵世炎，回族的马俊、郭隆真，蒙古族的李裕智、乌兰夫，白族的张伯简，满族的王俊、关向应，侗族的龙大道等，都是中国共产党早期的优秀党员和革命活动家。

1931 年，中国共产党提出："尽量引进当地民族的工农干部担任国家的管理工作，并且坚决的反对一切大汉族主义的倾向。"

在红军长征途中，中国共产党更加注重培养使用少数民族干部，1935 年召开的毛儿盖会议指出："必须挑选一部分优良的番民给以阶级的与民族的教育，以造成他们自己的干部。"到达陕北后，红军在工作和斗争中提拔少数民族干部，或者通过组织短期训练班来培养少数民族干部，特别注重少数民族领导干部的培养。1936 年 5 月，为加强回族干部的培养，总政治部发出《关于回民工作的指示》，提出："从工作中斗争中提拔和培养回民新的干部，尽量吸收一切愿意为回族自决而斗争的回民人才，特别是对于回民中有信仰的领袖，直到他们从各方面去进行回民的自决运动，及吸收他们参加回民自决斗争和政权的指导机关，于必要时可组织短期训练班。"中国共产党领导工农群众举行武装暴动，建立农村革命根据地，成立苏维埃革命政权。不少地区的少数民族人民群众投入了斗争，在巩固和发展革命根据地、建立少数民族自治政权的实践中起了很大的作用。

2. 开办农民运动讲习所，培养农民运动骨干

为了适应蓬勃发展的农民运动的需要，培养领导农民运动的骨干，1924年7月到1926年9月，由国民党中央农民部出面，在广州举办农民运动讲习所，由彭湃、罗绮园、阮啸仙、谭植棠、毛泽东等担任各期主任，并派许多干部讲课和兼任教员。毛泽东讲授"中国农民问题"，周恩来讲授"军事运动与农民运动"，萧楚女讲授"帝国主义""中国民族革命运动史"和"社会问题与社会主义"等课程，彭湃讲授"海丰及东江农运状况"。农民运动讲习所共开办六期，共培养农运干部近800人，培养了大批农民运动的领导骨干，其中包括一批蒙古、回、壮、满、朝鲜族等少数民族干部。

广西各族农民运动领袖韦拔群（壮族），就是从农民运动讲习所培养出来的少数民族领导骨干。1921年，韦拔群开始领导农民斗争但遭到挫折。1924年秋，韦拔群来到革命中心广州，和战友陈伯民（壮族）进入第三期农民运动讲习所。通过学习革命理论，再结合农民斗争失败的经验，韦拔群认识到要想取得革命胜利，就必须以马克思主义为指导，把农民斗争置于中国共产党领导的反帝反封建的斗争中。学习结业后，韦拔群、陈伯民回到广西壮族地区领导农民运动。在新的革命斗争的实践中，韦拔群逐渐认识到培养民族干部的重要性，他模仿广州农民运动讲习所的做法，在东兰北帝岩开办了广西第一个农民运动讲习所，学员来自东兰、凤山、百色、奉议等十个县的各族农运骨干和青年学生，共276人。这些学员回到各地积极组织农民运动，有力地推动了广西农民运动的发展。

广东省不少县城也举办了农民运动训练所。1926年9月，黎族聚居的陵水县在凌城镇的琼山会馆成立了"陵水农民训练所"，有50多名学员，其中黎族学员30多名。农民训练所主要开设马克思列宁主义基础知识、农民问题等，通过组织学员到农村作调查研究，

参加革命斗争等活动，大大提高了学员的理论水平和思想觉悟，成为革命的骨干。

少数民族地区在中国共产党的领导下，开展工农群众斗争，发展党员，建立党组织，各民族人民的优秀儿女在革命斗争熏陶下迅速成长。来自海南岛黎族聚居区陵水县的黎族青年黄振士，广西壮族地区的壮族青年韦拔群，畲族学生蓝飞鹤、蓝维仁等都是各族青年的优秀代表，他们在家乡开展各种革命活动，使少数民族地区不断加入整个中国革命的洪流之中，为民族独立与解放贡献了自己的力量。

（三）抗日战争时期的少数民族干部培养

抗日战争时期，通过少数民族干部密切与少数民族群众的联系，可以动员少数民族参加抗日统一战线，为此，中国共产党更加重视少数民族干部的培养，且采取了灵活多样的培养方式。

一种途径是教育培训的方式。1938 年，张闻天在《关于抗日统一战线与党的组织问题》中明确要求："多找少数民族中的开明的知识分子，给以教育，使之成为少数民族工作的干部。"在蒙、回地区，中国共产党不仅注意培养蒙、回民族干部及上层喇嘛、阿訇等宗教界爱国人士，同时还注意培养那些适合做蒙、回工作的汉族干部。1937 年，少数民族工作委员会蒙民部在《目前绥蒙形势与我们的任务与工作》中就提出："对于汉人做蒙古工作干部的蒙人化教育，和蒙人干部文化政治水平的不断提高，是我们目前培养蒙古工作人才教育的主要原则。"1940 年，《中共中央西北工作委员会关于回回民族问题的提纲》中，在有关党的工作方针问题中指出："最重要的问题之一，便是搜集训练回族干部和适宜于回族工作的汉族干部。"1938 年，关峰等人在《我们对于第三期抗战保卫山西与保卫西北的意见》中提出："选择适宜地方开办专门训练回、蒙青年的军事、政治学校，培养回、蒙军事政治的青年干部，担任战时各个战线的领导工作。"

出于培养教育少数民族干部的需要，中国共产党于 1937 年在延安中央党校举办少数民族班，1939 年举办回族干部训练班。1940年，又创办了一所革命大学——陕北公学，并于 1941 年夏成立了民族部。

同年 10 月，在陕北公学民族部的基础上建立延安民族学院，首届招收蒙、回、藏、苗、彝、满、汉等各族青年 300 多人，其中蒙古族占 40%，回族占 20%，彝、藏各占 4%。他们在延安民族学院接触到了马克思主义理论，提高了文化知识水平，增强了解放中华民族、建立新中国的责任心，在随后的解放战争以及新中国民族政策的贯彻执行方面发挥了重要作用。延安民族学院是中国共产党专门为少数民族开办的第一所高等学府，培养了一批蒙古、回、壮、苗、藏等民族的领导骨干，为培养少数民族干部提供了经验，成为日后中国共产党重要的民族政策之一。延安民族学院的建立，反映了中国共产党践行各民族一律平等、共同抵抗日本帝国主义侵略、共同创建新中国的战略思考。

另一种途径是通过在革命工作实践中使少数民族干部得到锻炼成长。在抗战时期，中国共产党就重视在政府中配备少数民族干部。1938 年，张闻天在《关于抗日统一战线与党的组织问题》中提出："在由少数民族居住地区的地方政府中，应有少数民族的代表参加。"1940 年，西北工委关于蒙古、回族问题的提纲中都主张中央政府及绥、甘、宁、青等省政府，应配备适当数量的蒙古、回族作为委员和行政工作人员，还规定各省有回、蒙民族杂居的市、县、区地方政府机关，同样应该有适当人数的回、蒙干部。1941 年，陕甘宁边区政府为保障少数民族干部平等的选举权利，中共中央规定："在民主选举中，应予少数民族以优待，反对看不起少数民族的大汉族主义。"通过以上途径，抗战期间一大批少数民族高级将领成长起来，如 120 师政委关向应（满族），120 师独立二旅副政委、代旅长廖汉生（土家族），新四军第二支队副司令员粟裕（侗族），蒙旗独立旅、新编第三师政治部代主任乌兰夫（蒙古族），抗日联军第一军总指挥杨靖宇（回族），第二军总指挥周保中（白族），等等。

（四）解放战争时期的少数民族干部培养

抗战胜利后，随着解放战争形势的不断发展，少数民族地区解放、建立人民民主政权成为中国共产党面临的重要任务，培养和选拔少数民族干部成为重中之重。1945 年 10 月，中共晋察冀中央局就高瞻远瞩地提出"大量培养与提拔蒙民中的下级干部"的主张；1946 年 2 月，中共中央西北局在研究有关伊盟工作时也作出了"大胆地提拔蒙古干部到各方面工作中，并注意培养和提高"的指示；1946 年 6 月，《中共中央华东局关于回民工作的指示》提出要对回民干部"下决心，有计划的培养和提拔。尽可能在工作岗位上，加强锻炼和教育，特别是政策教育"。在这一时期，中国共产党主要通过革命战争实践来培养少数民族干部，使他们在实践中不断成长，同时也开办一些专门的训练班，除了讲授政治和军事理论之外，还加强马克思主义民族理论与民族政策教育，使他们逐步形成马克思主义民族观。解放战争时期党培养的少数民族高级干部和高级将领有维吾尔族的赛福鼎·艾则孜（时任新疆人民民主同盟主席）、阿合买提江·卡斯木（新疆革命三区领导人）、阿不都克里木·阿巴索夫，瑶族的江华（时任安东军区政委），藏族的怀来仓·肋巴佛（时任抗日反蒋联军总司令），回族的杨静仁（时任中央统战部民族组长），蒙古族的关起义（时任察哈尔盟盟长），等等。

民族区域自治在内蒙古地区的成功实践，大批以蒙古族干部为代表的少数民族干部快速成长起来，党中央特别强调要放心大胆地任用少数民族干部，反对汉族干部包办代替。1946 年 9 月，《中共中央东北局关于目前蒙古工作中纠正和防止左倾的指示》中说："蒙古人民的斗争必须通过培植蒙古干部，蒙古群众自己做。"同时强调汉族干部"只能给蒙古干部当参谋做朋友，立于扶助地位，切不可有类似顾问官、指导官、参事官，表面合作，实际专权或钦差大人之作风。在蒙区一切有关蒙人的政策与事情的解决，应该通过蒙古干部或取得他们之同意"，这个指示无论在当时还是后来的实践证明都是英明的。随着党在解决民族问题的纲领政策方面日益成熟，充分调动各少数民族人民的积极性，他们为争取人民解放战争胜利做出了多方面的贡献。东北地区，有6万多名朝鲜族儿女参加了人民军队，南满1万多人的李红光支队，北满6000多人的朝鲜族义勇军第三支队，东满延边地区1万多人的两个警备旅，就有许多朝鲜族指战员，有的占80%以上；辽吉地区有12万名子弟参军，支前民工达179万人，其中许多是蒙古族儿女。在筹备内蒙古自治区的过程中，以蒙古族为主的各少数民族干部起了重要的作用。1947年4月，内蒙古人民代表会议召开，选出参议员121名组成临时参议会，其中蒙古族96名，汉族24名，回族1名。

总之，自五四运动以来，发起于学生爱国运动的革命斗争风起云涌，逐渐发展成为全社会、各民族广泛参与的反帝反封建斗争，工人阶级登上历史舞台，中国共产党历史地承担起民族解放、建立独立国家的重任。在随后不断深入的革命斗争实践中，中国共产党重视培养少数民族骨干，根据革命形势的发展不断调整培养民族干部的形式和途径，大批少数民族骨干分子在革命斗争实践中成长起来。由于篇幅所限，不能将那些在新民主主义革命时期做出巨大贡献的各族人民及民族干部一一列举，他们为中华民族的独立解放，赢得中国革命的完全胜利写下了光辉的一页。中华人民共和国成立初期的少数民族干部培养，借鉴了中国革命胜利的经验，并将这一宝贵经验传承下来并发扬光大。

二 着眼：少数民族干部上传下达的桥梁与纽带作用

"干部"一词为舶来品，从词源上讲，来源于法文 CADRE。

1539 年，法文 CADRE 最早出现在法国人文主义作家拉伯雷的作品中，原指方框，后来被用来指一定的场所、环境，作品各部分的安排，领导军团的军官等，逐步被许多国家应用，兼具社会团体和企事业首脑等含义。在汉语中，"干部"因其声母"g"与法语中"c"读音相近而得名。毛泽东在《反对党八股》中就说过："今天开的干部大会，这'干部'两个字就是从外国学来的。"①

在我国，"干部"一词最早出现在中国共产党"二大"党章中。按照中国现行干部制度，干部是指一切党政机关、企事业单位、人民团体和其他部门依法从事公务活动的国家公职人员。也就是包括党务，群众和社会团体，国家权力机关（即各级人大），国家行政、检察、审判机关的工作人员，企事业单位管理人员和专业技术人员。② 中国有 56 个民族，由于人口因素，除汉族之外的其他 55 个民族习惯上被称为"少数民族"。少数民族干部是指"除汉族以外的 55 个少数民族中从事国家公共事务的管理人员和专业技术人员，其工资由国家财政拨付，属于国家公职人员"③，简称"民族干部"。按照岗位要求不同，少数民族干部概念有广义和狭义之分。从广义上讲，少数民族干部指的是少数民族党政机关领导干部，国家公职人员，企业、事业单位中的科技人员和管理人才等；从狭义上讲，少数民族干部是指国家党政系统中具有行政级别的干部队伍以及企业、事业单位中的管理人员。很显然，广义的民族干部泛指少数民族人才资源中的优秀分子；而狭义的民族干部具体指少数民族中的各类干部。本论文的少数民族干部，指的是其狭义的概念，以突出少数民族干部政治身份的特殊性和民族工作的针对性。

少数民族干部集"民族身份"与"国家公职人员"于一身，具

① 《毛泽东选集》第 3 卷，人民出版社，1991，第 837 页。
② 景杉主编《中国共产党大辞典》，中国国际广播出版社，1991，第 296~298 页。
③ 沈桂萍：《少数民族干部教育问题研究》，中央民族大学博士学位论文，2003，第 11 页。

有汉族干部无法比拟的特殊作用。一方面，作为具有"民族身份"的民族干部，他们生长于本民族地区，了解本民族的历史与渊源，民族特点与风俗习惯，民族感情与本民族意愿等民族性的因素，对本民族群众、本民族事务具有天然的感情；同时了解本地区的自然环境与条件，社会发展形态以及本地区发展优劣势等地域性的因素，对促进本地区发展具有强烈的内在愿望。这种民族因素与地域因素的结合，天然感情与内在愿望的结合，使少数民族干部在工作中更能够结合本民族和地区的特点去寻找适合当地发展之路；怀着民族感情去处理本民族事务，可以采取灵活多样的方式使民族工作的效果事半功倍；肩负着本民族利益去处理民族问题，在本民族群众中具有更强的说服力。反过来，少数民族群众把本民族干部看作他们利益的代表，天然地信任本民族干部能够带领本民族取得更好的发展，加上民族语言这个重要的沟通桥梁，这种血肉联系所发挥的特殊作用，外来干部很难甚至是无法替代的。另一方面，作为"国家公职人员"的民族干部特别是党员干部，他们应该具有共产主义远大理想，具有强烈的革命事业心和政治责任感和全局观念，努力提高马克思列宁主义的理论水平，必须遵守党和国家的纪律及有关规定，模范地履行党章规定的各项义务，坚决执行党的各项方针政策，把党的方针政策同本地区的实际相结合等。

少数民族干部的这种双重身份，决定了他们既是本民族的代表，又是党和国家连接少数民族的桥梁和纽带，民族自治机关中如果不配备适当数量的民族干部，就不易取得少数民族群众的信任，也无法真正保障少数民族的自治权利，更不符合党和国家的干部政策。大力培养与任用少数民族干部，使少数民族得以共同管理国家大事，从根本上改变了过去被歧视的地位，可以提高少数民族的政治积极性，有力推进民族地区经济、社会、文化等各项事业的发展，可以说，大力培养少数民族干部是推行民族区域自治和做好民族工作的关键，其思想政治水平与工作能力直接决定党的民族政策能否更好地在民族地区实施。因此，大量培养具有共产主义觉悟、知识水平高、工作方法灵活的少数民族干部成为民族工作的重中之重。

三 立足：实行民族区域自治的现实需要

民族区域自治是党和国家解决民族问题的基本政策和原则，在新中国成立前夕，具有临时宪法作用的《共同纲领》明确了该项制度。《共同纲领》第51条规定："各少数民族聚居的地区，应实行民族的区域自治，按照民族聚居的人口多少和区域大小，分别建立各种民族自治机关。凡各民族杂居的地方及民族自治区内，各民族在当地政权机关中均应有相当名额的代表。"《民族区域自治实施纲要》中也规定："各民族自治区的人民政府机关，应以实行区域自治的民族人员为主要成分组成之；同时应包括自治区内适当数量的其他少数民族和汉族的人员"，"上级人民政府应帮助各民族自治区自治机关有计划地培养当地的民族干部；并根据需要派遣适当干部参加自治区的工作"。[1]

中华人民共和国成立后，党和国家大力推行民族区域自治制度，建立民族区域自治地方，设立自治机关，规定少数民族享有的自治权利，通过少数民族自己管理本民族、本地区的内部事务，保障少数民族当家作主的政治权利。这些工作的展开，需要大量的本民族干部。然而，当时我国少数民族干部数量非常有限，只有蒙、回、壮、苗、藏、满、彝、土家、朝鲜、羌等少数民族干部约1万人[2]，远远不能满足实行民族区域自治的现实需要。

1951年2月18日，毛泽东在中共中央政治局扩大会议上指出：

---

[1] 金炳镐：《民族纲领政策文献选编》，中央民族大学出版社，2006，第471～473页。

[2] 江平主编《中国民族问题的理论与实践》，中共中央党校出版社，1994，第235页。

"认真在各少数民族中进行工作，推行区域自治和训练少数民族自己的干部是两项中心工作。"① 突出了培养少数民族干部的重要性。少数民族干部培养，是少数民族实现当家作主的重要体现，是少数民族公民行使民族区域自治制度所规定的自治权的应有之义，也是少数民族参与管理本民族公共事务的重要途径。乌兰夫曾说过："大量培养干部，特别是民族干部，是实现民族区域自治的中心环节，同时也是保证自治区各项建设事业不断发展的重要条件。"② 李维汉同志在《有关我国民族政策的若干问题》讲话中也强调："普遍大量地培养同人民有联系的民族干部，是圆满地实行民族区域自治和民族民主联合政府政策，以及发展各民族政治、经济和文化教育建设事业的关键。"③ 培养大量政治上具备共产主义信仰、熟悉民族事务的民族干部，是实施民族区域自治制度的重要的人事准备与组织保障。

四　酌量：维护祖国统一、边疆稳定的重要力量

新中国成立初期，还有部分民族地区没有获得解放。即使在获得解放的民族地区，社会秩序尚未稳定，特别是历史上造成的民族隔阂严重制约着党和国家民族工作的展开。

少数民族地区大多处于自然环境恶劣之地，交通落后、闭塞，生产力水平低下，少数民族地区经济文化发展的任务尤为艰巨。而且，少数民族地区同时又处于中国的边疆地区，维护边疆稳定的作用更加凸显。可以说，民族地区的发展直接影响民族问题的解决，影响祖国统一和边疆稳定。少数民族干部队伍是促进少数民族地区发展，解决民族问题，维护祖国统一、边疆稳定的重要力量，但新

---

① 《毛泽东文集》第6卷，人民出版社，1999，第146页。

② 《乌兰夫文选》（上），中央文献出版社，1999，第336页。

③ 李维汉：《统一战线与民族问题》，人民出版社，1981，第472页。

中国成立之初，少数民族干部队伍从数量、素质等方面远远无法满足需要。普遍而大量地培养和任用少数民族干部，不仅成为党和国家以及各级人民政府的重要职责之一，也成为做好民族工作，加快少数民族地区发展的重要任务。

可见，无论是中国革命胜利的经验借鉴，还是实行民族区域自治的现实需要，抑或是维护祖国统一、边疆稳定的战略考量，少数民族干部队伍的特殊地位和优势谁也无法替代。中国无产阶级在共产党领导下最后取得全国的胜利，离不开各民族人民反对共同敌人的斗争，离不开少数民族干部的重要作用。同样，新中国成立后，开展国家政权建设和谋求人们福利，也离不开少数民族地区的建设与发展，离不开少数民族干部的桥梁纽带作用和带头作用。

第二节　躬行：新中国成立初期培养少数民族干部的重要举措

新中国成立初期，党在少数民族地区的工作重点是解放少数民族地区，建立和巩固政权，实行土地改革和民主改革，逐步建立社会主义制度。同时，实施党的民族政策，推行民族区域自治制度。这就需要大量的具有共产主义觉悟，熟悉党的方针政策，与少数民族群众有密切联系的少数民族干部，也需要大量的本民族专业技术人才投身于社会主义建设中去。大量培养和任用少数民族干部，成为此时民族工作的重要任务之一。

一　与时俱进：不断完善培养少数民族干部的方针政策

1949 年 11 月 14 日，毛泽东给中共中央西北局和在那里负责剿匪工作的彭德怀发了电报，提出："在一切工作中坚持民族平等和民族政策外，各级政权机关均应按各民族人口多少，分配名额，大量吸收回族及其他少数民族能够和我们合作的人参加政府工作。……请你们注意这一点，要彻底解决民族问题，完全孤立民族反动派，没有大批少数民族出身的共产主义干部，是不可能的。"① 毛泽东的这一著名论断，可以看作是新中国少数民族干部培养工作的重要指导方针。此后，中国共产党和人民政府根据这一方针，结合不同时期形势发展的要求，采取了不同的方针政策。

新中国成立初期，党和国家贯彻执行《共同纲领》规定的民族政策，推进民族区域自治，建立民族区域自治地方和民族民主联合政府。保证少数民族地区各项工作的顺利进行，急需大批少数民族政治干部。为此，中央人民政府政务院第 60 次政务会议批准中央民委起草的《培养少数民族干部试行方案》（以下简称《试行方案》），这是新中国第一个有关少数民族干部培养的纲领性文件，规定了少数民族干部培养的方针、任务和基本政策。按照当时民族工作发展的需要，《试行方案》提出"普遍而大量地培养各少数民族干部"的方针，并明确指出培养少数民族干部的政策是："以开办政治学校与政治训练班，培养普通政治干部为主，迫切需要的专业与技术干部为辅。应尽量吸收知识分子，提高旧的，培养新的，并须培养适当数量志愿作少数民族工作的汉民族干部，以便帮助少数民族的解放事业与建设工作。"②

实施民族区域自治制度的过程中，党和国家提出"自治机关民族化"政策。1953 年 6 月，中央民委在《关于推行民族区域自治经验的基本总结》中，提出要逐步"使自治机关民族化"。其含义包括以下几个方面：一是自治机关主要由实行民族区域自治的民族人员组成；二是以自治区内通用的民族文字作为自治机关行使职权的

<hr>

① 中共中央文献研究室、国家民族事务委员会编《毛泽东民族工作文选》，中央文献出版社，2014，第 50 页。

② 李维汉：《统一战线与民族问题》，人民出版社，1981，第 456 页。

主要工具；三是在工作中要注意运用民族形式。其中大量培养和使用少数民族干部是自治机关民族化的中心环节，对于加强和巩固各民族的平等团结，实现本民族当家作主具有重要的意义。对于干部民族化问题，李维汉认为："有些地方在逐步实行干部民族化的过程中，对于比较接近人民群众的机关和一般办公机关，县一级机关和专区一级机关，自治机关和党委机关，先着重前一类机关的安排；在一般干部和领导干部之间，又先着重领导干部的安排。这方面的经验是可以供参考的。……在确实保障实行区域自治的民族能够充分行使自治权利的条件下，使汉族和其他少数民族的干部占有适当的必要的比例。"① 各民族自治地方在提拔民族干部和实现机关干部民族化方面，已经做出了很大的成绩，7 年以来，全国的少数民族干部已经从 1950 年的 1 万多人增加到 20 万人以上。②

　　1956 年，我国社会主义改造基本完成，国家进入全面建设社会主义时期，少数民族地区的民主改革和社会主义改造也取得了决定性胜利。根据少数民族地区建设需要，党和国家对少数民族干部培养做了相应的调整，重视少数民族专业人才的培养。毛泽东指出，少数民族不仅要有行政干部，要出党的书记，要有军事干部、文化教育干部，还要有科学家、艺术家、工程师以及各方面的人才。③ 同年 9 月，刘少奇在中共八大《政府工作报告》中要求："凡是在少数民族地区的工业，无论是中央国营工业或者地方工业，都必须注意帮助少数民族形成自己的工人阶级，培养自己的科学技术干部和企业管理干部。"④

　　1957 年 8 月，中央政府在青岛举行民族工作座谈会，周恩来作了

---

① 李维汉：《统一战线与民族问题》，人民出版社，1981，第 486~487 页。
② 李维汉：《统一战线与民族问题》，人民出版社，1981，第 486 页。
③ 黄光学主编《当代中国的民族工作》（上），当代中国出版社，1993，第 298 页。
④ 中共中央文献研究室编《建国以来重要文献选编》（第九册），中央文献出版社，1994，第 91 页。

《关于我国民族政策的几个问题》的讲话，明确指出"关于干部方面的民族化，就是民族干部应当有一定的比例""在每个民族自治地方，民族干部应该做负责工作"①，继续坚持自治机关民族化政策。

二 不拘一格：多形式、多途径培养少数民族干部

新中国成立初期，很多少数民族地区由于经济不发达、地处偏僻等诸多因素，导致民族教育几乎是一片空白，少数民族干部虽然在革命战争时期不断成长，但人数还是不多，远远不能满足少数民族地区建设的需要。1950 年 6 月，在党的七届三中全会上，毛泽东作了如下指示："我们一定要帮助少数民族训练他们自己的干部，团结少数民族的广大群众。"② 为此，党和各级政府通过多种形式、多种途径大力培养少数民族干部。

(一) 举办干部培训班和干部培训学校

1949 年 9～12 月，中共中央西北局为了培养西北地区的少数民族干部，从华北干部大队中抽调 83 名回族干部，举办回族干部训练班，由习仲勋、马明方、马文瑞及西北局各部委负责人作报告和讲课，学习中国共产党的民族政策和新解放区工作的有关政策。1950年 2 月，中央民族事务委员会根据毛泽东"一切有少数民族存在的地方的地委，都应办少数民族干部训练班或干部训练学校"的指示，在北京创办了藏民研究班，朱德、周恩来、林伯渠等中共中央领导人非常重视这个训练班，亲自为学员作报告，并号召他们要理论联系实际，将所学理论运用到实际的民族工作中。之后，全国陆续兴

---

① 国家民委政策研究室编《中国共产党主要领导人论民族问题》，民族出版社，1994，第 185 页。

② 国家民委政策研究室编《中国共产党主要领导人论民族问题》，民族出版社，1994，第 45 页。

办了各种形式的少数民族干部训练班或训练学校，为新中国培养了一大批少数民族干部。

除了开办各种学校和训练班之外，各民族自治地方以及民族分布较多的省份还通过各级党校、干部学校培养少数民族干部。在一些地广人稀、教育文化落后、群众运动开展不活跃的牧业区和边疆地区，还开办了民族干部学校和短期训练班。

（二）筹办民族学院

1950 年 11 月 24 日，政务院通过《培养少数民族干部试行方案》和《筹办中央民族学院试行方案》，通过筹办民族院校和训练班的方式，普遍而大量地培养少数民族干部，标志着新中国少数民族干部教育培养工作开始纳入正规化轨道。

1. 中央民族学院的筹建

自中共中央决定在北京设立中央民族学院之后，有关学院的筹建工作就渐次展开。1950 年 6 月，政务院任命乌兰夫（蒙古族）兼任中央民族学院首任院长，刘格平兼任副院长，后又任命刘春为中央民族学院副院长并主持工作。

1951 年 6 月 11 日，中央民族学院正式开学并举行了开学典礼。中央人民政府副主席朱德、政务院副总理董必武在开学典礼上做了重要讲话，李济深、马叙伦、李维汉等也到会祝贺。建校初期，中央民族学院只设了干部训练班和藏语班，1952 年全国高校院系调整，一大批著名的社会学、民族学、民族语言学等学科的专家学者陆续调入中央民族学院，建立了研究部、政治系和民族语文系，其中民族语文系开设了 20 多个专业。1953 年，开始设立民族预科班，1954 年开办干部轮训班，1956 年成立历史系，设立民族史和民族学两个专业。

中央民族学院的主要任务：一是为国内各少数民族实行区域自治以及发展政治、经济、文化建设培养高级和中级干部。二是研究中国少数民族问题，以及各少数民族的语言文字、历史文化、社会经济，发扬并介绍各民族的优良历史文化。三是组织和领导关于少数民族方面的编辑和翻译工作。① 同时，在西北、西南、中南各设中央民族学院分院。各民族学院的培养方式分为长期、短期两种，前者主要培养知识分子，特别是培养大量本民族语言与汉语兼通的少数民族干部，以便开展工作，学制两到三年，主要开设中国历史与中国现况、共同纲领、民族问题与民族政策、毛泽东思想与马列主义理论等课程。后者主要是针对区级及营连级以上的干部。中央人民政府还特别规定：在一切民族学校内，应发扬共同纲领精神，克服大汉族主义倾向与狭隘民族主义倾向，培养民族间互相尊重、平等、团结、友爱、合作的作风。②

中央民族学院的建立，体现了党和国家领导人对民族教育事业的关心，对少数民族干部培养的重视。随着学校各类专业的不断设置，为培养少数民族干部、民族问题研究、民族团结进步事业做出了重要的贡献。

2. 地方民族院校的建立

根据《培养少数民族干部试行方案》《筹办中央民族学院试行方案》要求，从 20 世纪 50 年代起，10 所地方民族学院相继建立，除广东民族学院、西藏民族学院外，其他 8 所民族学院均为新中国成立初期（1949～1957 年）所建。如表 4-1 所示。

表 4-1　地方民族院校建立概况

学院名称	建立时间	所在地点	首任院长	历史沿革及其他
西北民族学院	1950.06	甘肃兰州	汪锋	1950 年 11 月，西北大学民族系和兰州大学少数民族语文系并入；2003 年 4 月改为西北民族大学

① 李维汉：《统一战线与民族问题》，人民出版社，1981，第 458 页。
② 李维汉：《统一战线与民族问题》，人民出版社，1981，第 457 页。

续表

学院名称	建立时间	所在地点	首任院长	历史沿革及其他
贵州民族学院	1951.05	贵州贵阳	徐运北	2012年4月更名为贵州民族大学
西南民族学院	1951.06	四川成都	王维舟	2003年更名为西南民族大学
云南民族学院	1951.08	云南昆明	周保中（白族）	2003年4月更名为云南民族大学
中南民族学院	1951.11	湖北武汉	孟夫唐	1951年11月，筹办中央民族学院中南分院；1952年10月，更名为中南民族学院；2002年3月更名为中南民族大学
广西民族学院	1952.03	广西南宁	覃应机（壮族）	创办于1952年，原为中央民族学院广西分院；1953年更名为广西省民族学院；1958年更名为广西民族学院；2006年更名为广西民族大学
青海民族学院	1956.09	青海西宁	扎西旺徐（藏族）	1949年12月，青海省青年干部训练班成立；1950年更名为"青海省人民公学""青海省民族公学"；1956年9月正式定名为"青海民族学院"；2009年3月更名为青海民族大学
广东民族学院	1958.09	广东广州	罗明	
西藏民族学院	1958.09	陕西咸阳	张国华	原为西藏公学；1965年7月改为西藏民族学院
新疆民族学院	1950.09	新疆乌鲁木齐	包尔汉（维吾尔族）	1950年由新疆学院改为新疆民族学院；1960年更名为新疆大学

资料来源：陈连开等主编《中国近现代民族史》，中央民族大学出版社，2011，第739~741页。

按照《培养少数民族干部试行方案》规定，民族学院"以开办政治学校与政治训练班，培养普通政治干部为主、迫切需要的专业技术干部为辅"，这一办学方针一直对中央及地方民族学院的办学方向起着重要的指导作用。截至1955年底，中央民族学院和地方民族学院在校学员共有5651人，教职工1583人，几年来共毕业学员14500人，其中政治干部12850人，占总数的88.7%；各项专业干部1550人，占总数的10.8%；民族知识分子75人，占总数的0.5%。[①] 民族学院毕业的学员除继续深造外，绝大多数回民族地区，从事本地区的行政与经济建设工作，他们在促进民族团结、开展民族工作方面起到了积极作用。

（三）在实际工作中培养少数民族干部

根据少数民族地区干部数量较少的实际情况，党和政府认真贯彻执行中央"普遍大量培养，放手提拔使用"方针，十分重视在基层实际工作中培养少数民族干部。

首先，通过群众运动提拔民族干部。这样的民族干部在少数民族干部中所占比例最大，也表现出一些与众不同的特点：一是这些民族干部来源于工人、农民或牧民，他们阶级出身好，政治立场坚定，能够经得起革命风浪的考验；二是他们在群众运动和革命斗争中成长起来，因而表现积极而刻苦；三是他们来源于基层群众，熟悉生产知识，善于做群众工作。在群众运动中提拔干部的一般做法是，领导有意识地发现少数民族中的积极分子和优秀分子，并为他们布置任务，对有前途的民族干部重点培养。

其次，在团结生产中培养少数民族干部。这种培养方式主要由政府工作人员组成工作队，在群众中开展"交朋友，做好事"活动，

---

① 中共中央党史研究室科研管理部、国家民族事务委员会民族问题研究中心编《中国共产党民族工作历史经验研究》（上），中共党史出版社，2009，第621页。

带领少数民族群众团结生产，改造山区，在实际工作中注意发现少数民族积极分子，有意识、有目的地在劳动人民中间培养进步力量。对那些在实际工作中涌现出来的积极分子，通过忆苦教育启发他们的阶级觉悟，向他们宣传党的政策，吸收他们参加有关会议，不断提高其政治水平与工作能力。党和政府大胆放手交给他们任务，在其执行任务过程中予以具体指导，让他们在实际工作中，积累经验，提高觉悟，增长才干，帮助少数民族干部迅速成长，使他们成为党放心、少数民族群众拥护的有能力、敢于担当的好干部。

最后，开辟多种途径与渠道进行培养。通过开办各类干部学校和各级干部培训班、送内地参观学习等多种灵活有效的方式，为少数民族干部成长提供良好的机遇与条件，培养更多合格的少数民族干部。

（四）在少数民族中发展党员，培养少数民族党员干部

党和国家在大量培养少数民族干部的同时，还特别重视在少数民族中发展党员，培养少数民族的共产党员干部。毛泽东曾多次强调："发展党员是一个很重要的问题，一定要好好发展，要注意培养少数民族的党员干部，逐步以少数民族干部取代汉族干部。当然，不是说汉族干部走的一个也没有，而是说不要去代替他们办事。我们代替他们办事，总不是办的那样好"，"县、州、区的少数民族干部要逐年增加，少数民族中要出书记"。[①]

在发展少数民族党员过程中，针对一些特殊情况，中共中央本着一切从实际出发的方针，依据少数民族地区的实际采取了灵活办法。例如，一些少数民族社会形态还处于资本主义以前的阶段，还没有本民族的工人阶级。如果按照中国共产党党章要求的八条标准，在少数民族中发展党员是相当困难的。对此，中共中央指示各地党

---

① 黄光学主编《当代中国的民族工作》（上），当代中国出版社，1993，第 80 页。

组织灵活运用建党原则，适当地吸收那些历史清楚、衷心拥护党、为党积极工作的少数民族积极分子入党，在党内教育和帮助他们，使他们逐步达到党员标准；一些少数民族成员政治条件已经具备，但思想上仍存在地方主义情绪，这样的少数民族成员能否入党成为一个值得重视的问题，因为中国共产党一贯重视党内的马克思主义民族观教育，任何民族主义，包括大汉族主义和地方民族主义，都是和中国共产党原则不相容的。但是，民族地区存在的地方民族主义思想，是历史上长期民族压迫的产物，它不是一朝一夕就可以消亡的，而是需要经过长期的历史发展，社会生活的各个方面都消除民族不平等的根源之后才能逐渐消除，是个渐进的过程。因此，将马克思主义民族观作为少数民族入党的硬性条件，是不现实的。对此，中共中央在吸收少数民族党员时，除抱有严重的地方民族主义思想的人之外，适当放宽入党条件，进行党内教育。还有一种情况是，政治上具备入党条件，但仍保留宗教信仰的人能否入党的问题。少数民族群众普遍信仰宗教，有的甚至全民信教。按照党章规定，共产党员是不允许信仰宗教的，如果硬性执行党章规定，少数民族入党就必须放弃宗教信仰，这容易使民族地区党组织脱离人民群众。对此，中共中央对那些虽然存在宗教感情，但承认中国共产党党章、执行党的号召的少数民族积极分子，可以不把放弃宗教信仰作为入党的一个条件，而是在党内和革命实践中，不断帮助其淡化宗教信仰。通过灵活变通入党原则，弹性放宽入党条件，在少数民族中发展党员，建立党组织的工作逐步开展起来，扩大了少数民族干部队伍。

（五）人民军队在培养少数民族干部中发挥了独特的作用

人民军队是一所特殊的大学校，不仅开设各类军事理论、军事技能课程，还进行思想政治教育工作。人民军队早在新中国成立之前就培养了大批军事、政治干部，包括少数民族干部。他们在国家独立和民族解放的革命斗争中，在国家政权建设和军队发展的过程中，做出了积极贡献。

新中国成立后，人民军队仍然肩负着少数民族干部培养的重任。主要措施是吸收少数民族优秀青年参军，在部队对他们进行军事和政治培训，使他们成为优秀的军事、政治干部。随着少数民族地区的解放，为适应少数民族地区建设的新形势，这些少数民族军事、政治干部中有一部分人转业到地方，他们不仅成为促进各民族地方发展的骨干力量，而且在保卫祖国、边疆稳定、促进民族地区发展等方面发挥了重要作用。

1955 年 9 月，中国人民解放军实行军衔制时，被授予将军军衔的少数民族军事干部就有 31 位。其中授予大将军衔的有粟裕（侗族），上将军衔的有乌兰夫（蒙古族）、韦国清（壮族），中将军衔的有阿沛·阿旺晋美（藏族）、廖汉生（土家族）、谭健（壮族）、韦杰（壮族）、万毅（满族）等。

第三节　评估：新中国成立初期少数民族干部培养工作取得的成效

新中国成立初期，党和国家借鉴革命斗争时期少数民族干部培养的经验，根据国家政权建设的实际，不断调整完善少数民族干部培养的方针政策，采取多途径、多形式培养少数民族干部，取得了显著成效。

一　海纳百川：拓宽了少数民族干部来源

1951 年 12 月 21 日，李维汉在中央民族事务委员会第二次扩大会议上所做的报告中指出，要注意团结各民族中一切爱国分子，群众中的积极分子及其他与人民有联系的领袖人物，使这三种干部结合起来，一致为人民服务。① 该报告有关民族干部培养问题的说明，表明少数民族干部来源更加拓宽。

新中国成立初期任用的少数民族干部，除少数参与革命的老干部和在为数不多的青年知识分子中吸收一部分外，主要是从社会上吸收少数民族干部。其来源可分为三部分。

一是从土地改革、剿匪反霸等各种群众运动中提拔和培养起来的积极分子。他们大多属于社会底层的无产阶级、农牧民，被送到短期训练班和干部学校接受培训后走上工作岗位，在实际工作中不断得到锻炼提高。他们能够在政府部门任职，有的甚至担任首长，对历代王朝国家中受压迫的少数民族来说，群众的喜悦和拥护程度可想而知。在少数民族干部中，这类人员占多数。如新疆阿克苏区在改造乡村政权中，就培养和提拔了3350名当地民族干部。②

二是短期训练班和干部学校培养出来的学生。如新疆地方干部学校，从1950年3月到1951年8月，两期毕业生共13个民族1382人，在校生还有1450人；甘肃临夏干训班，14次培训了748名干部。③

三是团结、教育、改造留职人员和旧知识分子。主要做法是对留职人员和旧知识分子进行思想政治教育，帮助他们树立为人民服务的思想，适当安排他们的工作和生活，在实践中改造他们旧的思想、意识和作风，逐渐成长为合格的少数民族干部。如宁夏1701名少数民族干部中，就有404名是经过教育、改造的留职人员和知识分子。④

四是少数民族上层人士，包括少数民族传统社会制度的当权者，如王公贵族、土司、头人、千百户长、奴隶主，有影响力的地主、

---

① 李维汉：《统一战线与民族问题》，人民出版社，1981，第472页。
② 人民出版社编《民族政策文献汇编》，人民出版社，1953，第147页。
③ 人民出版社编《民族政策文献汇编》，人民出版社，1953，第148页。
④ 人民出版社编《民族政策文献汇编》，人民出版社，1953，第148页。

牧场主、资本家，还有知名宗教领袖等。这些上层人士虽然属于剥削阶级，但他们在本民族群众中具有较大的影响力，大多数为该民族中有文化、有知识的权威人士，"能够掌握民族向背，争取他们的理解和支持，对打开工作局面尤为重要"①。然而，新中国成立初期，少数民族地区封闭落后，少数民族上层对外面世界不太了解，对党和人民政府的各项政策缺乏认识，加上国民党残匪的谣言蛊惑和内地疾风暴雨式的土地改革影响，他们对党的民族、宗教政策持怀疑态度，顾虑重重，有的怕被作为人质扣留，有的担心党和政府会追究他们过去的错误，为打消他们的顾虑，党和人民政府全面争取与少数民族上层人士合作，非但没有剥夺他们的政治地位及权利，而是采取团结、教育、改造的政策，即对他们进行思想政治教育，工作上给他们提供机会，生活上适当照顾，且吸收他们到政府部门任职。这些少数民族领袖在稳定局势、实行党的民族政策方面发挥了重要的作用，如藏族的班禅喇嘛、噶伦阿沛·阿旺晋美、拉卜楞寺保安司令黄正清、土官华尔功臣烈，回族军阀马鸿宝、门宦沙沟教主马震武，彝族军阀卢汉、奴隶主果基木古，傣族土司头人刀世勋、刀存信、刀京版，佤族头人胡忠华，等等。

二　与日俱增：扩大了少数民族干部队伍

新中国成立初期，党和国家普遍、大量地培养少数民族干部，不仅拓宽了少数民族干部的来源，还扩大了少数民族干部队伍。经过党和国家多途径、多渠道的培养方式，各少数民族干部已经迅速而大量地成长起来。

1949 年底至 1950 年初，全国少数民族干部仅 1 万多人，1951 年就发展到 5 万多人，1953 年达到 10 万人左右。1956 年 9 月，乌兰

---

①　王连芳：《王连芳云南民族工作回忆》，云南人民出版社，1999，第 7 页。

夫同志在中共八大发言时指出，当时已有少数民族干部 21 万多人。①其中约 7 万人加入了中国共产党，有的还担任了各级党委书记、副书记及委员；约 5 万人加入中国共产主义青年团（当时称中国新民主主义青年团）。截至 1958 年底，全国已经有乡以上的少数民族干部 48 万多人，相当于 1949 年的 40 多倍。② 各级自治机关都有相当数量的少数民族干部，许多人还担任领导职务。党和国家还在民族地区积极发展共产党员和共青团员，党的基层组织普遍建立起来，成为少数民族地区革命和建设事业的核心力量。

全国少数民族干部队伍迅速扩大，民族地区少数民族干部队伍的发展壮大尤为明显。在全国少数民族中，包括民主改革前还处在奴隶社会阶段以及带有原始公社制度残余的少数民族在内，都有了自己本民族的干部。各级民族自治地方的自治机关，基本实现了干部的民族化。

在新疆，各级政府的主要领导职务都由本民族成员担任。据统计，到 1955 年底，在各级党委委员中，共有 694 名本地少数民族干部，占委员总数的 41.71%。新中国头七年，新疆共培养各民族干部 5.11 万名，占干部总人数的 55.54%，相当于 1949 年的 18 倍。③

在广西，至 1956 年底，全省已有少数民族干部 4.8 万人。仅桂西壮族自治州就培养了近 5 万名少数民族干部，这些干部在全州干部中占 63%，在全州 121 名正副县长中，少数民族干部占 80%，在872 名正副区长中，少数民族干部占 73%。④ 到 1958 年 3 月广西壮

---

① 陇兴、陇静华：《中国共产党培养少数民族干部政策的演变和发展》，《黑龙江民族丛刊》2004 年第 5 期，第 27~32 页。

② 《十年民族工作成就》，民族出版社，1959，第 17 页。

③ 转引自崔晓麟《新中国成立初期中国共产党对少数民族干部的培养》，《广西民族大学学报》（哲学社会科学版）2012 年第 4 期，第 84~88 页。

④ 转引自张有隽、郭维利、罗树杰《民族区域自治与少数民族干部培养问题研究》，《广西民族学院学报》（哲学社会科学版）1997 年 12 月增刊，第8~27 页。

族自治区成立时，广西全区已培养出少数民族干部 51392 人（乡干部尚未统计在内），广西壮族自治区党委、人民政府各部委办厅局领导中的少数民族干部比例已增长到 27%。①

截至 1956 年，内蒙古自治区的蒙古、回、满、达斡尔、鄂温克和鄂伦春等民族干部已有 2.2 万多名；截至 1959 年，广西壮族自治区少数民族干部总数中，党员已有 13245 名，团员 8254 名。县级以上干部增加到 1164 名；青海省少数民族干部已有 6000 多名，比 1950 年的 480 名增加了 12 倍。其中，党团员近 2000 名，任州长、县长、科长等职务的有 600 多名；云南省各级党组织培养了少数民族干部 3 万多名。其中，党员 8000 多名，团员 4000 多名。②

三 集思广益：保证了民族工作的顺利推进

唯物辩证法告诉我们，引起事物变化、发展的原因有两个方面，一个是事物的内在矛盾（内因），内因是事物自身运动的源泉和动力，是事物发展的根本原因；另一个是事物的外在矛盾（外因），是事物发展变化的外在因素。二者之间是辩证统一的关系，内因是变化的根据，外因是变化的条件，外因通过内因起作用。

少数民族地区的建设事业，除国家大力帮扶之外，必须依靠本民族人民群众的积极投入。干部是组织人民群众从事本地区建设事业的骨干，是带领人民群众开展本地区建设事业的排头兵，也是贯彻党的路线、方针、政策的保证。党制定的民族政策，只有同少数民族人民群众的积极性有效结合起来，才能促进民族地区的发展，保证民族工作的顺利推进，而这个"结合"就需要少数民族干部的

---

① 转引自崔晓麟《新中国成立初期中国共产党对少数民族干部的培养》，《广西民族大学学报》（哲学社会科学版）2012 年第 4 期，第 84~88 页。

② 民族图书馆编《中华人民共和国民族工作大事记（1949~1983）》，内蒙古人民印刷厂，1984，第 221~223 页。

"焊接"作用。毛泽东指出："政治路线确定之后，干部就是决定的因素。"① 因此，新中国成立初期，按照《共同纲领》规定的民族政策，实行民族区域自治制度，国家帮助少数民族地区发展经济、文化、社会事业，离不开少数民族干部贯彻党的政策，开展具体工作。

云南省民族干部张冲就是一个突出的例子。1950 年 8 月 6 日，中央访问团抵达云南，云南省委、省政府、省军政委员会对中央访问团的到来极为重视，派省政府副主席张冲担任副团长，协同访问团工作。张冲是彝族，是一位著名的抗日将领，曾办过省立中学，培养民族子弟；还自掏腰包兴修水利，因而在群众中很有威望。在中央访问团到石林县彝寨尾则时，他走到哪里，人群就跟到哪里，彝族群众都想一睹他的风采。那时群众还不了解共产党，一些较封闭的民族地区上层人士甚至不知道什么是"中央访问团"，以为张冲就是当地最大的官。为突出党的领导、突出中央访问团的地位，每次在访问团召开群众大会和民族代表会时，张冲总是走在夏康农团长和王连芳副团长后面，用自己的实际行动教育上层对访问团表现出尊重和欢迎的态度。在张冲个性魅力的感召下，尾则当地 5 万多各族兄弟姐妹身着节日盛装欢迎访问团，大家奔走相告："毛主席派亲人来看我们了。"② 正是在张冲等民族干部的积极努力下，访问团工作开展得更加顺利，民族工作取得了良好的开端。

拉祜族干部李光华，在当地民族工作中发挥的作用也是别人无法替代的。李光华，云南省澜沧县拉祜族土司三佛祖的后人，1947年世袭了西盟土司职位，1949 年澜沧解放后，他当了西盟村长。1953 年，任澜沧拉祜族自治县县长，一当就是 30 年。1956 年，解放军进驻西盟中课时，地委派澜沧边工委书记、副县长赵卓带队，李光华作为县长协助前往。部队只有一个加强排，进驻中课是要冒

---

① 《毛泽东选集》第 2 卷，人民出版社，1991，第 492 页。
② 参见王连芳《王连芳云南民族工作回忆》，云南人民出版社，1999，第 62 ~ 63、4 ~ 5 页。

生命危险的。李光华不顾个人安危，用自己的特殊身份反复做中课佤族头人的工作，为解放军和平进驻中课起了重要作用。《云南文史资料选辑》有一篇李光华的口述回忆，题目叫作《一心一意跟党走》，反映了这位拉祜族干部的心声。

在民主改革中，少数民族干部在宣传党的民族政策，发动少数民族群众，以及与本地、本族上层人士沟通方面，起了不可替代的作用。在新疆进行减租与土地改革时，党中央曾明确指出："准备工作除进行一般的减租宣传外，最重要的就是大量训练各民族的干部，务必有数千各民族的干部懂政策，懂得具体组织农民和减租的办法，并经过他们去组织了广大的农民之后，才能开始实行减租，否则，是不可能的。"①

四　相得益彰：推动了民族教育的发展

新中国成立后，除开办干部训练班和干部学校培训少数民族干部之外，党和国家还积极创办民族学院，逐渐将少数民族干部的培养走向正规化。继中央民族学院创办之后，还相继创办了西北民族学院、青海民族学院、西藏民族学院、中南民族学院、西南民族学院等 10 所民族高等院校，民族成分较多的地区也先后开办了民族干部学校，形成了系统的少数民族干部培养模式。虽然创办民族高等院校、民族干部学校的初衷是培养少数民族干部，而且形成了"培养政治干部为主、迫切需要的专业技术干部为辅"的干部培养格局，但客观上促进了民族教育发展，培养了许多少数民族大学生。到 1958 年，中央及地方各民族学院培养训练了各民族干部 3 万多名，在各高等院校就读的在校学生达 2.2 万多名，比 1949 年之前提高了

① 中共中央文献研究室、中共维吾尔自治区委员会编《新疆工作文献选编（1949～2010 年）》，中央文献出版社，2010，第 58 页。

35倍。① 中央及地方各民族高等院校的创办，提高了少数民族整体素质，也形成了我国民族高等教育发展的基本模式。

五 同舟共济：促进了民族平等与民族团结

新中国成立初期，各民族地区都派民族工作队下去开展民族工作，包括一些当地少数民族出身的干部，他们工作努力，但由于人数有限，许多工作问题一时难以解决。少数民族群众向中央访问团反映："民族工作队确实好，但是过门的姑爷，隔着一点。""工作队住在这里事好办，要是走了我们就难了"。② 可以看出，历史上长期存在的民族压迫，使少数民族迫切希望本民族有人"当官"，为本民族说话，代表本民族成员的利益和意愿。然而，我国大多数少数民族地区，尤其是西南地区，由于地理位置较为封闭，加上长期的民族隔阂，少数民族对当干部有"七怕"：一怕被乡亲讥笑自己变成（或投降）汉人；二怕土司、头人威胁报复；三怕境外残匪暗杀；四怕离开家乡受骗受气；五怕语言不通，没有文化，办不好事被人看不起；六怕生活不习惯；七怕长期在外工作，农活没人干，老婆闹离婚。③

为尽快培养当地少数民族干部，党和国家对选拔少数民族干部的要求采取了具体问题具体分析的方法，了解少数民族处在什么社会发展阶段，经济、政治、文化发展水平如何，是否具有革命斗争传统等。同时，还采取了灵活的选拔少数民族干部方式，如农业区与牧业区不同，开展工作初期与少数民族干部有了一定数量和基础也不同。为打消少数民族怕当干部的顾虑，工作队为他们配备枪支，

---

① 《十年民族工作成就（1949-1959）》（上），民族出版社，1959，第105页。
② 王连芳：《王连芳云南民族工作回忆》，云南人民出版社，1999，第222页。
③ 王连芳：《王连芳云南民族工作回忆》，云南人民出版社，1999，第223页。

以增加其安全感；开会研究工作时，尽量使用当地民族语言，使民族干部可以发表自己的意见；把每天的工作内容写成提纲，译成民族文字；外来干部不与当地干部比资格、比能力，诚心诚意帮助、提拔少数民族干部。随着采取诸多措施大量培养少数民族干部和实行民族区域自治制度，中共各级组织和各级政权机关中都有一定数量的少数民族干部，各自治地方人民政府的主席、州长和县长，均由实行民族区域自治的民族公民担任。少数民族干部参加各级政权机关，各民族共同管理国家及地方事务，是民族平等、各民族当家作主的具体体现。云南省德宏州的傈僳族干部张文才当了副州长后，当地傈僳族同胞扬眉吐气地说："以前国民党骂我们'土蜂没有蜡，傈僳没有官'，今天，我们也有了自己的'州官'，当家作主了。"①

同时，外来干部特别是汉族干部帮助少数民族干部时，党和政府也特别注意强调民族团结。如禁止以少数民族干部"落后""无能力""文化低""没经过工作考验"为由而采取轻视或打击的态度；汉族干部要主动团结和帮助少数民族干部，如果发生不团结现象，汉族干部一般负主要责任；工作有了错误，汉族干部先检讨自己；将是否在工作中培养了少数民族干部作为汉族干部工作成绩好坏的主要标准之一等。② 当然，上述做法并不是对民族干部无原则地迁就、放任，而是根据少数民族干部的实际情况，一开始适当照顾，经过培养、教育、帮助，逐步达到要求、提高能力。在普遍、大量培养少数民族干部过程中，加强了各民族之间的了解、联系，促进了民族团结，更加推动了少数民族地区各项事业的向前发展。

综上所述，少数民族干部具有双重身份，首先是国家的公职人员，在贯彻执行党的各项政策时，要以维护国家利益为出发点；他们同时又是本民族成员，代表着本民族人民群众的根本利益，这种特殊的身份有利于将本民族利益与中华民族整体利益统一起来，决

---

① 王连芳：《王连芳云南民族工作回忆》，云南人民出版社，1999，第 224 页。
② 人民出版社编《民族政策文献汇编》，人民出版社，1953，第 148~149 页。

定了少数民族干部发挥着其他人难以比拟的重要作用。新中国成立初期，党和国家采取各种措施，以培养政治干部为主，同时培养各种专业干部，使少数民族干部在政治、业务、文化水平上都有较大提高，他们在加强民族团结、巩固祖国统一、开展民族工作上起了极为重要的作用。可以说，大力培养和使用少数民族干部，是做好民族工作的关键。作为中国共产党较早培养的少数民族干部，乌兰夫同志有着丰富的民族工作经验，他对少数民族干部培养的重要性有着切身感受："在少数民族中开展党的组织建设和培养干部，特别是培养党的领导骨干，是党在少数民族中进行工作的关键。"①

---

① 《乌兰夫文选》（上），中央文献出版社，1999，第415页。

第五章 撞击与蜕变：社会主义 新型民族关系的建构

民族是人类历史发展中形成的一个稳定的人们共同体，是一个客观存在的社会现象。有民族存在，就会产生这样那样的民族交往，会形成一定的民族关系。对于一个多民族国家来说，民族关系是社会关系的重要组成部分，民族关系的良好发展对国家政治和社会的稳定、边疆安全、各民族发展均有着深刻的影响。

在中国，以毛泽东同志为代表的中国共产党人，最终取得了中国革命的完全胜利，建立了工人阶级领导的、以工农联盟为基础的人民民主专政的国家政权，这个过程实质上就是中国现代化最关键的一步。然而，新中国的成立，不仅仅是推翻旧的政治统治，还需要新的现代国家建构，包括民主法治建设，社会经济发展，社会结构变革和文化领域的改造等，而作为多民族国家来说，民族关系建构是现代国家建构过程中必须重视的问题。

第一节 辞旧迎新：中国民族关系的曙光

在多民族国家中，民族关系的现状直接决定着民族政策的调整，也直接决定民族工作如何展开。反之，民族政策的有效性、民族工作的实效性，也直接影响着民族关系的良性发展。中国民族关系不是一朝一夕形成的，它与我国历史上的民族关系有着深刻的渊源关系。我国是一个多民族国家，各民族共同开拓了祖国的疆域，共同创造了祖国的历史和文化，共同为构建统一国家贡献了自己的力量，中国多民族国家历史发展的连续性决定其民族关系的结构与状态也具有较强的内在连续性。因此，要明确划分不同历史时代不同性质民族关系的界限，把握中国民族关系的演变进程及规律，是认识新中国民族关系的关键所在。

一　审时度势：中国民族关系述略

中国共产党一贯重视国内民族问题，也重视对中国民族关系状况的把握与调整。新中国成立初期，党和国家需要对民族关系状况进行实际摸底，以便提高民族工作的针对性及实效性。但新中国成立初期的民族关系状况不是一蹴而就的，它既具有民族关系的一般特点，又受历史、政治、经济社会、文化习俗及外部因素等的影响，同时也是中国历史上民族关系延续的结果，有必要对民族关系特点、影响因素及中国历史上的民族关系进行梳理。

（一）民族关系的特点及影响因素

当今世界，民族成分绝对单一的国家是没有的，大多数国家是多民族国家，只是相对于多民族国家，单一民族国家的民族关系较简单些。在多民族国家中，民族关系作为一种特殊的社会关系，具有自己的特点并受到各种因素的制约。

1. 民族关系的特点

（1）复杂性。

纵观当今由国家组成的世界体系，多民族国家的数量与规模远远超过单一民族国家，多民族国家民族的多元性直接决定其内部的民族关系比单一民族国家要复杂得多。一般来说，多民族国家的民族构成有以下几种类型①：一是只有一个主体民族，即该民族在国家人口中的比例占有绝对优势，其他民族虽然种类很多，但人口数量都不大，为少数民族，如中国。在这样的多民族国家中，主体民族与非主体民族在人口数量、发展程度上差别较大，国内民族关系集中表现为主体民族与各少数民族之间的关系，若处理不当，直接影响国家统一与社会稳定。二是有两个主体民族的多民族国家，即国内有多个民族，其中两个民族的人口数量占有较大比重，其他民族的族体规模则较小，如比利时。三是有多个主体民族的多民族国家，即国内民族种类较多，其中有三个或三个以上的民族人数较多，其他民族的人数较少而成为少数民族，如尼日利亚。四是无主体民族的多民族国家，即国内民族种类很多，但族体规模较平衡，一般被称为"无核心型"国家，如坦桑尼亚。民族构成的多元性决定了当今世界多民族国家民族关系的复杂性。

（2）动态性。

多民族国家意味着一个国家内拥有多个民族群体，各民族群体必然要在国家体制内争取本民族利益。在多民族国家中，除了内部各民族之间的关系，还包括国家与民族之间的关系，国家要整合民族，需要保障各民族的政治权利、经济利益、文化发展等；民族要认同国家，需要服从国家的整体布局与战略安排，二者协调的前提是国家的保障政策与民族所获得利益之间的平衡性，但有时这种平衡性又是很难把握的，一旦失衡导致民族利益受挫，民族就要对国家权力展开争夺或施压，各民族之间的关系就会因追逐利益而发生变化，因而民族关系的形成和发展充满了动态性，是一个动态发展的过程。

（3）传承性。

民族关系虽然会基于民族利益的满足与否具有动态性，但由于

_____

① 参见周平《民族政治学》，高等教育出版社，2013，第72~73页。

民族是人类历史上形成的一个较稳定的共同体，民族关系在一定时期也具有相对稳定性。特别是建立多民族国家之后，民族关系不仅在政权存续期间表现出稳定性，即使国家政权发生更替，民族关系也具有某种传承性与延续性，这就不难理解中国历史上发生过多次政权更迭，但民族关系往往能够传承前一个朝代的状态，新建王朝也能够继承前朝处理民族问题的政策措施，并在此基础上传承发展，不断形成并完善调节民族关系的政策体系。

（4）敏感性。

当今世界是一个民族"万花筒"，不同的民族文化、民族特点使整个世界多姿多彩的同时，民族之间存在的界限、差异也会影响民族关系。民族差异不仅表现为民族之间在政治、经济、文化方面的宏观差别，还表现在语言、生活方式、风俗习惯、宗教信仰方面的微观特点。受历史、地理、传统的影响，每个民族都会形成各自不同的习俗、行为和道德价值观，而且这些民族特点一旦形成之后，就会成为维系本民族成员情感的纽带，本民族成员在与他民族交往时，希望得到应有的尊重，否则会引起民族矛盾。尤其值得注意的是，一些民族具有独特的饮食习惯，如信仰伊斯兰教的民族，若不加以重视，会影响民族关系的良性发展。同时，少数民族一般来说信教人数较多，有的甚至全民信教，宗教信仰自由得不到保护与尊重，也会引发民族之间的冲突与矛盾。因此，民族差异性带来的民族特点与差别，赋予民族关系敏感性特点，应当引起民族工作者的注意。

2. 民族关系的影响因素

民族关系是一个动态发展的过程，民族关系良性发展是衡量一个多民族国家民族政策、民族工作效果的重要参照。民族关系既是历史因素积淀的反映，也是现实因素影响的折射。

（1）历史因素。

民族关系的传承性决定了影响民族关系历史因素的延续性。任何国家政权都无法完全割断历史，从而使自己国家的民族关系彻底断裂其与之前历史的天然联系，建立一套全新的民族关系格局。多民族国家的民族关系是一个历史向现实传递的过程，无不打下历史的烙印。如革命时期的民族关系特点必然会延伸到新国家政权中去，新国家政权只能在这种历史"惯性"中逐步进行调整，建构新的民族关系，并成为影响之后国家政权民族关系的历史因素。

（2）政治因素。

多民族国家影响民族关系的政治因素是全方位的，包括国家性质、国家政权组织形式、国家结构形式等制度规定，也包括国家解决民族问题的方针、政策、制度及其具体落实情况，民族干部的培养、使用及能力、水平、工作方法等也会影响民族关系。一般来说，国家性质和国家政权组织形式决定民族关系的政治性质；国家结构形式决定民族成员在国家中的地位；这些政治制度进而直接影响国家解决民族问题的政策和制度；民族干部的培养又是落实民族政策的组织保障。

（3）经济社会因素。

在影响民族关系的诸多因素中，经济社会因素的影响是最直接的。经济因素主要包括国家的所有制形式、国家的整体生产力水平、生产结构、分配方式、国家对少数民族及民族地区的财政政策等，社会因素主要包括民族居住特点、通婚情况、社会整体氛围以及传媒因素的影响等。一般来说，国家的所有制形式决定民族关系的内容及性质；国家整体生产力水平、生产结构、分配方式等因素会导致民族之间产生经济差距，而国家对少数民族及民族地区的财政政策是调节民族间经济差距的有效方式；民族居住特点、通婚情况影响到各民族之间交往的深度与广度，在加强民族之间相互了解的同时，又是产生民族矛盾与纠纷的重要外在因素；对待民族问题的社会整体氛围对民族关系的走向至关重要，它依赖于社会成员的教育水平、素质等因素。随着自媒体时代的到来，大众传媒对民族关系的影响也不容忽视，近年来一些影响民族关系的事件，与出版物、媒体的不实报道以及大众的猎奇心理有很大关系。

（4）文化习俗因素。

由于民族关系具有敏感性特点，文化习俗因素也是影响民族关系的重要因素。影响民族关系的文化习俗因素主要是国家在民族传统文化、宗教、风俗习惯等方面所采取的政策。民族传统文化是某民族区别于他民族的精神载体，是影响民族关系的精神因素。一般来说，民族文化同质程度高的民族，相互之间沟通、交流障碍较少，容易获得心理、精神上的认同。多民族国家对民族传统文化的传承与保护也是获得各民族认同与拥护的重要方面，特别是在经济全球化背景和城市化进程中更是如此。还有一个值得注意的问题是社会道德价值观念的失落，这原本是一个社会问题，也是社会的通病。一些信仰宗教的民族容易从他们所信仰的宗教中寻找精神家园，国家的宗教政策如何也会直接影响民族关系。另外，民族风俗习惯也是影响民族关系的文化习俗因素之一，需要民族之间对彼此民族特点的相互认识与了解，有赖于社会整体氛围的形成与培育。

（5）外部势力因素。

影响民族关系的外部势力因素也不容忽视，包括国内外民族分裂势力、宗教极端势力等。例如，中国2008年西藏拉萨"3·14事件"，2009年新疆乌鲁木齐"7·5事件"，背后都有一只无形的国际力量之手在操纵。

民族关系对于多民族国家来说至关重要，甚至影响到国家统一与社会稳定。民族关系的复杂性、动态性、传承性和敏感性等特点，加上历史因素、政治因素、经济社会因素、文化习俗因素和外部势力因素，有时还受突发事件因素的影响，或者这些特点和因素形成的"合力"，使得民族关系更为纷繁复杂，多民族国家不能掉以轻心。

（二）中国历史上的民族关系

中国幅员辽阔，民族众多，民族之间的关系成为最重要的政治关系，关乎国家的长治久安。纵观中国历代中央王朝，各民族中的统治阶级为了维护本阶级的利益，剥削、压迫本民族及其他各民族人民，造成历史上的民族隔阂。中国历史上的民族关系，受制于民族压迫政策，表现为大民族对小民族、强民族对弱民族的剥削压迫，如政治上的统治、经济上的剥削、文化上的摧残和思想上的歧视。当这种压迫政策发展到极致，民族关系就会极度紧张，民族之间会发生战争；民族关系较缓和时，主要表现为统治阶级实行强制同化政策，使被统治民族特点与差别逐步消失直至该民族不复存在。

应当看到，不论是汉族建立的政权，抑或是少数民族入主中原，无不充分考虑民族关系对王朝的作用，各自采取了恩威并施、和亲、羁縻、土司制度、因俗而治等民族政策，以维护其政治统治。同时，和平时期民族之间的互市贸易、经济往来、文化借鉴、族际通婚等，也反映了民族关系和好的一面。历史经验证明，民族关系好则社会安定、经济发展、朝代兴盛，反之亦然。汉朝对少数民族，特别是北方的匈奴，先实行征剿，继而实行和亲安抚政策；唐朝实行羁縻政策，在少数民族地区设置州、府、县等管理机构，由少数民族领袖管理本民族、本地区事务。唐朝还两次送公主入藏联姻，出现了少数民族与唐王朝"和同为一家"的和睦景象。元、明、清时代，在原有各民族相互融合基础上，一些少数民族逐步强大起来，蒙古族、满族先后入主中原，建立起强大的封建中央王朝，对进一步促进我国各民族的相互交往起到了重要作用。一方面，作为少数民族，想要战胜强大的汉族王朝，就必须学习汉族先进的生产力以及政治、经济、文化制度；另一方面，面对汉族政权的反抗，少数民族在建政的过程中不免进行残酷的镇压与屠戮，同时为巩固自己的政权，必须笼络各民族特别是汉族中的有识之士，将他们纳入自己的政权体系中，这样就进一步加快了少数民族的汉化，促进了各民族的融合，确立了以汉族为主体，多个少数民族共存的民族格局。

诚然，在反动统治阶级的民族压迫制度下，中国历史上各民族之间的地位并不平等。然而，在长期历史发展过程中，各民族人民之间的经济联系和文化交流日益加深，表现为接受先进文化、互相交结朋友、共同反抗压迫剥削、进行贸易往来等，正像司马义·艾买提所说的那样："在经济上，由于地理环境、自然条件等原因，各民族之间长期存在着传统的产业分工和经济交换，形成了彼此间的相互依存、不可分离的经济关系。在文化上，各民族相互吸收、彼此丰富。"①

近代以来，中国被迫打开了大门，在西方列强的侵略下，由昔日的天朝大国逐步转变为半殖民地半封建社会，中国社会的主要矛盾也上升为帝国主义与中华民族的矛盾。帝国主义的侵略，激发先进的中国人向西方学习，探索救国救民的现代国家建构之路。辛亥革命推翻了清王朝的统治，然而也没能解决中国民族问题，中国从此陷入军阀割据的混乱局面。面对日本帝国主义的疯狂侵略，"中华民族到了最危险的时候"，各民族人民联合起来反抗外国侵略与瓜分，以保证国家的统一与领土完整，以及中华民族的解放与独立。同时，国内的民族压迫制度与列强侵略并存，帝国主义、封建地主、官僚资产阶级成为压在中国各民族人民头上的三座大山。

值得注意的是，中国历史上的民族关系在剥削阶级占统治地位时，民族间的压迫剥削关系占主导地位，民族间的友好关系总是居于从属地位。即便如此，从秦汉到清朝，历史上的民族矛盾、民族战争、民族压迫，并没有超出中国的范围，属于国内民族矛盾；步入近代，中国各民族在反抗中结成战斗友谊，在共同斗争中由"自发"走向"自觉"，这是中华人民共和国成立初期民族关系建构的重要历史基础。

---

① 国家民族事务委员会政策研究室编《新时期民族工作的深化与发展》，人民出版社，1992，第3~4页。

二 错综复杂：新中国成立初期民族关系现状

新中国的成立，标志着一个全新的多民族国家政权的建立，为中国各民族之间的交往、沟通、发展提供了全新的国家环境。然而，该时期国家初创，新生政权既要进行社会主义革命与建设，还要防范帝国主义国家的倾轧与颠覆，加之缺乏经验可循，可谓遇到的问题与困难实在不少。尽管如此，党和国家考虑中国多民族的实际情况，通过制定民族政策、开展民族工作，解决民族问题，保持社会稳定，使各民族在统一的国家政权体系下共同发展，而这一切任务首先要考察中国的民族关系现状。

新中国成立初期的民族关系，渊源于历史上逐步形成的民族关系格局，并在各民族争取国家统一与民族解放的新民主主义革命中不断升华。各民族在共同抵御外侮、构建统一国家的过程中形成了以汉族为主体、少数民族为多元的复杂的民族关系格局，决定了此时中国调整民族关系的任务是既要反对大汉族主义以维护少数民族的平等权利，又要反对地方民族主义以保证国家的完整统一。因此，党和国家首先需要了解汉族与各少数民族之间的关系，也要摸清各少数民族之间的关系状况。可以说，新中国的民族关系依旧复杂，组成多民族国家政权的各个地域，在民族关系方面呈现出不同的特点。

（一）汉族与各少数民族的关系

新中国的成立，推翻了帝国主义、封建主义和官僚资本主义的反动统治，彻底废除了民族压迫制度，开创了中国民族关系的新纪元。然而，历代统治阶级和国民党实行民族压迫政策，压迫剥削少数民族群众，限制民族地区经济社会发展，汉族与各少数民族造成很深的民族隔阂和不平等的民族关系，这是留给新中国民族关系的

"历史遗产"。新中国成立初期，汉族与少数民族的矛盾与隔阂依然普遍存在。

民族工作者在广东畲族地区进行调查时，发现畲汉之间隔阂较深，相互歧视辱骂现象普遍。

凤凰山区的汉族统治者经常辱骂畲民为"炕畲客""畲客仔""狗头王派"；莲花山区的畲民被当地汉族统治者讥笑为"死畲""畲婆""畲崽仔""狗头王子孙"；罗浮山区增城博罗"瑶人"经常被汉人地主称为"死人山瑶仔""死山瑶婆"。饶平石鼓坪附近的汉人用歌谣来讽刺畲民："石鼓坪，炕畲客，藤断石叠。"还有讥笑畲民生活穷困的歌谣："石鼓坪，畲客仔，无戏棚，用凳仔；无布棚，用裙仔；无的嘟，用枴仔。"海丰红罗村畲民解放前被汉族统治者辱骂为："畲仔畲叮当，畲婆嫁和尚。"①

广西越族（现为京族，下同）地区也存在严重的民族歧视现象，汉族与越族之间的隔阂在新中国成立初期依然不同程度地表现出来。

新中国成立前，越族常常受大汉族主义的歧视和压迫，越族被汉族人称为"安南仔""安南婆"等，讥笑越族"安南仔，吃生米，痫生虫"。越族妇女喜留长发，小孩子便讥笑她们"安南婆，牛尾巴，辫子长"。1949 年后，各乡地主当权派大都在各种运动中被镇压，有的已逃到越南，民族压迫已被消除。但由于大汉族主义的影响，汉族和越族之间的隔阂依然存在，在进行各种社会改革运动中，都表现出不同程度的民族矛盾。

在清匪反霸时，汉族说越族有枪，越族说汉族有枪。斗汉族匪霸的时候，汉族说他没有什么罪恶，是越族造出来的；斗越族匪霸的时候，越族说他没有什么罪恶，是汉族害他的。土地改革和渔民改革时，汉族说："越族渔箔产量报得低，渔改时渔箔都分给了越族，土改时田就不要分给他们了。"越族说："汉族田地产量报得低，

---

① 《中国少数民族社会历史调查资料丛刊》修订编辑委员会编《畲族社会历史调查》，民族出版社，2009，第38~39页。

想占越族的便宜。"在建立越族自治乡时，汉族不愿参加，越族不要汉族参加。如沥尾原分东头、中间、西头三个自然村，东头、西头是汉族，解放前同为一乡；中间村是越族，解放前与巫头越族村同为一乡。解放后，东头、中间、西头合为一乡。成立自治乡时，东头村汉族不愿参加自治乡，说："黄牛与黄牛，水牛与水牛，黄牛与水牛，尾对尾，不对头。"越族也说："鸡与鸡，鸭与鸭，鸡不与鸭，越族不与汉族。"

经过民族调查组和当地民族工作者的协调，汉族与越族之间的矛盾逐渐解决，关系趋于正常，两族还签订了共同遵守的团结公约。但在某些情况下，大汉族主义思想残余还是会表现出来。如有些工作干部对民族问题不够重视，认为"汉族和越族根本就没有什么了不起的矛盾"；有些汉族群众见人民政府特别照顾越族，发了几次生产贷款和救济，又抽调干部去民族学院学习，思想上不满意，说："毛主席爱你们少数民族，不爱我们。""为什么征农业税我们150斤起征，越族250斤才起征？""为什么渔民买盐400元1斤，我们买盐要1200元？"①

汉族与少数民族之间关系的复杂性还在于无论历史上还是新中国成立初期，汉族人口都占全国人口的绝大多数，都是主体民族，少数民族对新生政权的态度很大程度取决于他们与汉族的关系。新中国成立初期开展民族工作的少数民族干部缺乏工作经验，历史上遗留下来的民族隔阂与矛盾进一步发酵，少数民族普遍对新生国家政权持怀疑、观望、抵触的态度，这种态度不仅表现在少数民族上层、群众与汉族干部之间，同时也延展到与汉族群众的关系之中。

云南德宏一个有名的大土司接到到保山开会的通知，认为自己有去无回，性命难保，但又不敢不"应付公事"，行前便备好棺材，留下遗嘱，与家人和属官泣别。

---

① 《中国少数民族社会历史调查资料丛刊》修订编辑委员会编《广西京族社会历史调查》，民族出版社，2009，第 134~136 页。

1952年6月，工作队初进云南轩岗坝时，小孩子一见到工作队员就喊："谢马了，谢马了（傣语：汉人来了）！"急忙跑回自己家的竹楼。大人或采取回避措施，或把家门关上，从门缝里观察工作队的举动。来不及躲藏的，也不和工作队员答话，问什么都回答"莫呼"（傣语：不知道）。工作队请村寨大头人召集群众大会，工作队满怀激情地告诉群众他们是来帮助大家做好事搞生产的，不吃老百姓的饭，为老百姓治病也不要钱，但会场群众并不买账，出现令人尴尬的冷场局面。工作队员到百姓家，男人跑、女人躲、孩子哭的场面经常发生。一次，工作队队员初到一个景颇族山寨，寨子里家家锁门，鸡不叫、狗不咬，人都跑光了，最后在一家孤寡大妈家叫开了门，苦苦哀求之后，那位大妈只同意队员住在猪厩上，不准在她家做饭。[①]

（二）少数民族之间的关系

新中国成立初期，各少数民族杂居现象突出，族系混同，既有各民族之间的相互融合，又有矛盾和积怨，甚至在我国西北地区、西南地区、西藏地区还存在较极端的民族冲突[②]，民族关系非常复杂和特殊。

1. 西北地区的民族关系

周恩来同志曾说过："民族问题在西北是严重的，方针、政策虽然对了，但一不小心，还会出偏差，还要出乱子。"[③] 该地区民族众多，伊斯兰教为主体宗教，同时又有其他不同的宗教信仰，民族文

---

① 王连芳：《王连芳云南民族工作回忆》，云南人民出版社，1999，第6、197页。

② 实际上，这些地区也涉及汉族和少数民族之间的关系，只是这些地区是少数民族聚居区，少数民族数量和民族成分较全国其他民族多，因而作这样的地区分类，希望能够以点带面地反映少数民族之间的关系。

③ 国家民族事务委员会政策研究室编《中国共产党主要领导人论民族问题》，民族出版社，1994，第47页。

化方面的差异再加上伊斯兰教宗教仪式、宗教习俗的特殊性，民族矛盾十分突出，历史上还出现过民族之间的仇杀，民族关系十分复杂敏感。

新中国成立前，维吾尔族和塔吉克族关系紧张，民族歧视严重。当乡长、保长的都是维吾尔族地主，塔吉克族在雇工和佃户中占多数，维吾尔族地主对塔吉克族农民实行大民族主义压迫。1947年，维吾尔族保长辱骂一位塔吉克族农民，而这个农民回了句嘴，就被毒打得几乎丧命。地主阶级还利用两个民族宗教信仰的教派不同，作为煽动民族歧视的主要手段之一，人为制造民族隔阂。两个民族很少通婚，缔结姻亲时特别谨慎，害怕女儿嫁到对方后改信夫家的教派。在严重的民族歧视之下，不少塔吉克族隐瞒自己的民族成分，冒称自己是维吾尔族。①

此外，西北地区民族关系还受到自然环境的影响，各民族常常因为水源、森林、土地、草原等资源引起纠纷。例如，甘肃、青海两省边界地区历史遗留的草场纠纷，内蒙古自治区克什克腾旗与河北省围场县的边界纠纷，甘肃省肃南裕固族自治县皇城区与山丹军马场的草山纠纷等。这些民族纷争在宗教因素的影响下，严重影响西北地区的民族关系，西北地区成为新中国成立初期调整民族关系的重要区域。

2. 西南地区的民族关系

西南地区的民族关系除历史上各民族的积怨、基于利益争夺产生的纠纷之外，民族支系纷繁多样使民族关系更加复杂，连当时主持西南地区民族工作的邓小平同志都发出"在民族问题上，我还是一个小学生"的感慨。

在西南地区，云南民族关系当属典型。云南少数民族不仅种类

---

① 《中国少数民族社会历史调查资料丛刊》修订编辑委员会编《塔吉克族社会历史调查》，民族出版社，2009，第20~21页。

多，而且分布极广，边境地区多聚居，内地除少数聚居外，大部分都是杂居，有的一地就杂居十几个民族，加上境外国民党残余势力的蛊惑，民族之间的关系异常复杂，有倒宝塔型（即大民族欺压小民族）、正宝塔型（即小民族欺压大民族）和工字型（如西双版纳傣族统治布朗族，而布朗族又租地给哈尼族，接受上贡）① 等类型。

云南民族间地主、恶霸的政治经济压迫与剥削关系极为复杂。大约有四种情况：其一，地主恶霸是汉族，佃农和被压迫者是少数民族，这种现象较为普遍。如汉族对苗族、彝族等都有租佃剥削关系。访问团到圭山区，少数民族来报汉族恶霸事件就有四五起，彝族、回族要求反霸减租，苗族则要求土改。其二，地主和恶霸是少数民族，佃农和被压迫者是汉族。这一地区土地高度集中，剥削方法花样繁多，年租、节礼、土产租、劳役、兵役，甚至有逼迫当奴、强奸霸占和任意杀戮等情况，汉族人民也同样要求解决这个问题。其三，各个民族之间存在着租佃剥削和政治压迫关系。这种情况在民族杂居区是很多的，如昭通彝族恶霸不仅对汉族，而且对回族、苗族同样压榨，只是在剥削方法上各有不同。其四，各民族内部的政治统治与地租剥削。②

西南地区地形复杂，交通不便，恶劣的自然环境导致民众的生产生活水平很低，少数民族之间为了争夺资源及生存空间而产生的矛盾比比皆是，甚至一个民族内部支系之间也产生纠纷，对西南地区整体民族关系造成不良影响。

新中国成立前，云南怒江傈僳族地区经常发生民族内部械斗，称为"奢来合"。械斗时间短则几天，长则达十多年，给人民群众的生命财产造成严重损失。据访问团调查，械斗起因多为你占我

---

① 王连芳：《王连芳云南民族工作回忆》，云南人民出版社，1999，第172页。

② 《中国少数民族社会历史调查资料丛刊》修订编辑委员会编《中央访问团第二分团云南民族情况汇集》（下），民族出版社，2009，第307~308页。

的田，我打了你那里的猎物，你偷我的牛，我用了你的水源等。双方发生纠纷后，一般请有威望的人士充当中间人调解，然后按照习惯法调停。若对调停结果不服，双方就要以械斗决断。械斗的结果是败方多死了人，损失了青壮劳动力；胜方虽少死几个人，却因赔偿金的支付，使原本贫穷的村寨雪上加霜，有的甚至家破寨亡。

耿马四排山有名的"黄瓜战争"，就是因一位佤族村民偷吃了邻寨一根黄瓜被打而引发的械斗，两寨打了几十年的仗，死了许多人。①

西南地区民族关系复杂的另一原因在于总体生产力水平较低，各民族都处于封建社会之前的社会形态，有的地区还完整地保持着奴隶制社会形态，有的甚至还保留着原始公社制残余。与此同时，西南地区很多民族还存在贵族等级制度和特殊的地缘政治，少数民族对本民族上层人士和地方政权认同度较高。

凉山彝族聚居区还完整地保持着奴隶制社会形态。访问团初到四川小凉山彝族地区，便有许多汉族、纳西族、普米族等群众来告状，说小凉山奴隶主抢了他们的亲属做奴隶。在永胜召开的各族代表会上，有个傈僳族代表说："假若彝人再不赔还我的孩子，我们就合起来攻打小凉山。"彝族与邻近民族之间的关系极为紧张。②

3. 西藏地区的民族关系

在西藏地区，藏族人口占多数，还有少量的门巴族、珞巴族等，民族数量和民族成分相对简单，加上历史上明、清两朝统治者实行隔离政策和愚民政策，禁止内地百姓与藏族交往，民族关系并不十分复杂，只是"地理的阻隔弱化了汉族与藏区各民族普通群众之间

---

① 王连芳：《王连芳云南民族工作回忆》，云南人民出版社，1999，第39~41、172页。

② 王连芳：《王连芳云南民族工作回忆》，云南人民出版社，1999，第54~55页。

的交往关系"①。

西藏地区民族关系的特殊性在于其建立了"政教合一"的地方政权，以及近代以来以英国为首的帝国主义国家对西藏地方事务的干涉。由于英国的挑拨，西藏地区的两大活佛系统——达赖喇嘛系统与班禅额尔德尼势力矛盾激化，加上内地辛亥革命后战乱不断，在 1951 年和平解放之前，西藏与祖国的关系一直处于非正常状态。

新中国成立初期，西藏地区的民族关系主要表现为西藏地方政权与中央政权之间的关系，中央政府采取的政策得当与否，直接影响西藏的民族关系，这种状况直到 1959 年西藏叛乱失败、政教合一制度瓦解以后才得到逐步改变。

总之，历代统治阶级与国民党实行的民族压迫与剥削制度，深深影响了中国民族关系的演进历程，民族关系的传承性与延续性致使新中国成立初期的民族关系错综复杂，需要党和国家适时制定并调整民族政策，有效开展民族工作，进一步调整民族关系。

第二节　因地制宜：新中国成立初期改善民族关系的重要措施

新中国成立之初，我国西北、西南、中南、西藏等少数民族地区还没有获得完全解放，历史上反动统治者实行的民族压迫政策导致各民族之间隔阂深重。中国共产党掌握国家政权后，需要在民族地区构建社会新秩序，逐步实现少数民族对新生国家政权的认同，但复杂的民族关系与国家政权的统一性和整体性目标不相匹配。为此，党和国家采取一系列民族政策措施，开展各项民族工作，贯彻

---

① 任一飞、周竞红：《中华人民共和国民族关系史研究》，辽宁民族出版社，2003，第 172 页。

民族平等原则，加强民族团结进步事业，通过帮助少数民族经济、文化、社会事业的发展，逐步实现各民族的共同发展繁荣，正像毛泽东主席在接见西藏地区参观团和西藏青年参观团时说的那样："中央有什么东西可以帮助你们的，一定会帮助你们。帮助少数民族，让各少数民族得到发展和进步，是整个国家的利益。"①

一　因势利导：实现政治平等，加强民族团结

中国共产党是工人阶级的先锋队，是各族人民利益的忠实代表。在处理国内民族问题时，总是将各族人民利益放在首位，坚持马克思主义民族平等原则。新中国的成立，我国人民民主专政的国家性质要求新生国家政权内的人民都能够享有平等的政治权利，平等是民族关系的重要内容，也是新中国成立和建设的重要砝码。中华人民共和国成立前夕，《共同纲领》就以临时宪法的作用强调了我国各民族具有平等的地位，享有平等的政治权利。党和国家贯彻《共同纲领》规定，制定并实施了民族区域自治政策，开展了民族识别工作，大力培养与任用少数民族干部，这些政策和措施都对实现民族平等具有重要意义。除此之外，针对民族关系存在的歧视、隔阂、不信任等现象，党和国家还开展了具体的民族工作，以实现各民族的政治平等，加强民族团结。

（一）中央及地方处理民族事务机构的建立

新中国成立后，中国共产党和人民政府关注民族问题，采取许多政策措施，加强民族团结，增进良好民族关系。中国作为一个统一的多民族国家，民族事务是国家重要的行政事务之一，民族工作需要由

---

① 《当代中国的民族工作》编辑部编《当代中国民族工作大事记（1949-1988）》，民族出版社，1989，第73页。

一个处理民族事务的专门机关负责。1949 年 10 月 1 日宣告中华人民共和国成立，不久中央人民政府就成立了国家民族事务委员会（10 月 22 日），李维汉为民族事务委员会主任委员，乌兰夫（蒙古族）、刘格平（回族）、赛福鼎·艾则孜（维吾尔族）为副主任委员，22 位委员中，除刘春、吕振羽、翁独健为汉族外，其余都是少数民族同志。

中央民族事务委员会建立后，中央政府又在西北、西南、中南、东北、华北等大行政区和民族分布较广的省、市、行署、专区以及县级政府，陆续成立了处理民族事务的机构。除此之外，政务院还责成中央各有关委、部先后设立了办理民族事务业务的下设机构，民族贸易处、民族教育司、民族卫生处等机构相继建立。同时，为加强民族工作部门间的相互配合，中央人民政府还建立了政务院民族工作会议制度，由政务院秘书长李维汉负责，每两周举行一次会议，专门协调、解决民族事务方面的有关问题。

中央及地方各级民族事务机构的设置，为新中国民族工作的顺利开展，实现民族平等，奠定了良好的组织基础，也表明了党和国家对民族事务的关注和重视。

（二）消除民族歧视的有形痕迹

在中国历史上，除三足鼎立、五代十国等分裂时期之外，统一的中央政权大多由汉族统治阶级把持，他们推行大汉族主义政策，政治上压迫剥削少数民族，思想上歧视侮辱少数民族，并以带有歧视、侮辱性的字眼称呼少数民族。中华人民共和国成立后，为了消除历史上遗留下来的带有民族歧视的有形痕迹，推动民族团结，1951 年 5 月 16 日，政务院发出《关于处理带有歧视或侮辱少数民族性质的称谓、地名、碑碣、匾联的指示》，指出：为加强民族团结，禁止民间的歧视与侮辱，对于历史上遗留下来的有关少数民族的称谓、地名、碑碣、匾联等，应分别予以禁止、更改、封存和收管。

根据政务院指示，各地陆续对那些带有歧视、侮辱少数民族的称谓和地名作了更改，体现了中国共产党坚持民族平等，增进民族团结，改善民族关系的坚强意志。

1. 地名的更改

在少数民族地区，一些地名带有征服、教化、归顺之意，党和中央政府对这些地名进行了修改，改为少数民族惯用的地名，显示出对少数民族的尊重，也符合当地民族特色和民族语言，有利于民族团结。

北京将1949年前带有侮辱少数民族性质的街道名称全部更正。北沟沿的"回子营"改为和平巷，北池子的"回子营"改为回回营，东直门的"鞑子营"改为合作巷，西直门内的"鞑子营"改为互助巷，宣武门外的"鞑子营"改为和平巷，阜成门内的"鞑子庙"改为友爱巷，崇文门的"骚鞑胡同"改为团结胡同。

西康藏族自治区人民政府决定废除带有歧视藏族人民的县名，将"巴安"县改为巴塘县，"瞻化"县改为新龙县，"理化"县改为理塘县，"定乡"县改为乡城县。

四川省将"懋功县"改为小金县，"抚边乡"改为和平乡，"达维乡"改为纪英乡，"官寨乡"改为沃日乡。

新疆首府"迪化"改为乌鲁木齐，"乾德"县改为米泉县，"孚远"县改为吉木萨尔县，"绥来"县改为玛纳斯县，"景化"县改为呼图壁县，"承化"县改为阿拉泰县，"镇西"县改为巴里坤县，"巩哈"县改为尼勒克县，"阿山"专区改为阿勒泰专区。

云南西双版纳首府"车里"改为允景洪（傣语，意为黎明之城），"缅宁"改为临沧，"蒙化"改为巍山，"顺宁"改为凤庆，"镇南"改为南华，"平彝"改为富源。

内蒙古自治区首府归绥改为呼和浩特（蒙古语，意为"青色的城"）。

2. 称谓的更改

中国历史上长期存在大汉族主义，对少数民族的称谓往往用一些具有侮辱意味的词汇，如用带有犬、虫字旁的词来称呼少数民族，党和政府对这类不当字眼予以取消，得到少数民族的真心拥戴。

独龙族在周恩来总理的亲切关怀下，按照本民族意愿，废除了"俅帕""俅子""曲洛"等带有歧视性的称谓，正式定名为独龙族；怒族的他称有"弩人""怒人""怒扒""察""阿般""怒子"等，民族识别工作组将这些名称废除，统一称为怒族。"归化族"改为俄罗斯族，"卡佤族"改为佤族，"僮族"改为壮族，"崩龙族"改为德昂族，"毛难族"改为毛南族。

（三）"派下去"与"请上来"的双向互动

历代统治阶级及国民党实行的民族压迫政策，给少数民族地区造成很深的民族隔阂。1949年后，"处在边远地区的兄弟民族，他们对内地的情况不了解，对一些进步和发展的现象不认识，因而发生一些怀疑，不晓得汉族到底对少数民族的态度怎样"[1]。为了让少数民族真正感受党和国家的关怀，同时也为了更好地深入了解民族地区状况，毛泽东主席高瞻远瞩，决定派中央访问团到民族地区开展慰问活动，俗称"派下去"。慰问团开展慰问活动，得到了党和国家领导人、各职能部门以及社会各界人士的广泛重视和大力支持。[2] 带着党

---

[1] 周恩来：《我国民族政策的几个问题》，《中国共产党主要领导人论民族问题》，民族出版社，1994，第164页。

[2] 在访问团临行前夕，党和国家主要领导人都分别题了词，其中毛主席的题词是："中华人民共和国各民族团结起来！"朱德题词："全国各民族亲密团结起来，为建设独立、民主、和平、统一、繁荣、富强的新中国而奋斗！"刘少奇题词："过去汉族的统治阶级是压迫国内各少数民族的，但是中华人民共和国必须帮助各少数民族的人民大众发展其政治、经济、文化、教育的建设事业。"周恩来题词："中华人民共和国境内各民族一律平等，团结互助反对帝国主义和人民公敌，实行少数民族的区域自治和人民自卫，尊重民族宗教信仰和风俗习惯，发展经济文化，使中华人民共和国成为各民族友爱合作的大家庭。"参见《当代中国的民族工作》编辑部编《当代中国民族工作大事记（1949-1988）》，民族出版社，1989，第10~11页。

和国家领导人的深切关怀，中央访问团对少数民族在新中国成立前所受民族压迫与歧视进行慰问，同时宣传《共同纲领》中有关党和国家的民族政策，征求各少数民族的意见。

除中央派出的 4 个访问团之外，西北、西南、中南各区的军政委员会及少数民族较多的省、行署，都派出访问团、慰问团、工作团，到少数民族地区开展慰问宣传工作。

慰问团的活动主要是：对少数民族的上层人物和各界代表人物进行个别访问；根据不同地区、不同民族的具体情况，召开各种座谈会、民族代表会或民族联谊会；召开群众大会，传达中央人民政府对各兄弟民族的深切关怀，宣传民族政策，协助具备条件的少数民族地区建立自治地方。各访问团还通过上演戏剧、放映电影、举办展览、医疗服务、赠送礼品等方式，广泛与各族群众接触、交流、沟通。以中央西北访问团为例，在历时三个多月的访问中，个别访问达 300 多人，举行过 66 次座谈会，出席座谈会的各民族各界代表共 4080 人，召开过 45 次群众大会，参加人数有 28 万余人；上演京剧 27 次，观众 15 万余人；放映电影 105 次，观众达 25 万余人。按当时西北 5 省的全部人口计算，平均每 80 个人中就有 1 人和访问团有过接触。[1] 如此大规模的慰问活动，几乎遍及全国的少数民族地区，是中国有史以来的第一次伟大壮举，是新中国民族工作的一次重大实践，对疏通和改善民族关系起了不可磨灭的作用。它使各少数民族切实感受到毛主席等党和国家领导人对他们的关怀，也体会到祖国大家庭的温暖，有效沟通了各少数民族群众同中央人民政府及当地政府的联系，有利于党的民族政策的接受与信任，进一步认同中国共产党的领导，认可新生的中华人民共和国，为做好民族工作奠定了良好的开端。

此外，为了发挥民族上层人士在本地区发展中的积极作用，提高他

---

[1]　黄光学主编《当代中国的民族工作》（上），当代中国出版社，1993，第 68～69 页。

们的认识，开阔他们的视野，党和政府还分批组织民族上层人士到内地学习参观，可谓"请上来"。在庆祝新中国成立一周年的时候，受周恩来总理的邀请，159位各民族代表和222名文工团员参加了国庆大典。这些代表成分很广泛，既有各级军政人员、农牧民、工人、教师、学生、文艺工作者，也有喇嘛、土司、头人、活佛、阿訇、王公等来自各民族上层的代表。据统计，从1951年到1954年，由中央有关部门接待的到内地参观的少数民族代表达6.5万多人。① 通过学习参观，他们真正看清形势，看到祖国的伟大和人民力量的强大，深刻体会到党的民族政策的正确性，从而更加拥护中国共产党和中央人民政府，成为"在少数民族中丰植爱国主义教育的最有效办法之一"②。

通过"派下去"与"请上来"的双向交流，传达中央政府和毛主席对各少数民族的关怀和慰问，加强了中央与边疆地区的密切联系，沟通了中央人民政府和少数民族之间的精神联系，促进了少数民族对祖国的认同。同时，在全国范围内对各民族人民进行普遍、深入的民族平等、民族团结教育，使广大人民群众受到深刻的民族政策教育，增强了各民族之间的相互信赖，对于消除民族隔阂，疏通民族关系，取得少数民族对党和国家的理解和信任，无疑具有重要的作用。

（四）加强民族团结进步事业

民族团结，就是各民族之间平等相待，互相尊重，和睦相处，互助合作，共同致力于发展经济和各项社会事业，维护祖国统一，促进社会稳定。③ 民族团结是马克思主义民族理论的基本原则之一，

---

① 黄光学主编《当代中国的民族工作》（上），当代中国出版社，1993，第70页。
② 《当代中国的民族工作》编辑部编《当代中国民族工作大事记（1949－1988)》，民族出版社，1989，第34页。
③ 国家民族事务委员会编《中国共产党关于民族问题的基本观点和政策干部读本》，民族出版社，2002，第88页。

也是中国共产党处理民族问题、协调民族关系的基本指导思想与目标。1949 年后，鉴于多民族国情，中国共产党和人民政府积极开展民族工作，促进民族团结。

1. 争取团结民族上层，做好统战工作

主要做法是：政治上保持他们现有的地位，经济上不触动他们的利益；在社会改革问题上，宣布现在不改革，将来改不改，怎么改，何时改，完全由各族群众和上层人物商量决定，特别是对于经济文化落后的地区，则宣传长期实行"团结生产"的方针，因地制宜促进了各民族向社会主义的过渡；情感上与当地的民族、宗教上层人士充分沟通，增进相互了解，从而打消他们的顾虑，并通过他们开展各项工作。

2. 派遣民族工作队，深入少数民族群众

党和政府派出了中央访问团深入民族地区，并由人民解放军和政府工作人员组成民族工作队，在少数民族群众中广泛开展"交朋友、做好事"活动，向各族人民宣传党的民族政策，以实际行动号召各民族团结、进步。工作队员克服艰难险阻和少数民族群众的不理睬态度，帮助少数民族群众做家务，挑水、砍柴、做饭，给群众治病，搞环境卫生，清除垃圾，为群众理发，一同下地劳动生产。各族群众深受感动，由原来不相信到亲切地称呼工作队员是"共产党毛主席派来的人"，是"亲儿女""亲哥妹"，跟他们无话不讲，情同一家。

中央访问团和民族工作队的派出，打消了民族上层的顾虑，使少数民族群众深刻认识到中国共产党与国民党及以前的封建统治阶级是不同的，获得了少数民族群众的认同。这样不仅促进了民族团结，而且使党的民族政策深入人心，为进一步做好民族工作打下了良好的基础。

（五）检查民族政策执行情况，反对两种民族主义

新中国成立初期，党和国家领导人特别重视反对"大民族主义"和"狭隘民族主义"这两种民族主义倾向。[①] 1954 年《宪法》将"狭隘民族主义"改为"地方民族主义"，规定："在发扬各民族间的友爱互助、反对帝国主义、反对各民族内部的人民公敌、反对大民族主义和地方民族主义的基础上，我国的民族团结将继续加强。"[②] 此后，两种民族主义就是指大民族主义和地方民族主义。

在贯彻执行民族政策，全面开展民族工作过程中，党和国家十分重视在广大干部特别是汉族干部中进行民族政策教育，通过组织广大干部学习中央有关民族政策的指示精神，提高干部掌握政策的能力和开展民族工作的水平。经过学习，大多数少数民族地区的干部能够谨慎处理民族问题，较为正确地贯彻执行民族政策。但是，在一些民族杂居地区或少数民族人口较少的地区，历史上遗留下来的大民族主义特别是大汉族主义思想残余依然存在。主要表现为：无视少数民族的平等权利和自治权利；不以平等的态度对待少数民族同志，不信任少数民族的干部和群众，歧视甚至侮辱少数民族；忽视少数民族特点和民族地区特点，照搬汉族地区的办法去处理民族地区的问题，搞"一般化"和"一刀切"；忽视民族差别、民族特点和民族问题存在的长期性，不尊重少数民族的语言文字和风俗习惯。同时，在少数民族中也存在着一种地方民族主义思想，主要表现为：忽视民族团结在祖国统一大家庭中的重要

---

① 《共同纲领》第五十条规定："反对大民族主义和狭隘民族主义，禁止民族间的歧视、压迫和分裂各民族的行为。"《实施纲要》第三十五条也规定："上级人民政府应教育并帮助各民族人民建立民族间平等、友爱、团结、互助的观点，克服各族大民族主义和狭隘民族主义的倾向。"参见《民族政策文献汇编》，人民出版社，1953，第 1、169 页。

② 中共中央文献研究室编《建国以来重要文献选编》（第五册），中央文献出版社，1993，第 521 页。

性；忽视国家的整体利益，过分强调本民族的特殊性和局部利益；故步自封，保守排外，忽视社会主义现代化在实现各民族共同繁荣目标中的作用。

毫无疑问，以上种种大汉族主义和地方民族主义的思想和行为，与我们的国家制度是格格不入的，也违背了党和国家的民族平等原则，势必会对民族团结起破坏作用。为此，党和国家于 1952 年和 1956 年先后在全国范围内开展民族政策执行情况大检查，反对两种主义对民族工作的干扰。在两次民族政策执行情况大检查中，主要反对大汉族主义，表明了党和国家领导人的政治智慧和实事求是精神。在中国多民族国家中，汉族居于主体民族地位，经济发达、拥有主流文化影响力的优势，加上在当时条件下，汉族干部是宣传、贯彻执行党和国家民族政策的主要力量，如果汉族干部和群众表现出大汉族主义的思想和行为，会直接影响党和国家民族政策的执行效果，影响党和国家在少数民族中的声望。

两次民族政策执行情况大检查，由于有正确的指导思想，加上党和国家主要领导人的高度重视，取得了预期的效果。广大干部群众普遍受到了一次马克思主义民族观教育，在一定程度上减轻了大汉族主义思想给民族团结带来的严重后果，也防止了地方民族主义的抬头，对于民族政策的正确执行，民族工作的顺利开展，特别是对于促进民族团结、协调民族关系等方面，具有深远的意义。

二　欣欣向荣：开展互助合作，促进经济发展

作为中华人民共和国公民，各族人民在法律上是平等的，并没有优劣之分。之所以产生一些民族歧视现象，是因为少数民族和民族地区的落后。因此，要想实现各民族真正的平等，促进良好的民族关系，就必须加速少数民族经济、文化和社会事业的发展。其中，

在少数民族各项事业中，经济发展问题是最重要的，如果不解决少数民族和民族地区的经济发展问题，那我们整个解决民族问题的制度设计就缺乏支撑与说服力，中国各民族要建设社会主义现代化国家，不是"哪一个民族所专有，而是我们五十多个民族所共有，是中华人民共和国全体人民所共有"①。为此，新中国成立初期，党和国家在一穷二白、资源缺乏的艰难条件下，从资金、人力、物力等方面对少数民族倾斜，采取诸多措施帮扶少数民族和民族地区，取得显著成效。

（一）中华人民共和国成立初期少数民族地区的经济状况

1. 地域辽阔，资源丰富

在我国 960 万平方公里的辽阔大地上，民族自治地方面积大约 612 万平方公里，占国土总面积的 64%。在这里，蕴含着丰富的自然和物产资源。一是丰富的草资源，我国草地面积居世界第二位，全国五大牧区都分布在少数民族地区。二是丰富的森林资源，我国四大林区中有 3 个在少数民族地区。三是丰富的水资源、矿产资源、动植物资源以及旅游资源。可以说，我国少数民族地区具备了发展经济的物质基础条件。

2. 先天尚可，后天不足

我国少数民族地区虽然地域辽阔，资源丰富，无奈历史上统治阶级实行民族压迫政策，少数民族地区缺乏经济发展的机会；步入近代社会，少数民族地区同样随着整个国家逐步沦为半殖民地半封建社会，生存与发展举步维艰；国民政府统治时期，以蒋介石为首的国民党买办资产阶级巧取豪夺，少数民族地区也难逃厄运。可见，在旧中国，少数民族地区发展经济的先天条件没有得到有效开发利

---

① 周恩来：《我国民族政策的几个问题》，《中国共产党主要领导人论民族问题》，民族出版社，1994，第 163 页。

用，生产力水平十分低下，经济发展异常缓慢。

从新中国成立初期少数民族的产业结构看，从事农业生产的少数民族地区，农业基础设施差，耕作方式粗放，农作物产量很低。1949 年，民族地区粮食平均亩产量仅为 50 公斤左右，而沙化地、盐碱地和贫瘠红壤地只收二三十公斤；从事牧业的少数民族地区，主要靠天养畜，抗灾能力弱，牲畜靠自然繁殖，生产低而不稳。1949 年，全国少数民族牧区、半农半牧区存栏牲畜总头数只有 2916.5 万头（只）。[1] 工业建设特别是现代工业，几乎是一张白纸。据 1949 年统计，占国土面积 60% 以上的少数民族地区，工业总产值只占全国工业总产值的 3.8%。其中占国土面积 31%、少数民族人口比较集中的西北地区，工业总产值只占全国工业总产值的 2%；[2] 商品经济不发达，市场发育程度低，商业观念淡薄，不等价交换严重。在一些边远山区和牧区，商人可用一根针换一只鸡，一斤盐巴换 50 个鸡蛋，三盒火柴换一只羊。[3] 在旧中国，还有一些因素制约着少数民族地区的经济发展，如滞后的社会发展阶段、闭塞的交通条件、较低的文化教育水平等，都限制了少数民族经济社会发展，少数民族地区可谓"先天尚可，后天不足"。

（二）促进少数民族经济发展的措施

1. 发展交通运输和邮电事业

一个国家境内，各地区之间迅速便捷的交通及通信网络，对于促进地区间人们的相互联络、沟通以及经济发展，具有相当重要的作用，也有利于现代国家的整合与建构。

---

[1]　江平主编《中国民族问题的理论与实践》，中共中央党校出版社，1994，第258~259 页。

[2]　黄光学主编《当代中国的民族工作》（下），当代中国出版社，1993，第 4 页。

[3]　江平主编《中国民族问题的理论与实践》，中共中央党校出版社，1994，第259 页。

中国各少数民族地区多分布在偏远山区、高原、草原或沙漠地带，交通的阻隔造成的相对封闭，大大影响这些地区的发展进程。在新中国成立前，很多少数民族地区没有现代交通工具，外出走的是羊肠小道，运输依靠人力或畜力。遇到江河，人们只有乘牛皮筏子，过铁索桥或溜索，真是用生命在过河。有些地方，如云南省贡山县独龙江地区，冬季大雪封山，一年中有大半年时间不能外出，人们过着与世隔绝的日子。少数民族地区不仅交通运输落后，邮电事业也很不发达。邮电函件投递主要靠邮递员肩挑背扛，或畜力驮运，况且这些邮电设施主要设置在城市和经济较发达的地区，广大农牧区的少数民族群众几乎享受不到邮电服务。

1949 年后，为改变少数民族交通运输与邮电事业的落后面貌，促进各民族之间的交往联系，增进民族团结，巩固国家统一和边防稳定，国家对少数民族地区给予了大力扶持。少数民族地区的交通运输与邮电事业纳入国家"一五"计划及各民族地方的建设计划之中。

在"一五"计划期间，国家新建 8 条铁路干线，其中 5 条建在少数民族地区或直接与少数民族地区相连接。在此期间，公路建设也取得很大成就。1954 年 12 月 25 日，西康省雅安至拉萨的康藏公路、青海省西宁到拉萨的青藏公路全线贯通，是西藏地区交通建设浓墨重彩的一笔，"所有这些，都是西藏破天荒的大好事"①。

2. 因地制宜发展农牧业

新中国成立初期，特别是"一五"计划时期，是少数民族地区农业经济恢复和发展的重要时期。除西藏外，广大少数民族农村的主要任务是进行民主改革和社会主义改造，以及恢复和发展农业生

---

① 转引自国家民族事务委员会研究室《新中国民族工作十讲》，民族出版社，2006，第 127 页。

产。中共中央和国务院根据各少数民族和民族地区的实际情况，采取多种扶持政策，因地制宜发展农业。一是发放补助费和无息贷款。对处于原始公社制末期的景颇、傈僳、德昂、怒、布朗、佤、基诺、鄂伦春、鄂温克等族居住地区及部分黎族聚居地区，通过发放补助费和无息贷款，帮助他们发展农业生产。二是改善农业基础设施，改进农业生产技术。为提高农业生产效率，改变落后的耕作方式，党和人民政府首先在民族地区兴修水利。仅1953年4~11月，就建设改造了新疆红雁池水库、海南黎族苗族聚居地区的都总灌溉水利工程、云南宝山专区大盈江防洪工程、宁夏秦渠改建工程、青海省东原渠水利工程等多项水利工程。其次，以国家投资方式解决农具问题，向少数民族无偿发放铁制农具，派工作队手把手教会少数民族群众使用。再次，派遣农业科学队，改进农业生产技术，改良农业品种。三是实行农业税优惠政策。国家在征收农业税时，对民族地区实行"依率计征、依法减免、增产不增税"的减税政策；对少数民族聚居而生活困难的地区，以及交通不便的地区，实行"轻灾少减、重灾多减、特重全免"的政策；实行农业累进税，民族地区的起征点高于汉族。

1949年之后，我国少数民族牧业也迎来了春天。该阶段牧区工作主要是进行民主改革、社会主义改造和恢复发展畜牧业生产。党和国家制定了一系列有利于保护和发展畜牧业的生产方针、政策和措施，如帮助牧民防治兽疫，培养少数民族兽医干部等，保证了牧区畜牧业的稳定发展。

3. 现代工业的初步发展

这个时期，不论汉族还是少数民族，绝大多数人口依赖农牧业维持生计，除东北及一些通商口岸外，大部分地区不存在现代工业。毛泽东、周恩来等党和国家领导人，为使中国走上现代化强国之路，开展了第一个五年计划，重点在华北、西北、华中建设新工业区，以改善工业过度集中在东北和沿海的布局，取得全国工业的均衡发展。在全国工业化的布局中，民族地区工业发展也被提到议事日程上来。刘少奇指出："各少数民族要发展成为现代民族，除进行社会改革以外，根本的关键是要在他们的地区发展现代工业。"①

1952~1958年，国家对少数民族地区的工业建设投资共达34亿多元，各少数民族地区建立了一批中小型工矿企业，内蒙古、新疆、广西、青海等地还建立了一些现代化工矿企业。新疆采用机器生产的工厂由1949年的十几个增加到一千多个；内蒙古的工业总产值比自治区成立时增长20倍。② 这些大型企业的建成，还配套了一些能源和交通项目，结束了少数民族没有现代工业的历史。同时，大量汉族技术人员及家属进入民族地区，促进了各民族之间的交往、联系、了解，有利于民族关系的形成与发展。

4. 开展民族贸易

1949年前我国民族地区的商业也很不发达，即使有一些基本的商业贸易活动，也都被把持在地主、农奴主、土司头人等上层人士手中，少数民族民众土特产或因流通不畅而成为废品，或遭受奸商的不合理盘剥，加重了少数民族的贫困程度。为了改变这种不合理的商业关系，解放战争时期，在进入少数民族地区的人民解放军中，有一支特殊的队伍——随军贸易小组，应该算是民族贸易的雏形，并逐步建立起一批党领导下的民族贸易机构。

1949年之后，党和国家继续发挥民族贸易在宣传民族政策中的"敲门砖"作用，在少数民族地区普遍建立了国营贸易公司、门市部、采购站、代销店、加工厂等。据不完全统计，到1951年8月，全国已有750个国营民族贸易机构，吸收了少数民族贸易工作干部

---

① 中共中央文献研究室编《建国以来重要文献选编》（第九册），中央文献出版社，1994，第90页。
② 《十年民族工作成就》（上），民族出版社，1959，第31页。

1700 人。[①] 在党和国家领导人的重视和指示下，民族贸易以其勃勃生机和旺盛活力活跃在民族地区。贸易工作贯彻执行公平合理的价格政策，对有些地区的土特产供销还实行补贴办法。在贸易形式上，除了在民族地区城镇、较大的村寨设立固定的销售点之外，还根据少数民族居住分散的特点，采取走村串寨等流动形式，受到少数民族群众的欢迎；在功能上，民族贸易除了具有互通有无等一般商业的共同性之外，还担负着调整民族关系、维护边疆社会稳定等重要职责；在组织形式上，民族贸易既要注重公平交易，同时又要满足少数民族群众的特殊需要，尊重少数民族的风俗习惯和宗教信仰自由。

民族贸易，是我国社会主义商品流通适应少数民族特点和民族地区实际的特殊形式，是党的民族工作与少数民族现实需要相结合的产物，体现了党的民族政策的灵活性和人性化。民族贸易使少数民族的物质生活有了显著改善，购买力大大提高。据统计，内蒙古、新疆、广西、宁夏四个自治区平均每人购买力的增长情况如下：1949 年为 100，1952 年为 162.1，1957 年为 295.62。[②]

三　百花齐放：尊重民族文化，实现共同繁荣

辩证唯物主义告诉我们，物质决定意识，意识也会反作用于物质。文化的形成与作用也遵循这一规律。每个民族在形成、发展的过程中，总会将该民族的历史、政治、经济、文化、社会及地理环境等物质性的特点，通过该民族共同体的意识形态反映出来。经过长期历史发展与演变，逐渐形成该民族共同的伦理道德、价值观念、

---

① 中共中央党史研究室科研管理部、国家民族事务委员会民族问题研究中心编《中国共产党民族工作历史经验研究》（上），中共党史出版社，2009，第 388 页。

② 《十年民族工作成就》（上），民族出版社，1959，第 33 页。

审美意识等民族文化形式，进而积淀为民族成员的共同心理、民族性格、民族意识等。因此，斯大林在论述民族特征时，才把共同心理素质界定为"表现为民族文化特点上"，足见文化在民族共同体中的重要作用。

中国共产党历来将尊重和发展少数民族文化作为民族政策和民族工作的重要组成部分。新中国成立后，党和人民政府关注民族教育，重视少数民族语言文字的使用和发展，保护和发展少数民族文化，通过各种举措践行民族文化政策，以体现民族平等原则。同时，中国共产党也把实现各民族的共同繁荣作为制定民族文化政策的根本原则。

（一）做好少数民族语言文字工作

语言文字是人类日常生活中的基本工具，是人区别于其他动物的本质特征之一，也是文化传承的重要载体。语言文字在一个民族的发展过程中起着非常重要的作用，民族成员通常对本民族的语言文字具有深厚的感情，国家的民族语言文字政策如何将影响该民族成员对国家的认同程度。德国学者洪堡说过："语言好比是民族精神的外部体现，民族的语言是民族的精神，民族的精神也就是民族的语言，我们想象不出比这两者更雷同的东西了。"①

1. 少数民族语言文字概况

中国历史悠久，地域辽阔，人口众多，语言资源十分丰富。在我国，汉族人口占总人口的绝大多数，方言情况十分复杂，除2/3 的汉族人口操官话方言基本可以沟通之外，另外还有吴、赣、湘、粤、闽、客家等方言。55 个少数民族中，除回族、满族一般使用汉语外，其他 53 个少数民族使用各自的一种民族语

---

① 〔德〕兹维金采夫：《普通语言学纲要》，伍铁平等译，商务印书馆，1981，第325 页。

言，有的甚至使用两种或两种以上语言，中国的少数民族语言在
80 种以上。①

按照语言谱系分类法，我国民族语言大体上分属于汉藏、阿尔
泰、南亚、南岛、印欧等 5 大语系，每个语系又分为不同的语族，
对应着相应的民族语言。具体情形，如表 5-1 所示。

表 5-1　我国少数民族语言分类

语系	语族	民族语言
汉藏	藏缅	藏语、门巴语、珞巴语、嘉戎语、土家语、羌语、普米语、独龙语、怒语、彝语、傈僳语、纳西语、哈尼语、拉祜语、白语、基诺语、景颇语、载瓦语、阿昌语
	壮侗	壮语、布依语、傣语、侗语、水语、仫佬语、毛南语、拉珈语、仡佬语、黎语
	苗瑶	苗语、布努语、勉（瑶）语、畲语
阿尔泰	蒙古	蒙古语、达斡尔语、东乡语、东部裕固语、土族语、保安语
	突厥	维吾尔语、哈萨克语、柯尔克孜语、乌孜别克语、塔塔尔语、撒拉语、西部裕固语、图佤语
	满-通古斯	满语、锡伯语、赫哲语、鄂温克语、鄂伦春语
南亚		
南岛		高山语（属印度尼西亚语族）
印欧		俄罗斯语（属斯拉夫语族） 塔吉克语（属伊朗语族）
未定		朝鲜语、京语

资料来源：江平主编《中国民族问题的理论与实践》，中共中央党校出版社，
1994，第 370~371 页。

---

① 《中国大百科全书·民族卷》，中国大百科全书出版社，2004，第 554 页。

在我国，民族文字的种类和使用状况也很复杂。1949 年前，汉、回、满三个民族通用汉文，蒙古、藏、维吾尔、哈萨克、柯尔克孜、朝鲜、傣、景颇、锡伯、俄罗斯和部分彝族等 11 个民族使用自己民族的文字。有的民族存在内部使用不同文字的情形，如蒙古文，广大蒙古族地区使用一种文字，而新疆蒙古族却使用带有当地特点的陶德蒙文；云南省不同地区的傣族，分别使用傣泐、傣那、傣绷、金平 4 种傣文；傈僳族文字是用颠倒形式的大写拉丁字母拼写而成；云南省东北部部分苗族使用一种声、韵、调拼成方块的苗文；云南省部分佤族使用拉丁字母形式的佤文；部分壮、白、瑶族使用受汉字影响的方块壮字、方块白文、方块瑶文。包括汉字，我国的 21 个民族使用 24 种文字。①

2. 实行民族语言平等政策

马列主义处理民族问题、制定民族政策的基本原则是民族平等，其中语言平等是民族平等的重要体现。列宁曾经尖锐地指出："谁不承认和不维护民族平等和语言平等，不同一切民族压迫或不平等现象作斗争，谁就不是马克思主义者，甚至也不是民主主义者。这是毫无疑问的。"②

中国共产党一向坚持民族平等原则，在语言平等问题上也不例外，新中国成立前夕的《共同纲领》和以后的每部宪法都规定少数民族有使用及发展本民族语言文字的权利。新中国成立初期，有本民族通用文字的地区，如蒙、藏、维吾尔、哈萨克、朝鲜、柯尔克孜、锡伯等民族自治地方，执行了自治机关采用本民族文字的政策。党和国家语言平等政策在实践中也得到了很好的贯彻执行，有关民族文字的报纸、新闻、出版、邮电、广播、电视等事业如雨后春笋般发展起来。具体如表 5-2 所示。

---

① 参见江平主编《中国民族问题的理论与实践》，中共中央党校出版社，1994，第 371 页。
② 《列宁选集》第 2 卷，人民出版社，2012，第 340~341 页。

表 5-2　新中国成立初期我国民族文字的发展

年份	种类	具体内容	备注
1949	报纸	《宁夏日报》《新黔日报》《广西日报》《新疆日报》创刊；《绥蒙日报》改为《绥远日报》，并由隔日版改为每日版	新疆已有汉、维吾尔、哈萨克、蒙古、锡伯、俄罗斯等 6 种通用的民族文字的报纸；西北各地创办和改进了维吾尔、哈萨克、藏、蒙古、锡伯、俄罗斯等 17 种民族文字的报纸，还用民族文字出版了大量毛泽东著作和中央人民政府的各项政策法令文件
	新闻	新华社新疆分社成立	
1950	广播	新闻总署召开全国新闻工作会议，决定中央人民广播电台增设蒙古语、藏语、朝鲜语广播	
	报纸	《西康日报》《新疆日报》（蒙文版）创刊	
1951	报纸	《青海藏文报》（旬刊）创刊；《人民画报》增加蒙古、藏、维吾尔等三种民族文字版	
	邮电	新疆省电信管理局开通迪化（乌鲁木齐）、伊犁间维文电报业务；喀什电信局举行迪化、喀什维吾尔文电报开放典礼	
	广播	西南人民广播电台每星期日增设藏语广播	
	出版	毛泽东著作维吾尔文、哈萨克文、蒙古文版在新疆发行	
1952	报纸	解放军西藏军区政治部主办的藏文《新闻简讯》（半月刊）创刊	
1953	出版	民族出版社成立；第一部维吾尔文、汉文、俄文对照的《维汉俄辞典》出版；《毛泽东选集》（第一卷）维吾尔、哈萨克、蒙古文版单行本在新疆出版	

年份	种类	具体内容	备注
	电影	4个国营电影制片厂开始用蒙古、维吾尔、朝鲜等少数民族语言译制国产和进口影片	
	报纸	《甘南报》（藏、汉文版）、藏文版《岷江报》创刊	新中国成立以来，全国用蒙古、藏、维吾尔、哈萨克、朝鲜、壮、彝、傣仂、傣讷、锡伯、柯尔克孜、景颇、傈僳等十三种民族文字出版各类报纸22种，发行总数为11080多万份；杂志33种，发行110多万份；图书4988种，发行4659.8万多册；少数民族语文出版机构12处
1954	电影	《金银滩》《解放西藏大军行》《草原上的人们》等5部藏语翻译影片在藏族地区开始发行	
	广播	内蒙古人民广播电台增设蒙古语广播节目	
	报纸	《新疆青年报》（维文版）、《康定报》（藏文版）创刊	
1955	报纸	德宏傣族景颇族自治区傣文、景颇文、傈僳文和汉文版的《团结报》，甘肃省蒙文报纸《牧民报》《民族画报》创刊	
	广播	新疆人民广播电台开始使用哈萨克语播音；西康人民广播电台增设藏语广播节目	
1956	出版	新疆青年出版社成立	
	报纸	《西藏日报》（藏、汉文版）、《天山》创刊	
	翻译	中央民委少数民族语文翻译局成立	
	广播	中央人民广播电台举办维吾尔语广播节目	

续表

年份	种类	具体内容	备注
1957	报纸	柯尔克孜文排版的《克孜勒苏报》、内蒙古《草原》文学月刊、广西《壮文报》、《固原州报》、《昭乌达报》（蒙文版）、《民族团结》创刊	
	出版	广西民族出版社在南宁成立	
	广播	贵州人民广播电台增设苗语和布依语广播节目	

资料来源：民族图书馆编《中华人民共和国民族工作大事记（1949～1983）》，内蒙古人民印刷厂，1984，第447～456页。

此外，党和国家还要求从事民族工作的汉族干部主动学习当地少数民族语言，除了有利于开展工作之外，还可以通过语言的交流与沟通增进亲近感、认同感，从而促进民族关系的良性发展。

3. 帮助少数民族创制和改革文字

文字是记录和传达语言的书写符号，是扩大语言在时间和空间上交际功用的文化工具，对推动人类进步起着重要作用。有无本民族文字，直接影响该民族的教育水平。

中华人民共和国成立后，中国共产党和人民政府特别重视少数民族文字的创制和改革工作。1951年10月，政务院文化教育委员会成立了民族语言文字研究指导委员会，其主要职责是组织少数民族语言文字的研究工作，特别是帮助尚无文字的民族创制文字，文字不完备的予以充实。为了更好地帮助少数民族创制和改革文字，1955年12月，中国科学院和中央民族学院在北京召开了有语文工作者、各民族代表和民族工作者参加的首次全国民族语文科学讨论会。讨论会总结了过去几年创制少数民族文字工作的经验，并对今后的民族语文创制工作做了规划。

1956 年夏，国家民族事务委员会和中国科学院联合组织 700 多人，分成 7 个语言文字调查工作队，分赴 16 个省和自治区，展开少数民族语言调查工作。经过两年的调查工作，对我国近 40 个少数民族语言的音位系统、基本词汇和语法结构进行了研究，为创制和改革民族文字提供了丰富的语言材料和科学根据。在"自愿自择、积极帮助"的原则指导下，语言科学工作者先后帮助壮、布依、苗、彝、黎、纳西、傈僳、哈尼、佤、侗 10 个民族创制了 14 种拉丁字母形式的拼音文字，其中苗文 4 种，哈尼文 2 种。帮助维吾尔、哈萨克两个民族改革了文字。帮助傣、景颇、拉祜 3 个民族改进了文字。[①]

（二）重视民族教育

学校教育是政治社会化的重要场所，对促进国家认同与国家发展至关重要，现代各国无不加强学校教育。我国是多民族国家，重视少数民族教育发展，是党和国家一项重要的民族政策。发展少数民族教育，对提高各民族的科学文化素质、促进各民族共同繁荣起着重要的作用。

1949 年之前，少数民族多处于地广人稀、交通不便的高山或草原，兴办学校教育困难很多，因而教育不普及，教育程度偏低，很多民族几乎全为文盲。1949 年全国解放时，少数民族的中小学学生只占全国中小学学生总数的 2% 左右，大、中、小学的少数民族教师，总计不到少数民族人口的 1‰，文盲比例有的高达 80%，有的甚至在 95% 以上。[②]

1949 年后，党和国家重视少数民族教育事业，确立了民族教

① 张有隽、徐杰舜主编《中国民族政策通论》，广西教育出版社，1992，第 437 页。
② 参见江平主编《中国民族问题的理论与实践》，中共中央党校出版社，1994，第 341 页。

育工作的方针，并根据民族教育发展中的实际问题，制定了一系列政策措施，如专人负责民族教育、加大对民族教育的投入力度、举办各级各类民族学校、采取灵活的教学方式、注重师资的培养和培训工作、招生和就业方面特殊照顾少数民族学生、开展对口支援等。

在党和国家的关心和帮助下，少数民族教育事业快速发展，许多世世代代没有自己本民族学校的民族，建立了本民族学校，培养了本民族的大、中、小学生，各民族素质显著提高。①

（三）对少数民族传统文化的继承和弘扬

我国各少数民族在长期的生产劳动过程中，创造了丰富多彩的民族文化，为中华民族文化宝库增添了光彩。

---

① 到 1955 年，国务院拨款 142 万多元，帮助西藏和昌都地区发展小学教育。西藏和昌都地区已建立小学 27 所，藏族学生达 2000 多名。全国有回民小学 1000 所以上，在校学生 25 万多名；专设的回民中学 246 所，在校学生 28127 名；高等院校在校回民大学生达 19047 名；到 1958 年底，内蒙古自治区共有学校 14839 所，在校学生 130 多万名，比自治区成立前各增加 9 倍多；60% 以上的各族青壮年摘掉了文盲帽子，90% 以上的学龄儿童能够入学读书；宁夏回族自治区已有小学 3500 所，在校学生 273500 名，儿童入学率达 95.4%，基本普及了小学教育。普通中学在校学生达 15397 名，相当于新中国成立初期中学生人数的 15 倍；广西壮族自治区中等专业学校学生达 27750 名，比 1949 年的 550 多名增加了 49 倍多，中等师范学校学生增长近 4 倍，中学生增加了 13 倍多，适龄儿童入学率达 80% 以上，全区基本上普及了小学教育；1955 年 12 月 31 日，据《人民日报》报道，全国少数民族小学已有 27100 多所，民族小学生达 246 万多名；专设的民族中学和师范学校有 281 所，学生达 19.3 万多名；民族高等院校也从无到有，到 1958 年，在各高等院校和民族学院就读的少数民族在校大学生达 2.2 万多名，比新中国成立前增加了 35 倍。参见《当代中国的民族工作》编辑部编《当代中国民族工作大事记（1949-1988）》，民族出版社，1989，第 67、69、78 页；《十年民族工作成就（1949-1959）》（上），民族出版社，1959，第 252、649、105 页；民族图书馆编《中华人民共和国民族工作大事记（1949-1983）》，内蒙古人民印刷厂，1984，第 554 页。

中华人民共和国成立后，党和国家十分重视批判地继承少数民族传统文化，对那些口传心授、濒临失传的优秀民族文化进行抢救、整理，为进一步弘扬民族文化中的精髓打下了基础。

一是设立专门的民族文化工作机构。中央民委设立专门处理少数民族文化教育的文教司；中央人民广播电台成立民族部[1]，用多种民族语言进行广播；成立中央民族印刷厂[2]、中央民族歌舞团和民族出版社；建成民族文化宫等。

二是开展民族文化基础设施建设。新中国逐步在民族地区建立了图书馆、博物馆、文化馆、文化站和少数民族语言影视节目译制机构，为牧区提供流动文化车、汽车图书馆、流动剧场等文化设施。这些民族文化基础设施的建成与投入使用，不仅成为弘扬民族文化的载体，便于各民族之间相互了解、欣赏我国丰富多彩的民族文化，而且有利于激发少数民族的民族自豪感与爱国情怀。

三是组建少数民族文化团体和文艺机构，培养民族文化和文艺人才。中央和各地方都成立了专门的少数民族文化团体和文艺机构，如歌舞团、电影放映队、少数民族音乐学会、文联、作协等，培养了大批少数民族文化人才和文艺工作者。如北京电影制片厂培养出第一代藏族电影工作者泽仁和扎西旺堆，老舍（满族）曾获"人民艺术家"荣誉称号等。文化工作者和文艺人才广泛开展文化和文艺活动，大大丰富了少数民族人民的文化生活。

四是开展少数民族文学艺术的抢救与整理工作。自 1950 年起，中央和各地方都相继成立了民间文艺研究会，民间文学调查组、采风工作队等，分赴各民族地区开展收集整理工作，并结合社会历史调查和语言调查的资料，陆续收集整理了一大批少数民族古籍文献。音乐工作者还对少数民族的民间音乐进行了普查，抢救了许多少数

---

① 后改称"中央人民广播电台民族广播中心"。

② 1963 年改称"民族印刷厂"。

民族民歌和民间乐曲，民族古典艺术珍品《十二木卡姆》就是在这一时期得以保存下来，成为少数民族传统艺术抢救工作中的一项重大成果。

四　安居乐业：营造良好氛围，发展社会事业

经过近百年的战争洗礼、社会动荡，新中国成立初期民生凋敝、百废待兴。为维持社会稳定、增强社会活力，为民族地区经济发展和民族关系调整提供良好的社会环境和社会氛围，党和国家在资源极度匮乏的情况下，对民族地区实行财政补助政策，设置专门的卫生医疗补助费等，为少数民族提供最基础的社会保障。

（一）改善医疗条件，发展卫生事业

1949 年以前，少数民族地区医疗事业十分落后，大多数地方无现代卫生机构及设备，地方病、传染病和其他疾病流行蔓延，严重威胁少数民族的健康与生存。新中国成立初期，少数民族地区只有300 多个医疗卫生机构，病床 3000 多张，卫生技术人员 3500 余人。[①] 而且这些医疗资源多集中在城市，少数民族群众只能求助于神、佛、巫术等，以至延误就医而死亡的事例不胜枚举。例如，云南有的地区在流行性疾病蔓延时，有些村寨曾出现过"十室九空"的惨象。致使少数民族人口长期得不到发展，有的民族人口甚至逐渐减少。

新中国成立后，党和国家采取多项措施改善少数民族地区的医疗条件，提高少数民族群众的健康水平。一是派遣医疗队、防疫队深入少数民族地区，为他们治病送药，宣传卫生知识与防疫常识，

---

① 参见江平主编《中国民族问题的理论与实践》，中共中央党校出版社，1994，第 341 页。

基本上消灭了天花、鼠疫、性病等疾病，控制了疟疾的大规模泛滥，其他疾病也显著减少。二是建立卫生医疗机构，包括医院、卫生院，以及农牧区的医疗队、防疫站等。到 1958 年底，全国少数民族地区共有医院 750 所，床位 31900 多张；疗养院 25 所，床位 2200 多张；医疗保健所（站）14200 多处，专科防治所 84 处，卫生防疫站 281处；妇幼保健所（站）572 处，医疗防疫队 70 个。[①] 云南、西藏等少数民族边疆地区还实行全民公费医疗。三是培养少数民族医疗卫生人才。民族地区先后开办医学高等院校，如延边医学院、新疆医学院、内蒙古医学院、宁夏医学院等，为少数民族专门培养医疗卫生人才。

由于人民生活的改善和卫生医疗工作的开展，许多少数民族的人口都在迅速增加。例如，内蒙古自治区的蒙古族人口从自治区成立的 1947 年到 1958 年，增加了 30 多万人，相当于该区原有蒙古族人口的 36%；新疆的少数民族人口，从 1950 年到 1957 年增加了 58万多人，相当于原有人口的 13% 还多。[②]

（二）尊重少数民族风俗习惯

风俗习惯是一个民族在历史发展过程中积淀下来的风尚、习俗，具体反映在该民族的服饰、饮食、婚姻、丧葬、节庆、禁忌等方面，具有民族性、地域性和敏感性等特点。某一民族的风俗习惯受到歧视与侵犯时，会激起民族成员的集体反感，不利于民族关系的良性发展。

中国共产党历来重视尊重少数民族的风俗习惯，在革命战争年代始终是党的一项铁的纪律，赢得了少数民族的拥护和欢迎，也是我国新民主主义革命取得胜利的重要经验之一。《共同纲领》中

---

① 《十年民族工作成就（1949-1959）》（上），民族出版社，1959，第 127 页。
② 《十年民族工作成就（1949-1959）》（上），民族出版社，1959，第 4 页。

明确规定少数民族有保持或改革本民族风俗习惯的自由，不仅在历次宪法中被屡次重申，国家还制定颁布了许多具体的法规、法令。① 对于穆斯林群众的饮食习惯，国家也制定颁布了多项相关法规。②

（三）发展民族传统体育

我国各少数民族不仅能歌善舞，而且爱好体育运动，少数民族传统体育在国家体育事业中占有重要的地位。民族传统体育具有悠久的历史和鲜明的民族特色，内容丰富而形式多样，成为民族传统节日及活动的重要形式。

新中国成立以来，党和国家积极扶持和发展民族体育，各民

---

① 1949 年 12 月 23 日，政务院召开第十二次会议，通过统一全国年节和纪念日的放假办法，其中规定："凡属少数民族习惯的假日，由少数民族聚居的地方人民政府，斟酌该民族的习惯，规定放假日期。"参见《当代中国的民族工作》编辑部编《当代中国民族工作大事记（1949－1988）》，民族出版社，1989，第 4 页。

② 1950 年 12 月 2 日，政务院发布通令："信仰伊斯兰教的各民族人民三大节日（尔代节、古尔邦节、圣祭节）食用的牛羊免征屠宰税，并放宽检验标准。"1955 年 5 月 4 日，商业部发布《通知各地在回民及信仰伊斯兰教其他少数民族的开斋节对所需食油、牛羊肉应保证供应和适当照顾》的指示；7 月 15 日，商业部发布《关于对回民小商贩安排及在食品供应工作中注意民族习惯的指示》，要求在进行统购统销或社会主义改造时，凡回民主要赖以为生的行业，必须对回民商贩认真安排；在市场牛羊肉供应不足时，应首先供应回民牛羊肉商贩；国营商业与合作社商业在吸收工作人员时，对回民商贩应注意吸收；对回民的食品批发及零售工作应吸收回民干部担任，在食品生产、保管、运输、销售工作中，必须注意民族习惯，在大城市与回民聚居区应专设回民食品供应部。同年 9 月 26 日，商业部发布《关于牛羊肉经营中有关回民风俗习惯的几点注意事项的指示》，要求供应回民的牛羊肉必须由阿訇执刀屠宰，或由回民职工处理；外调自然冷冻牛羊肉，应有包装印记和屠宰戳记。参见《当代中国的民族工作》编辑部编《当代中国民族工作大事记（1949－1988）》，民族出版社，1989，第 14、67、70~72 页。

族自治地方都成立了相应的管理民族体育机构，积极培养各项民族体育人才，兴建体育设施，举办全国性的民族传统体育运动会等。1953 年 11 月，天津举办第一次全国民族传统体育运动会，有当时 6 大行政区①、内蒙古自治区、中国人民解放军和火车头体育协会的 9 个代表团参加，蒙古、回、满等 10 个民族的 397 名运动员进行了 483 个项目的表演和竞赛。② 全国民族传统运动会的举办，使许多传统体育项目崭露头角，受到全国各族人民的关注与重视，一些少数民族的传统体育形式不仅是该民族的标志，而且成为各族人民喜闻乐见的运动项目。如蒙古族的赛马、摔跤，赫哲族的滑雪和射击，藏族的赛牦牛，满族的冰上打陀螺，鄂温克族的套马等。

医疗卫生条件的改善，民族体育运动的发展，增强了各民族人民的身体素质，加上国家发展少数民族人口的政策理念，促进了少数民族特别是少数民族人口数量的增长。加之国家出台一系列法令、法规，从法律上保障了少数民族的风俗习惯不被侵犯，这些政策措施都有利于营造民族平等、民族团结的社会氛围，为构建新型民族关系提供了社会保障。

总之，新中国成立初期，党和国家根据民族关系实际状况，贯彻马克思主义民族平等、民族团结和各民族共同繁荣原则，制定并实施了一系列针对性的民族政策，开展了一系列行之有效的民族工作，涉及政治上的平等、团结，经济上的互助、发展，文化上的尊重、繁荣以及基础性的社会保障，涉及民族工作的各个方面，成为调整民族关系的有效方式。

---

① 指华北、东北、中南、华东、西北和西南六个大行政区人民政府或军政委员会。

② 参见黄光学主编《当代中国的民族工作》（下），当代中国出版社，1993，第 458 页；张有隽、徐杰舜主编《中国民族政策通论》，广西教育出版社，1992，第 423 页。

第三节　和衷共济：新中国成立初期民族工作与民族关系的互动

民族关系的形成与发展是一个动态的过程，为了更好地把握这一过程，我们可以将民族关系从不同的层面进行分类。从政治、经济、文化等方面对民族关系分类是最基本和最常见的分类方式。民族政策是根据民族关系的状况制定的，民族工作又是民族政策落实的具体方式，民族工作的效果会影响、改变民族关系的状况。因此，新中国成立初期的民族工作与民族关系是互动的，是互为因果关系的。从1949年开展的形式多样的民族工作，我们不难发现民族工作与民族关系的互动关系：重视民族平等和民族团结以调整民族政治关系，重视少数民族经济发展以调整民族经济关系，重视少数民族文化繁荣以调整民族文化关系，这些均构成民族关系的重要内容；党和国家在民族地区进行社会改革，完成民主改革和社会主义改造，使我国民族关系的性质随之发生相应的变化；民族工作的成效影响民族关系的调整结果，民族关系的动态发展又进一步要求民族工作发生相应的改变与调整。

一　卓有成效：民族关系内容基本确立

新中国成立初期，中国共产党虽然执掌了国家政权，但仍有一些地区特别是民族地区没有获得解放，国民党残余势力仍负隅顽抗，帝国主义国家虎视眈眈，中国共产党的首要任务是巩固国家统一与政权稳定。中国少数民族大多居于边疆地区，这些地区对于国家稳定具有重要的战略地位，却因与中央政府的距离太远而需要中央政权投入更多的精力，来取得少数民族对新生国家政权的认同，以巩固中央政权在基层中的合法性地位。为此，党和国家全面承担民族关系的调整，"打破了原有的以阶级压迫为基础，以民族压迫为核心的民族关系体系"①，基本确立了平等、团结、互助的新型民族关系。

（一）新型民族政治关系基本创建

民族政治关系是民族关系的重要组成部分，在民族关系诸内容中居于基础地位。新中国成立初期，党和国家将建构民族政治关系置于重要地位，密集出台各项政策并开展民族工作，集中运用国家力量调整民族政治关系。

自1951年解放军进藏，中国大陆所有少数民族地区均获解放，国家对民族地区政权的顺利交接和社会秩序稳固是新型民族关系创建的基础条件。党和国家主要采取以下措施：一是以和平方式接管民族地区的旧政权，以减少社会动荡和少数民族的苦难，在此基础上实施民主建政工作，建立或改造基层政权，以建立新的政治、社会秩序；二是针对土匪利用少数民族群众对新生人民政权的不了解，反动宣传、欺骗、恫吓少数民族群众，人民政府采取"军事打击、政治瓦解、发动群众"的方针，促进了剿匪工作的顺利进行，安定了社会秩序，稳定了民族地区政权；三是民主改革之前，少数民族地主、牧主、领主、奴隶主等依然存在，少数民族地区依然存在剥削和压迫，剥削阶级在本民族内部还起作用，地方政府和民族上层对当地社会仍有影响。为此，党和政府实行政治协商和统一战线，这是团结大多数、争取少数民族上层人士对人民政府支持的重要手段。同时，党和国家开展各项民族工作都同他们协商，获得与少数民族接触的机会，从而减少民族工作障碍。

在民族地区建立政治、社会新秩序后，党和国家决定从中央到

---

① 任一飞、周竞红：《中华人民共和国民族关系史研究》，辽宁民族出版社，2003，第111页。

地方设置专门管理民族事务、调整民族关系的民族事务委员会、民族宗教事务局（处）等，将全国民族关系建构纳入政府日常管理机制之中，随即展开调整民族关系的具体工作。通过更改带有歧视意味的地名和民族名称，消除了历史上不利于民族团结的因素，减少了各民族之间的隔阂，为调整民族关系营造了良好的社会氛围；通过派遣访问团和邀请参观团，采取直接沟通的方式，传达中央政府对少数民族的关怀。特别是对那些生活贫苦、文化闭塞的少数民族来说，能够受邀参观内地发展变化状况，受到军政干部及各界人民的热情招待，是"出人意料"且令他们感激和欢喜的。通过参观活动，他们真正感到平等和友爱，思想发生了很大变化，加强了民族自尊心。同时，通过参观，开阔了少数民族眼界，激励了他们的进取心，从而萌生促进本民族进步的愿望，增加各少数民族倾向祖国、向其他民族学习的情绪。参观回去后，绝大多数代表成为政策的积极宣传者，在疏通民族关系方面起了很大作用；通过检查民族政策执行情况，对全社会进行民族政策教育活动，收到了良好的效果。中华人民共和国成立初期，党和国家密集出台了调整民族关系的政策，但政策执行与落实尤为重要。为此，党和国家开展了两次民族政策执行情况大检查，反对两种民族主义，重点是反对大汉族主义，因为大汉族主义是新型民族政治关系形成的最大阻力，体现了中国共产党勇于自我批评的作风，反映了党和国家对民族政策、民族工作效果的重视，也体现了党和国家真正倡导民族平等的信心与努力。

新中国是中华民族共同体的国家政权，政治权利掌握在全体人民手中，各民族拥有当家作主的主人翁地位，也享有管理国家事务的权利，特别是对于少数民族来说，其地位从政治、社会制度、法律层面都与旧中国明显不同，民族关系也发生相应的变化，即由原来的冲突、对立、争夺，变为总体利益一致、平等、团结的关系。新型民族政治关系的基本建立，大大调动了少数民族人民的政治热情，实现了统一的国家体制与少数民族政治生活的高度契合。

（二）新型民族经济关系初步建立

新型民族政治关系确立以后，党和国家重视民族地区经济新秩序的建立，为建构新型民族关系提供物质保障。1949年，经过战争洗礼的整个国民经济一片凋敝，物价飞涨，民不聊生。国家将少数民族地区融入国家现代化建设进程之中，服从国家的战略安排，为少数民族发展提供外在的制度设计和国家扶持。

在民族地区建立经济新秩序，首要的是将少数民族经济生活纳入统一的国家经济管理。和全国同步，党和国家开始在民族地区实行稳定物价、整顿金融秩序、统一财经管理、治理通货膨胀等政策，积极组织恢复和发展少数民族地区的生产生活。通过在少数民族地区修筑与开辟公路、铁路以及航空线路，将少数民族与汉族地区的交通线路连结起来，缩短了各民族地区之间的距离，为各民族之间的交流与接触提供了便利的条件。同时，加强了中央和各民族地区之间的联系，有利于国家对少数民族地区的整合；通过在全国各地普遍建立国营商业机构网络，深入到少数民族地区偏僻的乡村、山区和牧区，有利于各民族加强物资交流，从经济上联结为一个整体；通过统一货币，建立统一的财政管理体系，改变了民族地区货币混乱的问题，对于恢复民族地区经济、加快物资流通、抵制通货膨胀发挥了重要作用，使人民币在少数民族经济生活中的地位更加稳固，增强少数民族对新国家的信心；通过救济贫困人口、增加民族地区资金投入、组织劳动互助等工作，使少数民族生产力有了显著提高；通过开展民族贸易，改善了少数民族生活状况，提高了少数民族生活水平，使少数民族充分体会到党和国家民族平等、团结政策的真实性，增强了对中央政府的认同。

党和国家在民族地区建立经济新秩序，加大对民族地区的资金投入与扶持力度，促进了少数民族地区与内地的物资交流，强化了各民族之间的经济交流，民族地区生产力有了很大发展，人民生活显著改善，历史上遗留下来的各民族之间事实上的不平等正在逐步得到改变。扶持和帮助各少数民族发展过程，也是在全国范围内对各民族人民进行普遍、深入的民族平等、民族团结教育的过程，一方面，大大增强了少数民族和汉族的友谊和信任，使少数民族同志认识到汉族作为主体民族的先进带头作用；另一方面，也使汉族同志认识到，由于人口众多，经济、政治、文化发展一般走在前面，在国家各项发展中起着先进的主导作用，因而负有更多帮助少数民族发展的特殊责任，使少数民族成为具有现代工业、现代农业和现代科学技术的先进的社会主义民族，这种理解与信任有利于新型民族经济关系的建立。

（三）新型民族文化关系基本形成

文化作为一种精神力量，历来受到统治者的重视。在阶级社会，统治阶级根据统治需要，对异民族文化或采取同化、吸收、整合、塑造等平和政策，或采取排斥、清剿、毁灭等极端政策，而劳动人民之间总是相互吸收他族文化，为我所用，成为各民族文化的交集而不断发展变化，形成各民族文化互动、融合与并存的局面。

一切社会变革发生后，必然要对社会文化提出相应要求。新中国成立后，国家性质要求建立与社会主义发展目标相适应的文化体系，而少数民族在获得平等政治地位后，同样要求本民族文化获得相应地位与平等发展的权利。为此，国家采取了一系列发展社会主义文化、繁荣民族文化的措施，开展了相应的民族工作。党和国家将少数民族教育和少数民族地区教育纳入国民教育管理体系，针对少数民族教育的特殊性，不少省、自治区、直辖市都设立了专门管理民族教育的行政机构，国家加大对民族教育的资金投入，采取特殊财政政策予以扶持，促进了少数民族教育的发展与人口素质的提高，为民族关系建构提供了重要的智力支持；国家还加大对少数民族地区的医疗卫生投入，建立了具有现代医疗水平的医疗卫生系统，并将其纳入国家统一管理，设置专门的少数民族卫生医疗补助费，大大提高了少数民族的身体素质，少数民族人口逐步增加。同时，党和国家还重视对少数民族传统医学的挖掘、整理工作，少数民族传统医学发挥医疗作用的同时也表明国家对少数民族传统文化的重视与尊重；通过广播、书籍、文化馆、电影放映队等形式，传播新时代的文化思想，有利于少数民族民众观念更新，这些文化形式和各民族交流文化的新途径，也是国家宣传政策的重要渠道；通过实行语言文字平等政策，尊重少数民族文化，帮助少数民族创制文字，在国民文化系统中保持少数民族文化的多样性，文化的相互尊重使各民族不断走向团结。

中华人民共和国成立后实行的尊重、繁荣少数民族文化的政策，改变了历代统治者和国民党对民族文化的歧视和强迫同化状况，赢得了少数民族的认同，推动了民族文化关系的良性发展。

总的来说，在党和政府强有力的政策调整下，民族关系得到很大改善，基本确立了以平等、团结为特征的新型民族政治关系，以互助、发展为特征的新型民族经济关系和以尊重、繁荣为特征的新型民族文化关系，其三者之间互为前提与条件，共同赋予新型民族关系以平等、团结、互助等内容，反映了党和国家在民族关系内容提法上的不断探索。这一时期党和国家重要文献和国家领导人讲话中对民族关系内容的提法[①]如表5-3所示。

表5-3　新中国成立初期对民族关系内容的提法

时间	提法	出处
1949.9.29	中华人民共和国境内各民族一律平等，实行团结互助……各民族友爱合作的大家庭	《中国人民政治协商会议共同纲领》

[①] 此部分参考了金炳镐《民族关系理论通论》，中央民族大学出版社，2007，第170~172页。

续表

时间	提法	出处
1950.10.1	从过去压迫与被压迫的关系改变为平等、互助的关系	周恩来：《在欢迎各民族代表大会上的讲话》
1951.12.12	中国各民族就开始团结成为友爱合作的大家庭	毛泽东：《给西北各族人民抗美援朝代表会议的复电》
1952.2.22	上级人民政府应教育并帮助各民族人民建立民族间平等、友爱、团结、互助的观点	《中华人民共和国民族区域自治实施纲要》
1953.2.11	使中华人民共和国成为我国各民族人民友好合作的大家庭。……把这种民族友爱团结的关系反映出来	邓小平：《关于"中华人民共和国人民代表大会选举法"草案的说明》
1954.9.15	建立了国内各民族平等友爱互助的新关系	刘少奇：《关于中华人民共和国宪法草案的报告》
1954.9.22	我国各民族已经团结成为一个自由平等的民族大家庭。……在发扬各民族的友爱互助	《中华人民共和国宪法》
1956.9	实现各民族的完全平等，巩固各民族的团结友爱关系	《中国共产党章程》

说明：表内着重号为笔者所加。

从表5-3可以看出，在新中国成立初期党的文件以及党和国家主要领导人的讲话中，民族关系各要素提到次数为：平等（6次）、团结（6次）、互助（5次）、友爱（7次）、合作（2次）、自由（1次），党和国家领导人对民族关系基本内容已经较为集中地体现为平等、团结、互助、合作、友爱等方面，只是表述上不尽一致，标志着"平等、团结、互助"的社会主义新型民族关系基本确立。

二　乘风破浪：民族关系性质实现历史跨越

新中国的成立，废除了旧社会的民族压迫制度，为我国新型民族关系的建构提供了政治基础。然而，各民族内部人剥削人的制度仍然存在，还有封建地主阶级、农奴主阶级、奴隶主阶级以及山官头人等形形色色的剥削阶级的统治。马克思、恩格斯指出："人对人的剥削一消灭，民族对民族的剥削就会随之消灭。民族内部的阶级对立一消失，民族之间的敌对关系就会随之消失。"[①] 中国共产党带领全国各族人民驱逐帝国主义势力，推翻国民党反动统治，建立新中国，就是要改变"人对人的剥削"的社会，从根源上铲除民族压迫。对于"民族内部的阶级对立"问题，党和国家先是在广大汉族地区进行土地改革，彻底消灭中国延续几千年的封建剥削制度，随后便着手对少数民族地区进行社会改革。

然而，少数民族社会具有与汉族地区不同的特殊性。对于少数民族地区的社会改革，党和国家提出要分两步走，第一步是民主改革，第二步是实现社会主义改造。所谓民主改革，主要是进行土地改革，废除农奴制、封建制等剥削制度的压迫，解放奴隶、农奴和其他劳动者，把农奴主、封建主所有制改革为劳动者个体所有制。社会主义改造是把各种形式的生产资料私有制改造为社会主义公有制。经过民主改革和社会主义改造，民族关系的性质发生了改变，即平等、团结、互助的新型民族关系被赋予社会主义的性质，这是中国民族关系的根本性变革。

---

① 《马克思恩格斯文集》第 2 卷，人民出版社，2009，第 50 页。

（一）中华人民共和国成立初期少数民族的社会状况

1. 社会经济结构的不平衡性

经过新中国成立初期不同规模的社会历史调查，少数民族社会经济发展状况可分为四种类型。（1）封建地主制度：回、壮、苗、维吾尔、布依、朝鲜、满、白、土家、哈尼、侗、达斡尔、拉祜、纳西等30多个民族，蒙古、彝、黎等民族的大部分以及藏族的一部分，有3000多万人口属于该制度范围。这些地区一般都靠近汉族地区，或者属于汉族与少数民族杂居、交错居住区域，封建地主经济占据统治地位，部分地区还出现了资本主义因素。该经济形态的主要特点是土地私有程度高，地主、富农占有大部分生产资料，农民依靠租种地主土地维持生活。（2）封建农奴制：藏、傣、哈尼以及部分蒙古族、少量的维吾尔族共约400万人口，还存在着封建领主经济占统治地位的农奴制度，尤以西藏地区最为黑暗、落后和残酷。这些地区的农奴主阶级不仅占有土地、牲畜等生产生活资料，还占有全部奴隶和农奴的人身。他们以农业为主，也有部分经营牧业，手工业和商业稍有发展。（3）奴隶制：位于云南、四川交界的大小凉山的彝族地区约有100万人口，还保持奴隶制度。这里等级制度森严，人们被分为黑彝、白彝两大等级，其中白彝又分为曲诺、阿甲和呷西三个等级。黑彝是贵族，绝大多数属于奴隶主阶级，他们不仅占有土地等生产资料，还占有白彝三个等级奴隶，除曲诺外，阿甲和呷西被任意买卖、转让或处死，奴隶生活苦不堪言。该地区主要从事农业生产，还有一些牧业，手工业尚未从农业中分离出来，农业生产方式较落后。（4）原始公有制：云南边疆地区的独龙、怒、傈僳、佤、布朗、德昂、景颇、基诺等民族，内蒙古、东北地区的鄂温克、鄂伦春、赫哲等民族，海南岛的部分黎族，台湾省的部分高山族属于此种经济形态，这些地区人口大约60万，依然处于原始公社末期阶段，或者依然保留着浓厚的原始公社制度的残余。这些地区也出现了土地私有、剥削和阶级分化等现象，但还没有形成完全意义上的阶级，实行生产资料公有、共同劳动、平均分配的制度，生产力水平很低，多从事原始的狩猎采集业或简单农业，人们的生活水平处于贫困状态。

2. 政治制度的多样性

由于中国各民族所处的社会发展阶段不同、经济基础不同，决定了一些少数民族地区还遗留有不同的社会政治制度。在发展水平与汉族较接近的少数民族地区，大多保留着封建宗法制度残余，各民族族长与当地的汉族地主、豪绅相勾结，投靠国民党政府，经济上剥削、政治上统治着当地人民。在信仰伊斯兰教的民族中间，或存在着宗教法庭，或保留有门宦制度，地主、豪绅、教主等结为一体，利用手中的宗教特权压迫、统治人民。内蒙古一些地区存在着封建王公制度，王公贵族利用自己的政治特权，压榨剥削下层蒙古族人民。西藏地区则为典型的政教合一制度，政权和教权合二为一，宗教组织等同于政治组织，贵族、上层喇嘛、官家成为实际上的统治阶级。四川、云南、贵州、青海、广西等地的少数民族还存在着封建土司制度。在四川大小凉山彝族地区，存在着以血缘为纽带的"家支"制度，每一个"家支"代表着一个"独立王国"，对各自的奴隶实行残酷的统治。除此之外，在依然保留有原始公社制残余的地区，还存在着原始的氏族部落制度。

3. 宗教信仰的复杂性

在我国少数民族中，大多数民族有宗教信仰，有的民族甚至全民信教，宗教问题与民族问题相结合，使得民族问题更为复杂。概括起来，我国少数民族地区的宗教主要有以下几种。

原始宗教。我国东北和内蒙古地区的赫哲、鄂伦春、鄂温克、达斡尔等民族信仰萨满教；西南地区的纳西、基诺、佤、彝、苗等民族保留着"万物有灵"观念，存在大自然崇拜、动植物崇拜、图腾崇拜等原始宗教形式。

佛教。藏、蒙古、门巴、土、裕固等民族几乎全民信仰藏传佛教；傣族全民信仰小乘佛教，并影响德昂、布朗、阿昌、拉祜、佤等民族的部分群众；白族较为流行信仰大乘佛教，部分纳西、壮、仫佬、满、朝鲜等民族中也有其信徒。

伊斯兰教。在我国，回、维吾尔、哈萨克、柯尔克孜、乌孜别克、塔塔尔、塔吉克、东乡、保安、撒拉10个民族几乎全民信仰伊斯兰教，主要分布在中国西北广大地区。

道教。在我国南方的少数民族中，如白、瑶、壮、侗等民族，道教也有一定的传播与影响。

基督教。近代以来，我国少数民族受西方传教士的影响，基督教的三大教派对少数民族均有不同程度的影响。

少数民族和民族地区社会经济结构的不平衡性，政治制度的多样性，以及宗教信仰的复杂性，决定了社会改革的必要性、复杂性和特殊性。

（二）少数民族地区的社会改革

1. 实行"慎重稳进"的基本方针

新中国成立之初，虽然国民党主力已被消灭，但西北、西南、中南等少数民族地区还没有获得完全解放，依然控制在国民党手中，即使已经解放的地区，国民党残余势力和土匪仍经常兴风作浪，妄图破坏社会安定，扰乱新生的民主政权。同时，历史上反动统治者实行的民族压迫政策导致的各民族之间隔阂依然严重，少数民族对党以及新成立的人民政府还抱有疑虑、观望、对立等各种复杂的情愫，摆在新生的人民政权面前的是一份"厚重"的历史遗产。特别是当地的少数民族干部还没有成长起来，在少数民族地区工作的汉族干部对少数民族地区的情况不甚了解，又缺乏实际的工作经验，在工作中容易照搬汉族地区的一些经验，或者出于朴素的情感，难免有些操之过急。

面对历史和现实的复杂形势，党和国家审时度势，认识到在少数民族地区执行民族政策必须要慎重，否则就会影响民族关系，甚至引起事端和更为严重的后果。为此，人民政府决定在少数民族地区，特别是新解放的边疆民族地区，制定可行的工作方针。1950年5月28日，乌兰夫在政务会议报告中提出："由于各少数民族地区政治、经济、文化发展的极不平衡，我们的一切工作必须采取慎重缓进的方针，稳步前进。一切性急的作法，必会犯严重的错误甚至造成严重的损失，这在新解放的地区，尤须特别注意。"① 报告中所提出的"慎重缓进"经过会议讨论后得到批准。后来，周恩来总理将"缓"改成了"稳"，使"慎重稳进"成为党和国家处理民族问题重要的工作方针。

"慎重稳进"，是党和国家基于民族问题的复杂性、敏感性等特点，提出的处理国内民族问题的基本方针，该方针在少数民族地区社会改革中尤其受到重视和贯彻执行。毛泽东曾指出："少数民族地区的社会改革，是一件重大的事情，必须谨慎对待。我们无论如何不能急躁，急了会出毛病。条件不成熟，不能进行改革。一个条件成熟了，其他条件不成熟，也不要进行重大的改革。"② 周恩来也强调："各民族内部的适当改革，是各民族发展进步，逐渐跻身于先进民族水平所必须经历的过程。但这种改革必须适合本民族当前发展阶段的特点，必须根据其本民族大多数人民的意志，并采取妥善步骤，依靠其本民族干部去进行。"③ 邓小平对西南民族地区的社会改革也提出要求："在少数民族里面，正是由于过去与汉族的隔阂很深，情况复杂，所以不能由外部的力量去发动少数民族内部的所谓

---

① 《当代中国的民族工作》编辑部编《当代中国民族工作大事记（1949-1988)》，民族出版社，1989，第8页。
② 《毛泽东文集》第6卷，人民出版社，1999，第75页。
③ 国家民委政策研究室编《中国共产党主要领导人论民族问题》，民族出版社，1994，第77页。

阶级斗争，不应由外部的力量去制造阶级斗争，不能由外力去搞什么改革。所有少数民族内部的改革，都要由少数民族内部的力量来进行。"① 可见，正是党和国家在民族地区的审慎态度，使少数民族地区的社会改革有所遵循，得以顺利开展。

2. 民族地区的民主改革

在"慎重稳进"方针指导下，根据民族地区的经济结构、社会发展程度等实际情况，按照各少数民族上层人士和人民群众的意愿，党和国家制定了灵活的改革政策，逐步推进民族地区民主改革的进程。

（1）少数民族农村的土地改革。

根据少数民族农村所处的社会发展阶段，党和国家采取了不同的方法、步骤和政策。

一是社会经济形态与汉族相同或基本相同的少数民族地区，封建地主经济已占统治地位，基本上采取和汉族地区相同的做法，即贯彻"依靠贫农，团结中农，中立富农，有步骤、有分别地消灭封建制度，发展农业生产"的路线，发动群众，没收地主土地，将土地分给无地或少地的农民。但在一些土地关系中夹杂民族和宗教因素的地区，往往采取慎重的政策和措施。

二是在封建农奴制和奴隶制地区，实行更为和缓的方式，根据本民族群众的意愿，和少数民族上层人士协商，取得他们的同意后再进行。不征收农奴主、奴隶主多余的浮财、耕畜、农具、粮食、房屋等，若劳动人民确实需要，由政府出钱购买，然后再分配给少数民族群众。

三是在边疆民族地区采用和平协商的方式废除封建领主制度，进行民主改革。具体做法是通过与当地民族上层人士反复协商，在

---

① 国家民委政策研究室编《中国共产党主要领导人论民族问题》，民族出版社，1994，第 54 页。

不降低他们的政治地位和生活水平前提下，说服他们放弃剥削和压迫。

四是在那些尚处于原始社会末期的少数民族地区，这些地区的阶级分化尚不明显，虽有轻微的剥削现象，但生产力水平低下，各族成员共同劳动，平均分配。党和政府决定不在这些地区实行系统的民主改革，而是帮助他们发展生产和社会文化事业，逐步改造旧的生产关系，直接过渡到社会主义。

（2）少数民族牧区的民主改革。

中国的五大牧区，即内蒙古、新疆、西藏、青海和甘、川等地的牧区，均分布于我国少数民族地区。从事牧业的主要是蒙古族、藏族的一部分以及哈萨克、塔吉克、裕固、鄂温克等民族。

1949年以前，广大少数民族牧区大多进入了封建社会，封建主凭借自己占有的牧场、牲畜等生产资料，对牧民进行剥削和压迫，严重束缚生产力的发展，必须对其进行改革。但牲畜生产具有很大的不稳定性，如若不慎，很容易遭到破坏。鉴于牧区特殊性，党和政府决定具体问题具体分析，实行灵活的方式和政策。

一是保护牧场、牲畜，实行"牧场共有，放牧自由"，废除封建王公、贵族的特权。

二是"不斗不分，不划阶级，牧工牧主两利"政策。根据畜牧业生产的特点以及畜牧业经营的方式，牧区实行"不斗不分"的民主改革方式，以保证畜牧业生产在改革中免遭破坏；"不划阶级"，并不是否认牧场经济的资本主义雇佣性质，而是在允许其存在的前提下调整劳资关系，改革不合理的劳资制度，既使牧工得到了合理的工资，提高其生产的积极性，又使牧主有利可图，从而使牧业经济能够稳定增长。

（3）废除宗教特权和剥削压迫制度。

少数民族地区宗教信仰形式多样，宗教渗透当地社会的政治、经济及日常生活中，具有很大的影响力。寺庙和宗教上层享有很多特权，他们利用手中的土地和牲畜，剥削和压迫广大教徒，其中尤以藏传佛教、伊斯兰教最为突出。在西藏地区，藏传佛教占统治地位，上层喇嘛与世俗封建主阶级相互勾结，实行政权与神权紧密结合的"政教合一"制度，宗教领袖不仅在宗教上有深远影响，同时掌握当地政治、经济大权。在信仰伊斯兰教的地区，清真寺的土地、房产、牲畜、草场等寺产，掌握在少数宗教上层人士手中，教徒还必须上缴各种宗教税。尤其是回族的门宦制度和维吾尔族的宗教法庭，对教徒的控制力极强。

基于宗教信仰的复杂性和宗教上层对宗教制度的把持，党和国家"对于少数民族宗教问题的态度应该十分审慎，切忌急躁，必须毫不动摇地坚持信教自由政策。在少数民族广大群众的觉悟未提高前，不要轻言改革，目前只采取慎重稳妥的步骤，使宗教不要干涉政治、司法和国家的学校教育，以便逐渐做到政教分开"①。在这个大前提下，各地对宗教特权和剥削压迫制度进行改革时，贯彻执行党的宗教信仰自由政策，保障各族群众正常的宗教活动，并团结、教育宗教上层人士，必要时对有代表性的宗教上层人士给予政治上的安排和生活上的照顾，逐渐废除了宗教寺庙的各种特权和剥削压迫制度。

民族地区宗教制度的改革，使广大少数民族群众脱离了宗教特权、剥削压迫制度，提高了少数民族信教群众的地位。同时，宗教信仰自由政策的贯彻实施，能够使信教与不信教、信仰不同宗教以及信仰同一宗教不同教派的人避免因宗教问题而分裂，有利于人民群众之间形成彼此尊重、相互团结、和平共处的社会风尚，为我国民族关系的健康发展提供安定的政治局面。

---

① 《当代中国的民族工作》编辑部编《当代中国民族工作大事记（1949-1988）》，民族出版社，1989，第9~10页。

3. 民族地区的社会主义改造

随着少数民族地区民主改革的完成，广大农牧民从各自原来的封建制度、奴隶制度的桎梏中解放出来。少数民族获得政治上的平等地位和平等权利后，进行社会制度的改革，使他们进一步摆脱阶级压迫，走上社会主义道路，是新中国国家建构的一项历史性任务。周恩来指出："历史遗留给我们的，是对民族繁荣的很多不利的条件。我们必须把这些不利的条件逐步地去掉。要去掉这些不利于民族繁荣的条件，关键在哪里？关键在于社会改革。"他还进一步指出，社会改革最根本的是经济改革，"如果不进行经济改革，维持奴隶制度、封建制度，多数的人民还是奴隶、农奴和封建制农民，生产力就不能够解放。……经济改革是各民族必须走的路。走这条路才能工业化、现代化"。①

（1）少数民族农业的社会主义改造。

主要做法是把广大少数民族农民组织起来，走农业合作化道路。对那些经济发展与汉族地区基本相同的少数民族农业地区，采取互助组、初级农业合作社和高级农业合作社不断发展的形式，变土地的个体所有制为集体所有制；在一些封建农奴制地区，民主改革中奴隶分得了土地和生产资料，但由于其土地观念较淡薄，不习惯单门独户地耕种土地，应这些地区少数民族群众的要求，民主改革和社会主义合作化运动同时进行；在保留原始公社制残余的少数民族地区，引导少数民族群众建立互助组与合作社，直接过渡到社会主义。

少数民族地区的合作化运动于 1957 年前后基本完成。据报道，全国 3500 万少数民族人口中已有近 3000 万人的地区，基本上完成了农业的社会主义改造②，少数民族超越一个或几个社会发展阶段，步入了社会主义。

---

① 中共中央文献研究室、中共维吾尔自治区委员会编《新疆工作文献选编（1949-2010 年）》，中央文献出版社，2010，第 194、198 页。

② 陈连开等主编《中国近现代民族史》，中央民族大学出版社，2011，第 728 页。

（2）少数民族牧区的社会主义改造。

在内蒙古、新疆等牧区进行民主改革后，我国畜牧业生产有了较快发展，牧民的生活得到很大改善。但个体牧业经济较为脆弱，牧主经济带有一定的资本主义性质，部分富裕牧民也开始雇工放牧，长此以往，牧区必然出现两极分化的局面。为此，党和国家决定在稳步发展畜牧业的基础上，引导牧民走合作化道路，变分散的个体牧业经济为集体经济，对牧主的牲畜采取和平赎买政策，基本上实现了牧业初级合作化。在此基础上，对牧主采取和平改造和说服教育的方式，将牧主的牲畜折价入股，建立公私合营牧场，牧主根据入股的牲畜参加分红，对部分牧主适当安排政治职务，不降低其生活水平，得到大多数牧主的拥护。

到 1957 年，新疆绝大多数富裕牧户都加入了公私合营牧场；至 1958 年，内蒙古办起了 77 个公私合营牧场，绝大多数牧主接受了社会主义改造；青海、甘肃、四川等省的牧区由于民主改革起步较晚，分别在 1958 年前后在民主改革的同时进行了社会主义改造。①

（3）民族地区私营工商业的改造。

党和国家对民族地区私营工商业的改造，主要做法是实行赎买政策，对私营工商业清理估价并核定股额，按股定期支付利息。对一些有代表性的私营工商业者给予政治上的适当安排。

（三）民族关系性质根本改变

民族地区民主改革和社会主义改造的顺利完成，消灭了民族内部的阶级压迫和剥削，广大少数民族人民从封建制度、奴隶制度以至原始公社制度的束缚下解放出来，有的民族甚至超越了一个或几个社会发展阶段，直接过渡到社会主义社会，迈入了社会主义民族

①　陈连开等主编《中国近现代民族史》，中央民族大学出版社，2011，第 728～729 页。

的行列，解放了生产力，生产关系也随之发生根本改变，各民族中的剥削阶级分子被改造成为自食其力的劳动者，原来的阶级关系转变为基本上是各民族劳动人民之间的关系。

随着新生产关系的产生，中国民族关系进入一个新的历史时期，从过去剥削制度下封建王朝和国民党反动派所造成的民族隔阂和民族仇视的关系，变为平等、团结、互助的新型民族关系，并从性质上转变为社会主义民族关系，中国民族关系性质发生了历史跨越，社会主义新型民族关系实现了政治基础与经济基础的统一性。从政治基础看，阶级剥削是民族压迫的根源，只要存在阶级剥削和压迫，就不可避免地出现民族纷争与民族隔阂。因此，只有消灭阶级，建立社会主义制度，才能实现并巩固民族平等和民族团结。新中国成立后，我国实行无产阶级领导的、工农联盟为基础的人民民主专政的国家制度，贯彻实施民族区域自治政策，充分保障各少数民族的平等权利，各民族人民成为国家的主人。通过民主改革，消灭了封建制、奴隶制等压迫制度，各民族的无产阶级掌权，决定着各民族的命运和民族关系的发展方向；从经济基础看，以往的剥削阶级和剥削制度建立在生产资料私有制基础上，成为产生民族压迫、歧视和纷争的根源。只有进行彻底的社会革命，完成社会主义改造，变生产资料私有制为社会主义公有制，才能从根本上消灭民族压迫的阶级基础，才能建立平等、团结、互助的社会主义民族关系，解决我国的民族问题。社会主义改造的完成，社会主义生产资料的公有制性质，决定了我国各民族根本利益的一致性，各民族之间没有根本的利害冲突，民族平等、民族团结具有了坚实的经济基础，使我国民族关系发展到了更高阶段，具有本质的改变。

民主改革和社会主义改造，是各民族历史上最广泛、深刻、彻底的社会改革，各族人民经过民主革命和社会主义改造，经历了历史上最伟大的社会变革，国家统一、民族团结具有了社会主义基础。随着社会主义革命和建设的纵深发展，社会主义民族关系已经在我国各民族之间形成和发展起来。

三　直挂云帆：民族关系调整取得成效

中华人民共和国成立初期，党和国家立足于我国多民族实际国情，贯彻执行马克思主义民族平等、民族团结和各民族共同繁荣原则，运用国家政权力量配置社会资源，加大对民族关系的调整力度，贯彻实施民族政策，积极开展民族工作，在一系列社会变革中疏通、协调、改善民族关系，解决了历史上遗留下来的民族隔阂与民族歧视，改善了汉族与少数民族、少数民族与少数民族之间的关系，实现了各民族对新生国家政权的认同，国家在对各民族整合的同时稳固了中国共产党的执政地位，为社会主义国家建设事业的全面展开奠定了基础。

（一）国家全面调整民族关系，将民族地区各项事业纳入国家整体布局，实现了国家对民族的整合、民族对国家的认同

新中国的成立，使历史上或接触、混杂、融合，或分裂、消亡的各民族，经过近代中华民族整体危机的"集体自觉"后，重塑为"友爱合作的大家庭"，中国共产党在获得执政地位后，建立了新的中央人民政府，目标是要"把我们的祖国建设成为繁荣强盛的国家"①。为实现这一目标，国家需要制度设计与政策安排，将少数民族和民族地区纳入国家建设的整体布局，使他们全面参与到国家现代化建设中。同时，少数民族作为社会成员，对新生国家政权也有一个期待、接受与认同的过程。

从党和国家在新中国初期的民族政策来看，既有《共同纲领》到 1954 年《中华人民共和国宪法》等国家根本大法层面的规定，又有党和国家领导人有关民族问题的文件、指示等；既有民族区域自

---

① 《毛泽东文集》第 6 卷，人民出版社，1999，第 211 页。

治制度作为基本的政治制度保障，又有促进民族平等、团结，推动少数民族和民族地区经济、文化、社会发展的具体政策。这些政策都反映在具体的民族工作中得以实施、开展。同时，国家将少数民族事务与民族工作置于全国范围，调动全国人民都来重视民族问题，做好民族工作。笔者在查阅中华人民共和国成立初期有关文献资料时发现，很多少数民族工作都被冠以"全国"二字，如全国少数民族文化工作会议、全国民族教育工作会议、全国民族卫生工作会议、全国民族贸易工作会议等，显示党和国家对少数民族事务与民族工作的重视的同时，又将少数民族与民族地区纳入全国各项工作安排与现代化建设中，有效实现了国家对各民族的整合，建立了新生国家政权在基层中稳固的合法性地位。

国家对民族的整合、国家对民族事务的重视以及国家在民族地区的各项工作，在少数民族与民族地区得到了回应。对中国少数民族来说，历代统治阶级实行的剥削与压迫制度，使他们政治上被压迫、经济上被掠夺、文化上被同化，甚至得不到平等的作为"人"的地位。新中国成立后，各族人民翻身作了国家的主人，能够平等参与国家政治生活，经济、文化、社会各项事业都得到发展，各民族群众生活水平大大提高，这些少数民族同志都感同身受，汇聚成对新生国家政权的极大认同，这种认同是通过前后对比后得出的结论。一位瑶族干部形象地说："旧中国，我们被称为'猺'，是动物；解放后，我们被称作'傜'，变成了人；民族识别后，我们被称作'瑶'，变成了玉。从'动物'到'人'再到'玉'，体现了新旧社会中少数民族地位的不同"。[①]

少数民族对国家的认同，内化为国家建设及各民族发展的动力，对国家建设发挥了能动作用，少数民族地区服从全国的战略安排，少数民族加入到轰轰烈烈的社会主义建设中，这一时期国家建设取

---

① 国家民族事务委员会研究室编著《新中国民族工作十讲》，民族出版社，2006，第 108 页。

得的举世瞩目的成就，离不开各民族的团结、互助、合作，离不开社会主义新型民族关系的重要作用。

（二）各民族逐渐消除隔阂与歧视，平等、团结、互助的社会主义新型民族关系得到进一步发展

历代统治阶级和国民党实行民族压迫政策，各民族之间隔阂很深，这种关系延续到新中华人民共和国成立初期，给党和国家开展民族工作带来不少挑战。经过党和国家民族政策调整，民族工作者开展实际工作，各民族之间逐渐消除隔阂与歧视，交流与互信增多，营造了良好的民族关系氛围。

1. 从汉人到"新汉人"的变化

历史上统治阶级对各民族人民的统治，也包括少数民族政权对汉族人民的剥削与压迫，但纵观整个中国封建统治，汉族由于人口数量、历史中占统治地位时间较长等优势，汉族对少数民族的剥削与统治更多些。历史上遗留下来的民族隔阂自然而然转移到少数民族对整个汉族群体之上，有时这种影响甚至会影响到少数民族对国家的认同。中央访问团和民族工作队对少数民族与汉族的隔阂深有体会，对汉族与少数民族关系的变化更是感同身受。

新中国成立初期，边疆尚未稳定，人民群众对访问团普遍不了解，让群众敢说话、愿说话、说真话非常不容易。中央访问团的一个小组开代表会，有谣言说大军要拉女的做媳妇，结果一个女代表也不敢来。老百姓对工作队做好事也不理解。云南盈江县南算的一个工作队员帮一位老人挑水，他一走开，老人就赶紧把桶里的水倒掉。队员不领会老人的行为含义，一连好几天坚持给老人挑水，挑了倒，倒了又挑，直到后来队员才明白，原来这里祖辈传下来的说法是汉人没有好的，怕工作队在水里放毒药，才一再把水倒掉。队员到田间帮助少数民族群众搞生产劳动，群众以为队员干完活要分

粮食而推辞不让干。①

访问团遵照周恩来总理"决心赔不是"的态度，积极与少数民族开展"交朋友""做好事"活动，用实际行动化解矛盾、消除隔阂，争取少数民族同志的信任与认同，产生了良好的效果，少数民族群众态度有了变化。

到吃饭时，硬把队员们的冷饭抢去，端来热汤热饭，说如果不吃饭，就不准你们干活。群众渐渐地从害怕工作队到接近、信任工作队，称呼也在不断变化，开始叫"谢工作"（傣语：汉人工作队），后来叫"工作豪"（我们的工作队），又叫"谢载弄"（汉人大哥），进而直接叫"载弄"，最后直接称呼老张、老李等。②

民族工作者用实际行动使少数民族群众感受到和过去汉人的不同，被称为"新汉人"，由这种称呼的变化进而认识到人民政府与国民党政府不同，也会增加对新中国的认同与拥护。

2. 少数民族之间的关系得到改善

1949 年之后，推翻了国民党反动统治，打倒了地主阶级，消灭了民族压迫的基础和民族歧视的根源，政治、经济上的一致性使民族之间的关系也发生很大变化。民族工作的开展和社会改革的进行，使少数民族群众了解到过去民族间的一些隔阂是反动统治阶级造成的，各民族尽释前嫌，加强了彼此的团结。

民族团结的加强、宗教信仰自由政策的贯彻、新婚姻法的颁布，塔吉克族与维吾尔族之间的教派歧视逐渐消除，两族通婚也增多了。中华人民共和国成立以来，已有两位塔吉克族姑娘和维吾尔族青年结了婚，这在过去几乎是从来没有的；维吾尔族姑娘和塔吉克族青年结婚的更多，已有 6 对。③

---

① 王连芳：《王连芳云南民族工作回忆》，云南人民出版社，1999，第 10、6、198 页。

② 王连芳：《王连芳云南民族工作回忆》，云南人民出版社，1999，第 199 页。

③ 《塔吉克族社会历史调查》，第 22 页。

1949 年之前，由于统治阶级的民族歧视，一部分满族改名换姓，隐瞒了自己的民族成分。据北京市 1949～1959 年对满族人口的统计，全市满族人口是逐年增加的，一方面由于满族家庭人口不断增多；另一方面由于原先隐瞒民族成分的满族人，逐渐恢复了自己的民族成分。在对 200 户满族家庭调查中，95% 以上的子女仍随父亲或母亲报满族。[①]

综上所述，党和国家立足于我国多民族的实际情形，重视调整民族关系，民族工作效果显著。国家通过调节自身与各民族之间的关系，实现了对少数民族和民族地区的整合，同时少数民族也对新中国逐步认同，为各民族之间关系的改善提供了良好的国家大环境。各民族之间在国家的强力调整下，逐渐认同新的民族关系格局，消除隔阂、加强团结、增强互信合作，初步建立了平等、团结、互助的社会主义新型民族关系。

然而，这一时期的民族关系仍然不完善，主要表现在以下几个方面：一是平等的不完全性。各民族发展的起点不同，少数民族地区分别从较低的社会形态进入社会主义，有的则是超越了两个以上的社会发展阶段进入社会主义，生产力水平低下，各民族之间及民族内部经济文化差距较大，受自身发展水平的限制，大大影响了平等权利的实现。二是团结的相对性。民族关系本质上是一种利益关系，国家在调整民族关系时，必然要进行一些社会改革，改革会触动一部分集团或个人的既得利益，他们总会采取各种方式反对改革，甚至不惜发生武装冲突，1956 年的四川甘孜藏族叛乱和 1959 年的西藏叛乱就是例证。三是互助合作的有限性。在这个时期，国家主要依靠行政手段、计划经济建构民族关系，给予少数民族地区许多优惠政策，在基本建设投资方面给予特别照顾，动员内地力量进行无偿帮助，曾对少数民族地区的发展和民族关系的改善起到一定作用，

---

① 《满族社会历史调查》，第 105 页。

但从长远看，这种扶持与帮助未能有效地激发少数民族地区的经济活力，反而在一定程度上增加了少数民族地区的依赖性，致使汉族先进地区把这种援助视为"包袱"，滋生大汉族主义，不利于民族关系的健康发展。

即便如此，中华人民共和国成立初期党和国家的民族关系建构还是卓有成效的，将各民族组成一个"大家庭"，"家庭成员"之间平等、团结、互助，已经实现了民族关系性质和内容的历史跨越。时代在发展，形势在变化，民族关系建构之路需要不断努力，不断完善，"我们要把历史上的痕迹消除掉，要把各民族在经济、文化方面事实上的不平等状况逐步消除掉。当然这不是短时期所能做得到的，需要共同努力"[1]。

---

[1] 周恩来：《关于我国民族政策的几个问题》《中国共产党主要领导人论民族问题》，民族出版社，1994，第167页。

第六章　回顾与展望：现代民族国家建构视角下新中国成立初期民族工作的经验及启示

　　任何一个社会的现代化过程都会不同程度地受到外界因素的影响，有时这种影响会非常重要，中国就是一个明显的例子，中国的现代化是帝国主义和殖民主义外部刺激的结果。自1840年英国发动侵略中国的鸦片战争，中国开启了独特的近代历史。西方国家随之接踵而来，昔日的"天朝大国"在屈辱中沦为"人为刀俎、我为鱼肉"的尴尬境地，一系列不平等条约的签订，中国由主权独立的封建王朝逐步转变为半殖民地半封建社会，同时被纳入由民族国家组成的世界体系之中。西方列强的坚船利炮，迫使中国人"睁眼看世界"，先进的中国人不断拷问国家落后的原因，掀起了以"师夷长技以制夷"为口号的洋务运动，但中日甲午战争的失败宣告了洋务运动的破产。甲午战争的失败、《马关条约》《辛丑条约》的签订，极大地刺激了中国人的民族情绪，康有为、梁启超等维新派发起戊戌变法，但它是在原有的制度下进行的政治、经济、军事方面的改革，帝国主义和殖民主义国家不希望中国通过现代化的路径实现国富民强，而国内的统治阶级顽固势力也害怕政权旁落，通过发动政变将改革行动埋葬。在西方民族主义思潮的影响下，以孙中山为代表的革命党人发起了辛亥革命，推翻了统治中国两千多年的封建王朝，开启了中国由王朝国家向现代民族国家建构的伟大先声。

　　然而，辛亥革命的果实被袁世凯窃取，从北洋政权到南京国民政府，虽然都尝试处理但都未能解决中国的民族问题，归根结底是由于他们"都以不同的形式、在不同的程度上与帝国主义相勾结，压迫和剥削国内各族人民"。中国现代化道路失败的经验表明，依靠帝国主义的外援、本国封建主义和资产阶级的力量，是不可能实现现代民族国家建构的目标的，中国革命需要注入新的活力与动力。在中国受到各国列强不同程度的侵略，国内军阀混战、战乱频仍、政权频繁易主的情形下，中国共产党成立于国家、民族"危难之时"，必将担负起国家独立、民族解放、主权完整的重任。中国革命斗争的实践表明，必须调动广大人民群众，特别是动员少数民族群众参与中国革命，进行广泛而有效的政治动员，并通过武装斗争，争取国家独立和民族解放，尽快完成政治整合，在此基础上促进经济、社会、文化的发展，这是中国共产党人经过巨大牺牲得出的教训，也是中国共产党在掌握全国政权之后特别重视的现实问题。

第一节　方兴未艾：新中国成立初期民族工作推动现代中国新整合

辛亥革命推翻了中国历史上最后一个封建王朝，终结了中国王朝国家的历史进程，使中国的国家形态进入了一个新的发展阶段，为现代民族国家建构储备了条件；中华人民共和国的成立，标志着民族解放、国家主权独立，作为民族国家的中国正式建立。然而，新中国成立"只是建立了民族国家的基本架构，拥有了现代国家的形式"，如何使新的国家形式真正具有民族国家的内涵，是新中国面临的重要政治任务。党和国家通过实施民族区域自治、建立民族自治地方，确立了全新的政治秩序；通过民主改革和社会主义改造，确立了崭新的社会秩序；通过一系列消除民族隔阂、加强民族团结、促进少数民族地区发展繁荣的政策，建构新型民族关系，并形成了一整套较为完备的民族政策体系。

一　民族工作是新中国现代国家建设的重要一环

中国是一个多民族国家，各民族之间关系构成整个社会最重要的政治关系，关乎国家统一与社会稳定。因此，对国内的任何政治力量来说，无论是夺取和掌握国家政权，还是对国家实行政治统治，都必须参酌民族因素，制定民族政策，中国共产党也不例外。

新中国的建立是自鸦片战争以来中国现代化道路探索的里程碑，是中国现代民族国家建构的重要转折点。新中国的成立，使国家性质发生了根本的变化，是"工人阶级领导的、以工农联盟为基础的人民民主专政的国家"；社会性质也产生了根本的变化，经过民主改革和社会改造，"逐步消灭剥削制度，建立社会主义社会"；生产资料所有制也产生了相应的变化，"包括全民所有制、劳动群众集体所有制、个体劳动者所有制和资本家所有制，其中国营经济是国民经济中的领导力量"；权力分配也有相应的变化，"中华人民共和国的一切权利属于人民"；规定"中华人民共和国是统一的多民族的国家"，国家的多民族性质在宪法层面得到确认，以民族特性划定的行政建构——民族区域自治制度正式确立。这些伴随着新中国成立而发生的变化，本身就是现代民族国家建构的新的路径，充分显示了新的社会制度的包容性。新中国采取单一制的国家结构形式，保证了国家的主权独立、领土完整，同时充分考虑了国家的多民族性，通过实行民族区域自治制度，做到对差异性的尊重与包容，一方面保持了新中国作为现代国家的属性，如全新的制度、宪法、政府设置以及文化、教育、人口等方面的政策；另一方面又合理地解决了国家现代化进程中对少数民族传统的保护，既进行国家层面的轰轰烈烈的现代化建设，逐步实现工业和农业现代化，同时关注到各民族之间的差异性、民族传统文化的差异性，以制度建设的形式保留了传统文化，又在制度空间内得到最大限度的传承、尊重和发展。

可以说，新中国的建立标志着中国现代国家建设进入全新的起步阶段，初期的现代国家建构不仅仅建立了完整的国民经济体系，而且在处理民族问题方面也取得了巨大的成果，这一时期的民族工作成为党和国家民族工作的第一个"黄金时代"，成为整个现代民族国家建构工作中的重要一环。

二 党和国家的民族工作在整个国家政权建设中具有强大的功能作用

政治动员。民族除了是历史文化共同体、命运共同体之外，还是利益共同体。我们的民族政策，承认少数民族的特殊性，重视少数民族的利益，国家利益与民族利益的一致性从根本上调动了少数民族参与社会主义建设的积极性，成为社会各项建设事业取得胜利的保证。

政治整合。与以往的阶级社会相比，党和国家处理民族问题的制度的顶层设计是马克思主义理论与中国的具体实践相结合而形成的，民族区域自治将少数民族的地方政权整合到统一的国家政权体制，为民族国家在国家制度上的统一创建了一个最重要的条件，使民族自治地方成为统一多民族国家政权体系中的地方政权。

建构新型民族关系。在多民族国家中，民族与国家的关系突出地表现为"非主体民族与国家政治体系的关系"，其实质是"非主体民族要求政治上的平等权利，争取实现民族自治，以及国家能否保证和实行它们在政治上的平等权利的问题"。新中国成立后，中国共产党不断完善民族区域自治制度，成为新中国现代民族国家建构系统中重要的制度支撑；进行民族识别、少数民族社会历史调查和语言调查，从法律层面提升了少数民族的平等地位；培养与任用少数民族干部，成为沟通国家与少数民族之间的桥梁与组织保障；国家对少数民族的各项照顾政策，维护少数民族利益，汉族向少数民族"赔不是"的态度有效化解了历史上的民族隔阂与歧视，建构了新型民族关系。

促进少数民族与民族地区的发展。少数民族生产力得到很大提高，生活和医疗条件的改善，促使少数民族人口数量增加较快、受教育程度整体提高，有的少数民族甚至由落后的原始社会直接过渡到社会主义，实现了整个民族的"跨越式"发展，民族之间、地区之间的异质性逐渐减弱，同质性不断增强，有利于中华民族认同与国家认同，也有利于国家的统一和稳定。

三　党和国家的民族工作最关键的是对少数民族的尊重，最管用的是争取人心

新中国成立后，基于多民族国情，党和人民政府非常重视民族问题的解决，积极开展民族工作，少数民族地区的政治、经济、社会、文化等都取得了很大进步，基本确立了我国解决民族问题的思想、方针和政策，为后来的民族工作奠定了良好的基础与制度框架。我国在民族工作方面取得了很大成就，新中国迎来了民族工作的第一个"黄金时代"。

众所周知，这一时期正值国家初创，新生政权既要进行社会主义革命与建设，还要防范帝国主义国家的倾轧与颠覆，加之缺乏经验可循，遇到的问题与困难确实不少。尽管如此，党和国家在"一穷二白"、资源缺乏的情况下，迈开了民族工作的艰难步伐，并迅速打开局面，开创了民族工作的良好时代，其中很重要的原因之一是党和国家对少数民族群众的尊重。当时，党和国家着力解决民族问题，首先通过派遣中央民族访问团到各少数民族地区进行慰问，组织少数民族观礼团与参观团访问内地，组织各种民族工作队开展"交朋友、做好事"、送温暖等形式加强对少数民族的帮助，关心扶持少数民族生产生活，拉近与少数民族的感情，疏通了民族关系，

团结了少数民族上层，体现了民族平等、民族团结政策，取得很好的效果。中央访问团到民族地区开展慰问活动，宣传党的民族政策，送去党的温暖，"这是中国民族关系史上的首创，树立了中央对地方少数民族主动关怀的新形象"①。访问团所到之处，"各族民族兄弟姐妹身着节日盛装前来欢迎，大家奔走相告：毛主席派亲人来看我们了。有位彝族老人说：'自从盘古开天地，只有彝家下山给官家服役交粮，哪有官家上山给彝家送礼的，世道真是变了！'"② 1953 年西双版纳傣族自治州成立，基诺族群众说："毛主席他老人家就像天上的金太阳，照亮了基诺山，温暖着我们的心窝。"爱尼（哈尼）代表说："自治州成立，结束了我们世世代代当牛做马的历史，我们真正当家作主了。"在庆祝大会上傣族赞哈放声歌唱道："今天是我们几代人梦想的日子，是各族人民当家作主的盛大节日。把毛主席纪念章高挂在头巾上，表示我们各族人民衷心的敬意。来吧，过去受苦受难的奴隶！让我们紧紧地拥抱在一起，像一个父母所生的兄弟。"③ 这一时期广泛传唱的《翻身农奴把歌唱》《草原上升起不落的太阳》《新疆好》等歌曲，充满着少数民族群众对党和国家的感激之情，这正是党中央及老一辈民族工作者对少数民族的尊重换来的，为今天的民族工作提供了良好的经验借鉴。

第二节　不忘初心：新中国成立初期的民族工作实践丰富了马克思主义民族理论

以毛泽东主席为代表的中国共产党人一贯坚持马克思主义，并将其同中国革命和政权建设中的民族问题实际相结合，因为"我们要学的是属于普遍真理的东西，并且学习一定要与中国实际相结合。

---

① 王连芳：《王连芳云南民族工作回忆》，云南人民出版社，1999，第 1 页。
② 王连芳：《王连芳云南民族工作回忆》，云南人民出版社，1999，第 4~5 页。
③ 征鹏、方岚：《金太阳照亮了西双版纳》，人民出版社，1978，第 15~16 页。

如果每句话，包括马克思的话，都要照搬，那就不得了。我们的理论，是马克思列宁主义的普遍真理同中国革命的具体实践相结合"①。在这一光辉思想的指引下，中国走出了一条适合本国实际的民族国家建构之路，建立起一整套适合自己国情的民族理论和政策体系，不断丰富着马克思主义的民族理论。

一　与西方民族国家建构模式相比，我国的民族国家建构体现了马克思主义理论与中国实际民族状况的结合

首先，西欧民族国家是原生性民族国家，即在建立民族国家之前，就已经通过王朝国家的形式将国内居民整合为民族，可以说是民族构建完成之后才开始民族国家的构建，其国族成员的同质性构成对国家高度认同。中国现代民族国家的建构过程，是在西方侵略势力的外部压力下，通过对传统的王朝国家形态进行现代改造而逐步进行的，属模仿性民族国家。模仿性民族国家国内原本存在着多个传统民族，在民族国家体系的压力下才将国内各个文化共同体整合为国族，并在国族的基础上构建起民族国家，其国族成员的同质性相对较弱。因此，国家必须通过一系列的制度设计，特别是民族政策，来满足组成国族的各个传统民族的利益诉求，进而强化这些民族成员对国家的认同，维护国家统一与稳定。从一定程度上讲，"保护非主体民族权益的政策和制度安排就成为必要的选择"②。

其次，与西方国家"一国一族"的国家建构模式不同，中国是多民族共建一个国家。从民族概念上讲，西方意义上的"民族"等同于"国家"，而在中文语境下，民族是人们共同体，国家是专政工具，多民族是我国的基本国情，在制定、执行民族政策时要处理好

---

① 《毛泽东文集》第7卷，人民出版社，1999，第42页。
② 周平：《民族国家与国族建设》，《政治学研究》2010年第3期，第85～96页。

"一"和"多"的关系。中国的历史是中华人民共和国境内各民族共同创造的历史，也包含着曾经在这块广大国土上生存、繁衍而现在已经消失的民族的历史。[1] 我国现有民族，它们的形成和现用族称虽有早有晚，但都有着悠久的历史，都是我国古代民族直接的和间接的继续和发展，都是我国历史的长河中经过民族分化和融合逐步形成的。凡居住和生活在中国领域的民族，包括现有的和历史上存在过的，都属于中华民族。[2] 随着中华人民共和国的成立，中国国内各民族已经形成一个全新的中华民族共同体，人民掌握了国家政权，基于共同的社会制度、单一制的政体、统一的国家政权，国家获得了全民族人民的认同。无论是传统的王朝国家，还是现代民族国家，都不会改变中国多民族国家的性质。相对于王朝国家，中国是民族国家；相对于民族成分单一的国家，中国又是一个多民族国家。因此，民族国家与多民族国家是界定中国国家类型的两种不同的角度，不能将二者截然对立起来。

最后，民族国家作为调适民族与国家之间关系的新的制度结构，其目的在于实现国家与民族之间的统一，即"确立民族对国家的认同"[3]。认同是某一共同体的成员认为自己属于该共同体并自觉维护共同体利益的一种心理情感，这种心理情感是很难测量的，缺乏一定的稳定性。因此，在民族国家中，只有"通过民主政治机制，民族国家实现和保证了民族的全体成员即人民对国家政权的控制，使国家成为人民能够掌控的对象，从而保障了民族对国家的认同"[4]。可见，民主制度是实现和保障民族对国家认同的有效机制。但是，中国所处的外部条件、国内政治条件、民族状况都和西欧民族国家存在很大的差异，必须通过将国内各民族整合为一个新的民族共同

---

[1] 白寿彝：《中国通史》，上海人民出版社，1989，第 1 页。
[2] 翁独健：《中国民族关系史纲要》，中国社会科学出版社，2001，第 16 页。
[3] 周平：《民族国家与国族建设》，《政治学研究》2010 年第 3 期，第 85~96 页。
[4] 周平：《民族国家与国族建设》，《政治学研究》2010 年第 3 期，85~96 页。

体——中华民族，实现民族对国家的认同，在推翻帝国主义、封建主义和官僚资本主义后，进而实现国家的主权独立，在国家建设方面建立一整套现代民主制度，才成为一个民族国家，但现代民主制度还不完善，现代国家建构依然任重而道远。

二 与俄国社会主义革命的道路相比，中国的社会主义道路和解决民族问题的制度设计也反映了马克思主义科学社会主义理论与中国革命相结合

马克思主义有关科学社会主义理论和人类解放的理论，首先在俄国十月革命中得到实践，苏俄建立了社会主义联邦共和国。随着十月革命的胜利，马克思主义传入中国的同时，也给灾难深重的中国人民指明了方向，在中国共产党的领导下，社会主义新中国成立了。从中苏两国的社会主义道路来看，社会主义的政治制度在根本性质上是一致的，都是建立在公有制基础上的人民当家作主的政治制度。但是，本质上相同，并不意味着各社会主义国家的政治制度都采用相同的形式。由于各国的历史条件、阶级力量对比的状况以及民族传统等有着各自的特点，即各国的国情不同，各社会主义国家的政治制度也必须要适合本国的特点，带有深刻的民族性。正如列宁曾经指出的："一切民族都将走到社会主义，这是不可避免的，但是一切民族的走法却不完全一样，在民主的这种或那种形式上，在无产阶级专政的这种或那种类型上，在社会生活各个方面的社会主义改造的速度上，每个民族都会有自己的特点。"① 对此，毛泽东主席也对中苏两国做过比较："两个国家也似对立统一。中国和苏联两个国家都叫社会主义，有不同没有？是有的。苏联和中国的民族不同。他们那里三十九年前就发生十月革命了，我们取得全国政权

---

① 《列宁全集》第23卷，人民出版社，1958，第64~65页。

只有七年。"① 因此，在建立一个什么样的国家以及如何解决国内民族问题方面，中国共产党选择了民族区域自治，这一选择是在中华人民共和国成立之前，中国共产党在实践中不断探索的结果，因为中国和苏联的革命经历不同，中国各民族的解放斗争是为了驱除共同的敌人——帝国主义侵略者，而俄罗斯少数民族的解放斗争则是为了打破沙俄帝国与殖民地的关系。同时，"我们整个中华民族对外曾经是长期受帝国主义压迫的民族，内部是各民族在革命战争中同甘共苦结成了战斗友谊，使我们这个民族大家庭得到了解放。我们这种内部、外部的关系，使我们不需要采取十月革命时俄国所强调的实行民族自决、允许民族分立的政策"②，因为"我们是根据中国民族历史的发展、经济的发展和革命的发展，采取了最适当的民族区域自治政策"③。

与国民党的"国族"建构相比，中国共产党现代民族国家建构的路径选择也体现了马克思主义理论与中国多民族实际的结合。

孙中山是中国资产阶级革命的先行者，一生都在探求救国救民之道。然而，孙中山倡导中国要模仿美国各种族"共冶一炉"的"国族"建构模式，罔顾中美两国在历史状况和现实国情方面的差异。美国是移民国家，在设计理想国家形态时并没有考虑原住民的权利；而中国历史上就是一个多民族国家，有着几千年历史的各族人民长期居住、繁衍在中华大地上，多民族是国家建构必须考虑的问题。因此，"这种'国族'想象和国家统一的愿望，没有也不可能解决辛亥革命后的中国如何建立现代民族国家的问题"④。同时，在孙中山看来，要救中国就"必须要提倡民族主义"，因为它是"国家图发达和种族图生存的宝贝。中国到今日已经失去了这个宝

① 《毛泽东选集》第 5 卷，人民出版社，1977，第 320 页。
② 《周恩来选集》（下），人民出版社，1984，第 259 页。
③ 《周恩来选集》（下），人民出版社，1984，第 260 页。
④ 郝时远：《中国共产党怎样解决民族问题》，江西人民出版社，2011，第 54 页。

贝"。为了恢复这个"宝贝"，必须依靠中国"坚固的家族和宗族团体"，"由宗族主义扩充到国族主义"，其"家族-宗族-国族"的理论建构，只能成为国民党的政治遗产之一。①

以蒋介石为权力中心的南京国民政府，在民族主义话语下求个人独裁和一党专制，片面强调权力的集中性，排除了广大民众参与革命的可能性，忽视了人民主权对中国民众的感染力和影响力，民族主义的动员社会力量功能因而大打折扣。面对内蒙古人民党提出的蒙古族在蒙古地区实行自治的要求，国民政府非但没有同意设立自治区域，反而把省制导入内蒙地区，在内蒙新设了宁夏省、热河省、察哈尔省、绥远省，把甘肃省的一部分划归宁夏省，这是对内蒙人民党要求建立内蒙自治政府的拒绝。② 蒋介石还否定中国存在"民族"，炮制"国族-宗族"论，认为中华民国是由中华民族这个"国族"建立的，构成"中华民族"的汉、满、蒙、回、藏应该称为"宗族"，而不是"民族"③，并发表《中国之命运》进一步对该论调进行阐释。④

由于阶级属性不同，国共两党对中国民族问题的理解不同，民

---

① 郝时远：《中国共产党怎样解决民族问题》，江西人民出版社，2011，第 53~54 页。

② 〔日〕松本真澄：《中国民族政策之研究》，鲁忠慧译，民族出版社，2003，第124 页。

③ 蒋介石解释道："我们中华民国，是由整个中华民族所建立的，而我们中华民族是联合我们汉满蒙回藏五个宗族组成的一个整体的总名词。我说我们是五个宗族而不说五个民族，……我们集许多家族，而成为宗族，更由宗族合成为整个中华民族。……所以我们只有一个中华民族，而其中各单位最确当的名称，实在应称为宗族。"参见蒋中正《中华民族整个共同的责任》，转引自郝时远《中国共产党怎样解决民族问题》，江西人民出版社，2011，第 64 页。

④ 蒋介石强调："就民族成长的历史来说，我们中华民族是多数宗族融合而成的。融合于中华民族的宗族，历代都有增加，但融合的动力是文化而不是武力，融合的方法是同化而不是征服。……总之，中国五千年的历史，即为各宗族共同的记录。"参见蒋中正《中国之命运》（1943），转引自郝时远《中国共产党怎样解决民族问题》，江西人民出版社，2011，第 64 页。

族国家建构选择了不同的路径。国民党是代表大地主、大资产阶级利益的政党，"以党建国""以党治国"势必会落入"一党专政"集权模式的窠臼之中。受历史上大汉族主义的影响，国民党忽视中国历史上多民族的国情，忽视中国存在少数民族的现实状况，无视少数民族"自决、自治"的要求，无视各民族之间存在的差别，刻意通过民族同化来建构"国族"，刻板学习西方民族主义"一国一族"的民族国家建构方式，最终因路径选择的不同而走向失败。

中国共产党是各族人民的忠实代表，在夺取政权以及执掌全国政权的过程中，都非常重视国内民族问题的解决，重视做好民族工作，原因在于中国共产党在领导各族人民进行革命的过程中，坚持民族平等，立足于中国多民族的现实国情，在领导全国各族人民建构现代民族国家的进程中，逐步认识到必须重视解决民族问题、处理好民族事务，将少数民族的解放斗争纳入中国革命的总目标之中。同时，掌握国家政权之后，中国共产党势必运用国家政权力量与资源，将解决民族问题的思想与政策付诸实践，新中国成立初期中国共产党密集出台了一系列的民族政策，通过开展民族工作，在国家与少数民族之间的政治互动中，建构少数民族对新生国家政权的认同。可以说，中国的民族问题是现代国家建构和国家建设无法回避的问题，但国民党时期没有解决这个问题，而共产党不仅解决了问题，而且使国家发展得更好。

三 中国的现代国家政权建设实践是对马克思主义民族理论的不断丰富和发展

马克思主义解决民族问题的根本原则是"在一切权利方面完全平等"，"在一个国家内部应当是这样，在国际上也应当是这样。它的前提是民族压迫和民族歧视的消灭，它的基础是一切剥削制度和剥削阶级的消灭"。中国共产党依据马克思主义民族平等原则，在理论上和实践中不断丰富和发展了马克思主义民族理论。

首先，民族压迫制度的消除。马克思主义认为，民族平等既包括国内各民族的平等，也包括全世界所有民族一律平等；同时，要实现民族平等，必须消灭剥削阶级，反对民族压迫。中国共产党坚持民族平等原则，主要分以下两个步骤消除民族压迫制度：一是推翻民族压迫制度，实现各民族政治上的平等。在长期的历史发展中，我国各民族形成政治、经济和文化联系，同时，历史上长期存在民族压迫制度，多数是汉族统治者对广大少数民族人民的压迫，也有的是少数民族反动统治者压迫本民族和其他民族包括汉族。步入近代，西方帝国主义国家的侵略使中国步入半殖民地社会。中国共产党带领全国各族人民，对外反对帝国主义、对内反对封建主义和官僚资本主义，可以说只有民族平等才能建立新中国。二是进行社会改革，消除民族内部的剥削制度。无产阶级政权的建立，消灭了剥削制度的政治根源，但生产资料私有制仍然存在，民族内部的剥削阶级依然存在。为此，中国共产党在少数民族地区进行社会改革，彻底消灭了民族压迫的经济根源，各民族相继步入社会主义社会，为新型社会主义民族关系的初步确立奠定了政治和经济基础。

其次，民族平等权利的制度保障。马克思主义认为，民族平等是各民族完全、真正意义上的平等。中国共产党自成立之日起就重视民族平等，在如何解决国内民族问题方面选择民族区域自治制度，并在新中国取得政权后的实践中不断丰富和发展。新中国成立后，党和国家实行民族区域自治制度，灵活变通地执行党和国家的各项政策，保障少数民族真正拥有当家作主的权利；通过民族识别工作，将所有民族分别划定族属，并以法律形式纳入 56 个民族组成的大家庭之中，享有平等权利，这种举措对于民族压迫制度下被迫隐藏身份的民族，或历史上遭歧视的弱小民族，无疑可以提升其地位、保障其平等权利。党和国家还将民族平等原则贯穿于宪法、法律法规之中，为保障民族平等权利提供制度、法律保障。

最后，各民族共同繁荣发展目标的确立。马克思主张的民族平等，不仅是形式上的民族平等，更是事实上的民族平等。我国各民族交往、交流、交融过程中形成中华民族多元一体格局，人口流动与迁徙形成各民族大杂居、小聚居、交错居住的分布特点，少数民族与汉族无论是人口还是发展程度上都不平衡，这些因素都决定了中国必须走国家统一、民族团结、各民族共同繁荣发展之路，民族区域自治就是符合历史传统与现实利益的制度设计；自治权利的保障能够极大地调动少数民族群众的积极性；少数民族干部的培养与任用可以有效协调国家财力、民族地区物力和人力资源并形成合力，实现少数民族用自己的脚走路。

第三节　继续前进：新中国成立初期民族工作对当前民族工作的启示

我国是统一的多民族国家，中国共产党是各民族利益的忠实代表，她从成立之日起就非常重视解决民族问题，做好民族工作。党的第一代中央领导集体带领全国各族人民取得了中国革命的胜利，建立了新中国，通过实施民族区域自治制度、民族识别、干部培养、建构民族关系的一系列举措，积累了丰富而宝贵的经验，为做好当前民族工作提供了有益启示。

一　坚持中国共产党的领导

近代以来，洋务运动、戊戌变法、清末新政、辛亥革命等救亡图存活动都没能使中国走上现代化道路。中国现代化道路失败的经验表明，依靠帝国主义的外援、本国封建主义和资产阶级的力量，是不可能实现现代民族国家建构的目标的，中国革命需要注入新的活力与动力。中国共产党成立后，成为与国民党相抗衡的新的政治力量登上中国的政治舞台。但由于阶级属性不同，国共两党选择了不同的解决民族问题的路径。国民党是代表大地主、大资产阶级利益的政党，受历史上大汉族主义的影响，国民党忽视中国历史上多民族的国情，忽视中国存在少数民族的现实状况，无视少数民族"自决、自治"的要求，无视各民族之间存在的差别，刻意通过民族同化来建构"国族"，刻板学习西方民族主义"一国一族"的民族国家建构方式，最终因路径选择的不同而走向失败。而中国共产党坚持民族平等，立足于中国多民族的现实国情，成功地建立了全国性的政权，消灭国内割据势力，维护了国家的统一与领土完整。同时，掌握国家政权之后，中国共产党运用国家政权力量与资源，通过开展民族工作，建构少数民族对新生国家政权的认同。可以说，中国的民族问题是现代国家建构和国家建设无法回避的问题，但国民党时期没有解决这个问题，而共产党解决了。因此，坚持中国共产党的领导是做好民族工作的政治保障。

二　大力培养与任用少数民族干部

少数民族干部对于民族问题的解决具有重大意义。新中国的成立标志着多民族社会主义国家的建立，从制度上消除了各民族政治上的不平等，但各民族之间依然存在发展上的差距，消除各民族之间事实上的不平等依然是一个长期的过程。可以说，各民族之间基于发展上的差距成为影响民族关系的重要因素，我国作为多民族国家，民族问题的解决必须依靠一批少数民族干部的成长，因为和外来干部相比，少数民族干部具有难以取代的长处和作用。第一，少数民族干部生长于本民族地区，同本民族群众具有天然的感情，开展各项工作容易获得本民族群众的支持、理解和共鸣。第二，少数民族和民族地区具有自身特点，在这些地区开展工作，需要相应的干部队伍，需要特殊的工作方法，大力培养和任用少数民族同志是关系全局的大事。第三，少数民族干部可以集本民族群众愿望、民族地区丰富的资源、国家对民族地区的帮扶政策于一体，充分发挥桥梁与纽带作用，组织、带领本民族人民群众发展经济，解决民族问题。但新中国成立初期的少数民族干部数量少、专业化水平低，整体素质有待提高，为此，党和国家借鉴中国革命胜利的经验，立足于少数民族干部的桥梁和纽带作用，不断调整培养民族干部的方针政策，多渠道大力培养民族干部，使少数民族干部队伍由量的积累达到质的飞跃。同时，各级民族自治地方权力机关都配备民族干部，各民族真正当家作主，少数民族干部可以而且有责任代表当地民族的群众说话，同本民族群众的联系进一步加强，得到本民族群众的信任，通过这种联系和信任大大加强了对国家的认同。因此，今后要继续大力培养与任用少数民族干部，不断调整培养选拔方式，更好地促进少数民族和民族地区发展。

三 依据民族地区实际创新民族工作方法

实事求是、一切从实际出发是中国共产党的优良作风，在民族工作方面也不例外。一方面，从新中国成立初期开展的民族工作来看，实施民族区域自治制度时充分考虑少数民族特点，在实际实施过程中不断调整与完善民族自治地方的行政区划；在开展民族识别工作时，灵活运用斯大林"民族"定义与特征，既将其作为民族识别的入门指导，又根据中国的实际情况，在社会历史调查、语言调查的基础上对民族族属进行科学甄别；在培养少数民族干部时，根据各地少数民族干部实际情况，不断完善培养方针政策，采取多种形式培养干部，特别是培养少数民族党员干部，党和国家采取了灵活变通的方式，弹性放宽入党条件，是结合民族地区干部实际的重要举措；建构民族关系时，立足历史上我国民族关系特点及当时民族关系现状，采取灵活措施使民族关系得到根本改善。另一方面，从这一时期在民族地区开展的民族工作来看，也体现了党和国家依据民族特点和地区特点对民族工作方法的创新。内蒙古民族工作主要立足于该地阶级关系、民族关系、农牧关系特点，结束"旗县并存""蒙汉分治"状态，统一内蒙古自治区，实现蒙古族当家作主愿望，加强蒙汉团结。宁夏民族工作重视宗教信仰的特殊性，在抓好民族团结工作的基础上酝酿建立自治区；广西主要是进行剿匪斗争，建立各级人民政权，针对历史上反动统治者对各族人民的歧视和奴役进行民族识别工作，同时开展扶贫济困工作。新疆主要针对民族和宗教特点，以巩固和平与团结为目标，反对两种主义，维吾尔族是新疆地区的大民族，在实行民族区域自治制度后，注意照顾其他少数民族。西藏地区充分考虑政教合一制度的特殊性，开展上层统一战线工作，建立爱国统一战线，解决西藏民族内部的团结问题，贯彻宗教信仰自由政策。针对西藏地方当局上层的疑虑和戒备，党和国家提出"六年不改"的宽容政策，对稳定西藏地区社会秩序、安定上层情绪无疑具有重要作用。同时，党和国家还解决藏族群众实际困难，赢得藏族群众的信任，打开了西藏民族工作新局面。

改革开放以来，党的第二代领导集体将民族工作的重心转移到促进少数民族及民族地区的发展上，同时制定了《民族区域自治法》，加快了民族法制建设。苏联解体、东欧剧变之后，党的第三代领导集体立足于社会主义初级阶段的基本国情，实施西部大开发战略，进一步促进了我国民族地区的发展。进入 21 世纪，以胡锦涛为总书记的党中央坚持科学发展观，不断丰富和发展了中国特色民族理论政策的内容。2014 年 9 月，以习近平同志为核心的党中央适时召开第四次中央民族工作会议，这是党中央在实现全面建成小康社会目标之前，对我国民族工作事务做出的承前启后的新阐释、继往开来的新部署。会议指出"多民族是我国的一大特色，也是我国发展的一大有利因素"，针对社会主义初级阶段民族问题的长期性，强调"那种企图通过取消民族身份、忽略民族存在来一劳永逸解决民族问题的想法是行不通的"。会议对民族区域自治制度的历史地位和作用给予了高度评价，坚定了党和国家坚持民族区域自治制度的勇气和决心。会议依据新中国成立六十多年来党和国家的民族工作实践，肯定"党的民族理论和方针政策是正确的，中国特色解决民族问题的道路是正确的，我国民族关系总体是和谐的"，这是对当前社会上存在的对党的民族政策的质疑、民族问题"去政治化""第二代民族政策"等声音的有力回击，也是党和国家在新时期做好民族工作的新的路径所在。

当前，我国的社会各项改革处于攻坚期、深水区，党和国家的民族工作对象、环境也发生了重要变化，即"民族工作'进城'了，工作重点从边疆和农村牧区延伸到城市和东部地区；民族工作'下海'了，体制环境从计划经济变为市场经济；民族工作'入世'了，国际因素与国内因素密切交织在一起；民族工作'上网了'，网络世界对民族关系的影响日益增大；民族工作'升级'了，各族群众的民主意识、法制意识、维权意识不断提高"①，特别是随着我国城市化进程的不断加快，少数民族人口不断进入城市，城市少数民族人口数量、民族成分日益增加，城市民族问题日趋复杂，做好城市民族工作愈发重要。与一般的流动人口相比，少数民族流动人口在语言、风俗习惯、宗教信仰等方面具有特殊性，需要引起城市民族工作的重视。城市越来越成为民族工作的重要场域，城市民族工作发挥着更为重要的作用，也面临着前所未有的挑战，做好城市民族工作才能赢得民族工作的未来。

---

① 王正伟：《关于民族工作贯彻群众路线的思考》，《人民日报》2014 年 2 月 26 日 08 版。

结　语

东方国家现代化进程受到西方工业社会进程的直接影响。以1840年英国发动侵略中国的鸦片战争为标志，古老中国作为昔日的"天朝大国"在敌人的坚船利炮中日益陷入"人为刀俎、我为鱼肉"的尴尬境地，这个独步"天下"的中央国家在"睁眼看世界"后被纳入由"万国"构成的世界体系。与纷致沓来的各帝国主义国家签订的一系列不平等条约，迫使中国王朝国家政治转型并伴随着半殖民地半封建社会态势的形成，面对瓜分豆剖的情境，仁人志士开始探寻"国强""民富"之路，"师夷长技以制夷"的传统思维成为推动一场社会变革的思想基础，洋务运动成为变革的初步行动，但中日甲午战争的失败宣告了洋务运动的破产。甲午战争的失败、《马关条约》《辛丑条约》的签订，加深了中国陷入殖民地半殖民地社会的程度，进一步激发了社会变革的诉求，变法改制再度发生，这就是康有为、梁启超等维新派发起戊戌变法进一步提出了变革国家政治、经济、军事制度，推进国家现代化实现国富民强的诉求，古老王朝国家万世一系的体系面临着内部和外部的挑战，在所有挑战中，受西方民族主义思潮影响，以孙中山为代表的、以民族民主革命为目标的革命兴起，首先推翻了统治中国两千多年的封建王朝政治架构，开启了中国由王朝国家向现代民族国家建构的伟大先声。"五族共和"的不稳定政治架构初步实现取代王朝国家的政治架构，但是，现代中国的打造却陷入军阀政治的泥淖，虽然国民党南京国民政府取得政权，却无法真正担负起民族民主革命任务，甚至无法真正实现国家统一和领土完整这样的现代国家建构的基本目标。在那样的历史时段，国家现代化事实上并未取得成功，甚至国家并未脱离被瓜分豆剖这一险境，随着日本帝国主义的入侵，这种境况反日益加剧。

中国共产党诞生于国家、民族"危难之时"，担负起国家独立、民族解放、主权完整的重任。中国革命斗争的实践表明，必须调动广大人民群众，特别是动员少数民族参与中国革命，进行广泛而有效的政治动员，并通过武装斗争，争取国家独立和民族解放，尽快完成政治整合，才是中国现代国家建构的正确道路。中国共产党推进中国国家现代化的进程正确处理了民族问题，将民族工作置于关系全局工作之重要地位，从而推进了国家主权的确立和领土的完整，也开创了一个民族工作的新时代：1949~1957 年，这个时期的民族工作被誉为民族工作的第一个"黄金时代"，为后续民族工作的深入开展奠定了重要的基础，也为做好新时期的民族工作提供了历史经验与现代启示。

诚然，20 世纪 50 年代后期，在"左"的思想倾向影响下，民族工作也受到了一定影响。在"反右"斗争严重扩大化和"共产风""民族融合风"等影响下，很多少数民族干部遭受迫害，出现合并、撤销民族自治地方以及无法落实民族政策等现象，民族工作遭受波折。虽然"左"倾错误倾向很快得到纠正，但民族工作中忽视民族、民族问题发展规律的做法，其教训是深刻的。历史是不能假设的。我们不能用今天的眼光去看待历史，苛责中华人民共和国成立初期民族工作的某些失误，也不能用过去的情景来限制今天，只沉浸在当时民族工作的某些成就中而无视当今民族工作面对的新形势。

参考文献

一 文献专著类

[1] 人民出版社编《民族政策文献汇编》，人民出版社，1953。

[2] 中央人民政府法制委员会编《中央人民政府法令汇编（1953）》，法律出版社，1955。

[3] 王铁崖编《中外旧约章汇编》，三联书店，1957。

[4] 中国史学会编《辛亥革命》，上海人民出版社，1957。

[5] 民族出版社编《十年民族工作成就（1949-1959)》（上），民族出版社，1959；《十年民族工作成就（1949-1959)》（下），民族出版社，1960。

[6]《列宁选集》第1~4卷，人民出版社，1972。

[7]《斯大林选集》（上、下卷），人民出版社，1979。

[8] 民族图书馆编《中华人民共和国民族工作大事记（1949-1983)》，内蒙古人民印刷厂，1984。

[9] 周锡银：《红军长征时期党的民族政策·红军长征时期有关党的民族政策的文献资料选辑》，四川民族出版社，1985。

[10] 国家民族事务委员会政研司、经济司：《民族工作四十年》，民族出版社，1989。

[11]《当代中国的民族工作》编辑部编《当代中国民族工作大事记（1949-1988)》，民族出版社，1989。

[12] 国家民族事务委员会经济司编《民族工作统计提要

（1949-1989）》，民族出版社，1990。

［13］中国社会科学院民族研究所编《斯大林论民族问题》，民族出版社，1990。

［14］中共中央统战部编《民族问题文献汇编》，中共中央党校出版社，1991。

［15］《毛泽东选集》第1~4卷，人民出版社，1991。

［16］中共中央文献研究室编《建国以来重要文献选编》（第一册），中央文献出版社，1992。

［17］中共中央文献研究室编《建国以来重要文献选编》（第五册），中央文献出版社，1993。

［18］中共中央文献研究室编《建国以来重要文献选编》（第九册），中央文献出版社，1994。

［19］国家民族事务委员会政策研究室编《中国共产党主要领导人论民族问题》，民族出版社，1994。

［20］中共广西壮族自治区委党史研究室编《中国共产党与少数民族人民的解放斗争》，中共党史出版社，1999。

［21］罗广武：《新中国民族工作大事概览（1949-1999）》，华文出版社，2001。

［22］国家民族事务委员会编《中国共产党关于民族问题的基本观点和政策干部读本》，民族出版社，2002。

［23］《中国大百科全书》（政治卷、民族卷），中国大百科全书出版社，2004。

［24］贡山独龙族怒族自治县地方志编纂委员会：《贡山独龙族怒族自治县志》，民族出版社，2006。

［25］金炳镐：《民族纲领政策文献选编》，中央民族大学出版社，2006。

［26］国家民族事务委员会研究室编著《新中国民族工作十讲》，民族出版社，2006。

[27]《马克思恩格斯文集》第1~10卷，人民出版社，2009。

[28]《列宁专题文集》，人民出版社，2009。

[29] 中共中央党史研究室科研管理部、国家民族事务委员会民族问题研究中心编《中国共产党民族工作历史经验研究》（上、下册），中共党史出版社，2009。

[30] 国家民委民族问题五种丛书之《中国少数民族社会历史调查资料丛刊》修订编辑委员会编《畲族社会历史调查》《土家族社会历史调查》《广西仫佬族毛南族社会历史调查》《广西仫佬族社会历史调查》《广西京族社会历史调查》《阿昌族社会历史调查》，民族出版社，2009。

[31] 中共中央文献研究室、中共新疆维吾尔自治区委员会编《新疆工作文献选（1949-2010年）》，中央文献出版社，2010。

[32] 中国社科院近代史研究所等编《孙中山全集》（全十一册），中华书局，2011。

[33]《马克思恩格斯选集》第1~4卷，人民出版社，2012。

[34]《列宁选集》第1~4卷，人民出版社，2012。

[35] 全国人民代表大会常务委员会法制工作委员会编《中华人民共和国法律》（2013年版），人民出版社，2013。

[36] 孙中山：《三民主义》，东方出版社，2014。

[37] 中共中央文献研究室、国家民族事务委员会编《毛泽东民族工作文选》，中央文献出版社，2014。

[38] 国家民族事务委员会编《中央民族工作会议精神学习辅导读本》，民族出版社，2015。

[39] 包天笑：《钏影楼回忆录》，香港大华出版社，1971。

[40] 征鹏、方岚：《金太阳照亮了西双版纳》，人民出版社，1978。

[41] 李维汉：《统一战线问题与民族问题》，人民出版社，1981。

[42] 李维汉：《回忆与研究》，中共党史出版社，1985。

[43] 汪敬虞：《赫德与近代中西关系》，人民出版社，1987。

［44］张尔驹主编《中国民族区域自治的理论和实践》，中国社会科学出版社，1988。

［45］史筠：《民族法制研究》，北京大学出版社，1989。

［46］朴奎灿等：《延边朝鲜族教育史稿》，吉林教育出版社，1989。

［47］严中平主编《中国近代经济史（1840-1894)》，人民出版社，1989。

［48］费孝通：《中华民族多元一体格局》，中央民族学院出版社，1989。

［49］白寿彝：《中国通史》，上海人民出版社，1989。

［50］景杉主编《中国共产党大辞典》，中国国际广播出版社，1991。

［51］张有隽、徐杰舜主编《中国民族政策通论》，广西教育出版社，1992。

［52］黄光学主编《当代中国的民族工作》（上、下册），当代中国出版社，1993。

［53］任一农等：《民族宗教知识手册》，中共中央党校出版社，1994。

［54］郝时远：《中国的民族与民族问题》，江西人民出版社，1994。

［55］张尔驹：《中国民族区域自治史纲》，民族出版社，1994。

［56］江平主编《中国民族问题的理论与实践》，中共中央党校出版社，1994。

［57］金炳镐：《民族理论通论》，中央民族大学出版社，1994。

［58］宁骚：《民族与国家：民族关系与民族政策的国际比较》，北京大学出版社，1995。

［59］黄光学主编《中国的民族识别》，民族出版社，1995。

［60］郝时远：《中国的民族与民族问题》，江西人民出版社，1996。

［61］高瑞泉主编《中国近代社会思潮》，华东师范大学出版社，1996。

［62］童之伟：《国家结构形式论》，武汉大学出版社，1997。

［63］王建民、张海洋、胡鸿保：《中国民族学史》，云南教育出版社，1998。

［64］余建华：《民族主义：历史遗产与时代风云的交汇》，学林出版社，1999。

［65］张崇根主编《中国民族工作历程》，远方出版社，1999。

［66］费孝通主编《中华民族多元一体格局》，中央民族大学出版社，1999。

［67］王连芳：《王连芳云南民族工作回忆》，云南人民出版社，1999。

［68］郝时远主编《田野调查实录：民族调查回忆》，社会科学文献出版社，1999。

［69］李资源：《中国共产党民族工作史》，广西人民出版社，2000。

［70］沈林：《中国的民族乡》，民族出版社，2001。

［71］陈云生：《中国民族区域自治制度》，经济管理出版社，2001。

［72］周平：《民族政治学导论》，中国社会科学出版社，2001。

［73］翁独健：《中国民族关系史纲要》，中国社会科学出版社，2001。

［74］王希恩：《当代中国民族问题解析》，民族出版社，2002。

［75］王联主编《世界民族主义论》，北京大学出版社，2002。

［76］贾英健：《全球化与民族国家》，湖南人民出版社，2003。

［77］林耀华：《社会人类学讲义》，鹭江出版社，2003。

［78］王建娥、陈建樾：《族际政治与现代民族国家》，社会科学文献出版社，2004。

［79］宋蜀华、满都尔图主编《中国民族学五十年》，人民出版社，2004。

［80］黄光学、施联朱主编《中国的民族识别：56 个民族的来历》，民族出版社，2005。

［81］金炳镐：《中国共产党民族政策发展史》，中央民族大学出版社，2006。

［82］金炳镐主编《中国共产党民族工作发展研究》，中央民族大学出版社，2007。

［83］关凯：《族群政治》，中央民族大学出版社，2007。

［84］郑大华、邹小站主编《中国近代史上的民族主义》，社会科学文献出版社，2007。

［85］李国栋：《民国时期的民族问题与民国政府的民族政策研究》，民族出版社，2007。

［86］龚荫：《中国历代民族政策概要》，民族出版社，2008。

［87］黄光学：《民族工作文集》，民族出版社，2008。

［88］宋才发：《民族区域自治制度重大问题研究》，人民出版社，2008。

［89］毛公宁：《民族问题新论》，民族出版社，2009。

［90］林钧昌：《城市化进程中的城市民族问题研究》，中央民族大学出版社，2009。

［91］金冲及：《二十世纪中国史纲》，社会科学文献出版社，2009。

［92］胡涤非：《民族主义与近代中国政治变迁》，知识产权出版社，2009。

［93］赵学先等：《中国国民党民族理论与政策研究》，中央民族大学出版社，2010。

［94］陈建樾、周竞红：《族际政治在多民族国家的理论与实践》，社会科学文献出版社，2010。

［95］伍小涛：《建构与认同：新中国民族工作研究：以贵州省为例：1949~1956 年》，民族出版社，2010。

［96］达力扎布主编《中国民族史研究60年》，中央民族大学出版社，2010。

［97］金炳镐主编《新中国民族理论60年》，中央民族大学出版社，2010。

［98］郝时远：《中国共产党怎样解决民族问题》，江西人民出版社，2011。

［99］李鸣：《民族乡法制化进程研究》，中国水利水电出版社，2011。

［100］陈连开等主编《中国近现代民族史》，中央民族大学出版社，2011。

［101］严庆：《冲突与整合：民族政治关系模式研究》，社会科学文献出版社，2011。

［102］王建娥：《族际政治：20世纪的理论与实践》，社会科学文献出版社，2011。

［103］屈文从：《现代性在中国的建构与反思：晚清天朝观念的消解和主权观念的确立》，中国社会科学出版社，2011。

［104］陈琼：《现代国家建构与妇女公共参与：组织变迁的视角》，社会科学文献出版社，2011。

［105］吴仕民主编《民族问题概论》，四川人民出版社，2011。

［106］郝时远、王希恩主编《民族发展蓝皮书——中国民族区域自治发展报告（2010）》，社会科学文献出版社，2011。

［107］王希恩主编《20世纪的中国民族问题》，中国社会科学出版社，2012。

［108］罗荣渠：《现代化新论：中国的现代化之路》，华东师范大学出版社，2012。

［109］周平：《多民族国家的族际政治整合》，中央编译出版社，2012。

［110］方素梅、刘世哲、扎洛主编《辛亥革命与近代民族国家

建构》，民族出版社，2012。

[111] 暨爱民：《民族国家的建构：20世纪上半期中国民族主义思潮研究》，社会科学文献出版社，2013。

[112] 张会龙：《当代中国族际政治整合：结构、过程与发展》，北京大学出版社，2013。

[113] 刘涛：《晚清民初"个人-家-国-天下"体系之变》，复旦大学出版社，2013。

[114] 肖高华：《现代国家建构：20世纪20年代中国知识界的政制设计及论争》，中国社会科学出版社，2013。

[115] 徐迅：《民族主义》，东方出版社，2014。

[116] 戴小明、潘弘祥等：《统一·自治·发展：单一制国家结构与民族区域自治研究》，中国社会科学出版社，2014。

[117] 吕永红：《民族、国家与制度：历史制度主义视域下的民族区域自治制度研究》，世界图书出版广东有限公司，2014。

[118] 陈夕：《中国共产党与中国民族问题（1921-1949）》，中共党史出版社，2014。

[119] 郑信哲、周竞红主编《民族主义思潮与国族建构：清末民初中国多民族互动及其影响》，社会科学文献出版社，2014。

[120] 李金强、赵立彬、谷小水：《从帝制到共和：中华民国的创立》，南京大学出版社，2015。

[121] 郝时远：《中国特色解决民族问题之路》，中国社会科学出版社，2016。

[122] 〔俄〕巴尔苏科夫：《穆拉维约夫——阿穆尔斯基伯爵》，黑龙江大学外语系译，商务印书馆，1974。

[123] 〔德〕兹维金采夫：《普通语言学纲要》，伍铁平等译，商务印书馆，1981。

[124] 〔德〕弗兰茨·奥本海：《论国家》，沈蕴芳、王燕生译，商务印书馆，1994。

［125］〔古希腊〕亚里士多德：《政治学》，吴寿彭译，商务印书馆，1997。

［126］〔德〕马克斯·韦伯：《经济与社会》，林荣远译，商务印书馆，1997。

［127］〔英〕安东尼·吉登斯：《民族-国家与暴力》，胡宗泽等译，三联书店，1998。

［128］〔英〕埃里克·霍布斯鲍姆：《民族与民族主义》，李金梅译，上海人民出版社，2000。

［129］〔英〕莱斯利·里普森：《政治学的重大问题》，刘晓等译，华夏出版社，2001。

［130］〔美〕塞缪尔·亨廷顿：《文明的冲突与世界秩序的重建》，周琪、刘绯等译，新华出版社，2002。

［131］〔英〕厄内斯特·盖尔纳：《民族与民族主义》，韩红译，中央编译出版社，2002。

［132］〔英〕安东尼·史密斯：《全球化时代的民族与民族主义》，龚维斌、良警宇译，中央编译出版社，2002。

［133］〔德〕尤尔根·哈贝马斯：《后民族结构》，曹卫东译，上海人民出版社，2002。

［134］〔美〕本尼迪克特·安德森：《想象的共同体：民族主义的起源与散布》，吴叡人译，上海人民出版社，2003。

［135］〔日〕松本真澄：《中国民族政策之研究：以清末至1945年的"民族论"为中心》，鲁忠慧译，民族出版社，2003。

［136］〔美〕海斯：《现代民族主义演进史》，帕米尔译，华东师范大学出版社，2005。

［137］〔美〕塞缪尔·亨廷顿：《我们是谁：美国国家特性面临的挑战》，程克雄译，新华出版社，2005。

［138］〔美〕弗朗西斯·福山：《国家构建：21世纪的国家治理与世界秩序》，黄胜强、许铭原译，中国社会科学出版社，2007。

［139］〔美〕查尔斯·蒂利：《强制、资本和欧洲国家（公元990—1992年)》，魏洪钟译，上海人民出版社，2007。

［140］〔美〕查尔斯·蒂利：《欧洲的抗争与民主：1650~2000》，陈周旺、李辉、熊易寒译，格致出版社、上海人民出版社，2008。

［141］〔美〕杜赞奇：《从民族国家拯救历史：民族主义话语与中国现代史研究》，王宪明等译，江苏人民出版社，2009。

［142］〔美〕托马斯·埃特曼：《利维坦的诞生：中世纪及现代早期欧洲的国家与政权建设》，郭台辉译，上海人民出版社，2010。

［143］〔美〕戴维·瓦尔德纳：《国家建构与后发展》，刘娟凤、包刚升译，吉林出版集团有限责任公司，2011。

［144］〔美〕弗朗西斯·福山：《政治秩序的起源：从前人类时代到法国大革命》，毛俊杰译，广西师范大学出版社，2014。

二 论文类

［145］费孝通、林耀华：《当前民族工作给民族学的几个任务》，《科学通报》1956年第8期。

［146］吉雅泰：《李大钊同志和内蒙古初期的革命活动》，《民族团结》1961年第7期。

［147］费孝通：《关于我国民族的识别问题》，《中国社会科学》1980年第1期。

［148］王辅世：《湖南泸溪瓦乡话语音》，《语言研究》1982年第1期。

［149］张永家、侯自佳：《关于"瓦乡人"的调查报告》，《吉首大学学报》1984年第1期。

［150］江平：《李维汉同志在民族理论方面的卓越贡献》，《民族研究》1985年第1期。

［151］杨公素：《所谓西藏"独立"活动的由来及分析》，《中国藏学》1989年第1期。

［152］白云涛：《社会达尔文主义的输入及其对近代中国社会的影响》，《北京师范学院学报》1990年第4期。

［153］冒荣：《两种自强与"天朝大国"的文化惰性——甲午中日战争的教训和启示》，《南京大学学报》、（哲学·人文·社会科学版）1996年第1期。

［154］费孝通：《简述我的民族研究经历和思考》，《北京大学学报》（哲学社会科学版）1997年第2期。

［155］郝时远：《马克思主义能够解决民族问题》，《民族研究》1997年第4期。

［156］张有隽、郭维利、罗树杰：《民族区域自治与少数民族干部培养问题研究》，《广西民族学院学报》（哲学社会科学版）1997年第12期。

［157］王希恩：《建国50年中国民族过程简论》，《民族研究》1999年第5期。

［158］周平：《民族与政治》，《云南行政学院学报》2000年第3期。

［159］杨雪冬：《中国国家构建简论：侧重于过程的考察》，《上海社会科学院学术季刊》2002年第2期。

［160］郝时远：《重读斯大林民族定义—读书笔记之一：斯大林民族定义及其理论来源》，《世界民族》2003年第4期。

［161］郝时远：《重读斯大林民族定义—读书笔记之二：苏联民族国家体系的建构》，《世界民族》2003年第5期。

［162］郝时远：《重读斯大林民族定义—读书笔记之三：苏联多民族国家模式中的国家与民族》，《世界民族》2003年第6期。

［163］徐勇：《现代国家建构中的非均衡性和自主性分析》，《华中师范大学学报》（人文社会科学版）2003年第5期。

［164］陇兴、陇静华：《中国共产党培养少数民族干部政策的演变和发展》，《黑龙江民族丛刊》2004 年第 5 期。

［165］黄鹏：《对民族、民族－国家、民族主义问题的再认识》，《世界民族》2004 年第 6 期。

［166］王希恩：《不断提高驾驭民族问题和民族工作的能力》，《民族研究》2005 年第 4 期。

［167］徐勇：《"回归国家"与现代国家的建构》，《东南学术》2006 年第 4 期。

［168］叶麒麟：《现代国家建构：近代以来中国政治发展的主轴》，《理论与改革》2006 年第 5 期。

［169］明跃玲：《论族群认同的情境性——瓦乡人族群认同变迁的田野调查》，《云南社会科学》2007 年第 3 期。

［170］李辉、成武：《国家构建理论与中国的现代国家构建》，《福建行政学院学报》2008 年第 4 期。

［171］宋月红：《周恩来与 1957 年全国民族工作座谈会》，《党史研究与教学》2008 年第 4 期。

［172］贺东航：《国家构建理论与中国现代国家构建历程探析》，《江汉论坛》2008 年第 6 期。

［173］赵刚：《论中国共产党民族工作主题的历史演进》，《云南社会科学》2008 年第 6 期。

［174］周平：《论中国民族国家的构建》，《当代中国政治研究报告Ⅵ》2008 年。

［175］青觉：《当前中国民族问题的主要表现形式及其应对》，《中国特色社会主义研究》2009 年第 6 期。

［176］杨昌儒：《20 世纪 50 年代贵州民族关系构建的路径选择》，《贵州社会科学》2009 年第 11 期。

［177］徐红卫、谢颖：《20 世纪 50 年代云南少数民族地区和平协商土地改革政策形成过程再探析》，《长春理工大学学报》（高教

版）2009 年第 12 期。

[178] 王建娥：《国家建构和民族建构：内涵、特征及联系——以欧洲国家经验为例》，《西北师大学报》（社会科学版)2010 年第 2 期。

[179] 周平：《民族国家与国族建设》，《政治学研究》2010 年第 3 期。

[180] 潘华、勾霄丹：《抗战时期国共两党民族政策之比较》，《社科纵横》2010 年第 4 期。

[181] 黄其松：《制度建构与民族认同：现代国家建构的双重任务》，《云南行政学院学报》2010 年第 6 期。

[182] 木薇：《20 世纪 50 年代以来云南民族识别研究回顾与反思》，《云南农业大学学报》（社会科学版）2011 年第 3 期。

[183] 孙岩：《从民族国家建构到民生国家建设——近代以来中国现代国家建设维度的嬗变》，《湖北社会科学》2011 年第 9 期。

[184] 常安：《统一多民族国家的宪制建构——新中国成立初期民族区域自治制度的奠基历程》，《现代法学》2012 年第 1 期。

[185] 崔晓麟：《新中国成立初期中国共产党对少数民族干部的培养》，《广西民族大学学报》2012 年第 4 期。

[186] 赵永忠：《20 世纪 50 年代初期西南的民族团结公约》，《贵州民族研究》2012 年第 5 期。

[187] 纳日碧力戈：《重观民族识别：综合与变通》，《中央民族大学学报》（哲学社会科学版）2012 年第 6 期。

[188] 武婷婷：《20 世纪 50 年代少数民族社会性质调查与史学论争的互动关系》，《中央民族大学学报》（哲学社会科学版）2013 年第 5 期。

[189] 刘兴禄：《湘西"瓦乡人"及其研究现状考察》，《湖北民族学院学报》（哲学社会科学版）2013 年第 1 期。

[190] 马俊毅：《论现代多民族国家建构中民族身份的形成》，《民族研究》2014 年第 4 期。

［191］伍小涛：《关于20世纪50年代民族地区优惠政策的几点看法》，《党的文献》2014年第5期。

［192］谢撼澜：《建国初期邓小平对西南少数民族工作的开创性贡献》，《重庆理工大学学报》（社会科学版）2014年第9期。

［193］张锐：《内涵生成与价值演替——中国现代民族国家建构过程中的启蒙研究》，《河北工业大学学报》（社会科学版）2014年第4期。

［194］袁冬梅：《中共西南局民族工作的历史实践与现实启示》，《重庆理工大学学报》（社会科学版）2014年第7期。

［195］王延中、管彦波：《云南建设民族团结示范区与和谐民族关系的基本经验及启示》，《民族研究》2014年第3期。

［196］王延中：《构建民族认同与国家认同间的和谐关系》，《中国党政干部论坛》2014年第5期。

［197］王延中：《民族团结需要自觉意识更需要自决行动》，《当代兵团》2015年第21期。

［198］沈桂萍：《少数民族干部教育问题研究》，中央民族大学博士学位论文，2003。

［199］付春：《民族权利与国家整合——以中国西南少数民族社会形态变迁为研究对象》，复旦大学博士学位论文，2005。

［200］许彬：《从"民族自决"到"民族区域自治"——论中国共产党民族基本政策的历史转型》，兰州大学博士学位论文，2007。

［201］王略：《论民国初年国家制度建构中的民族因素》，中央民族大学博士学位论文，2013。

［202］白利友：《中国共产党的民族工作与少数民族的政党认同》，云南大学博士学位论文，2013。

［203］徐畅江：《民族关系的国家建构——以云南为例》，云南大学博士学位论文，2013。

后 记

进展到"后记"部分，意味着我的博士论文已经接近尾声，感触良多。

我是幸运的。

曾经在硕士毕业后，豪言壮语不再继续攻读学位的我，能够在介于"而立"与"不惑"的年龄段再度重返校园，得以在中国社会科学院这个被誉为"人文社会科学的最高殿堂"继续深造，此其一。

能够师从王延中研究员，在导师的指导下不断进步，是我人生中重要的转折点。与导师交往交流的过程，同时也是师生之间不断磨合的过程。曾经自认为导师名气大、地位高，而自己的理论水平有限而显得小心翼翼，但王老师睿智、谦和、包容的人格魅力逐渐打消了我先前的顾虑。王老师行政及调研事务繁忙，但他却经常对我进行理论上的指导；让我参与他主持的中国社会科学院重大项目《21世纪初中国少数民族经济社会发展综合调查》子项目2项，让我能够有机会深入民族地区，实际了解我国少数民族的状况，从中学会了田野调查的方法，为以后的科学研究奠定了良好的基础；生活上老师对我关心有加，让我学会平衡学习、工作、生活之间的关系。此其二。

能够在攻读博士学位期间，继续得到硕士研究生时期的老师郑信哲研究员、金炳镐教授、熊坤新教授在学业上的指导与帮助。此其三。

在攻读学位期间，能够得到郝时远研究员、王希恩研究员、周竞红研究员、陈建樾研究员的点拨与帮助，何其幸哉。此其四。

有幸认识民族所刘玲博士、张少春博士、张三南师兄和杨须爱师兄，同龄中人，他们的科研能力、为人处世都是我学习的榜样。此其五。

我是幸福的。

记得博一上外语课时，外教 Peter 曾经组织我们讨论研究生院迁至房山区良乡的好处，我记得当时好多同学认为学校周围没有饭店、网吧、KTV 等，同学们能够安心读书。确实如此，在"后现代"般的校园里，远离城市的喧嚣，一本书、一杯茶，"我只想静静"不再是奢望。此其一。

有缘分认识本专业的同学，我们在学业上相互切磋，生活上相互帮助，他们身上各有闪光点，是我人生重要的财富之一，此其二。

做博士论文是辛苦的，但是能够和坚守在这里的同学们在一起，饭后小花园散步是每天最幸福和最奢侈的事情，探讨问题，交流思想，相互鼓励和加油，同甘共苦形成的友谊，值得珍惜。此其三。

能够在职攻读博士学位，离不开单位的支持和同事的帮助。我所在单位是一个温暖的、充满着正能量的集体，在我学习期间，工作上的事情单位领导都给予最大程度的照顾与便利，同事给予我很多帮助与支持，使我能够安心读书。此其四。

作为女儿、妻子、母亲，在上有老、下有小的关键时刻选择继续读书，每每因自己不能尽到应尽的责任而心生内疚。幸而有父母、公婆、爱人、孩子的支持与鼓励，成为我求学之路坚强的后盾。此其五。

其实，我的幸运和幸福并不止以上这些，篇幅所限，尽在心中。

带着这满满的幸运和幸福，我完成了博士论文，但这仅仅是个开始。"不忘初心、继续前进"，在今后的工作、学习、生活中，我会扮演好自己的每一个角色，具备马克思主义理论工作者的人文情怀，担当起一名民族工作者的社会责任，以老师待我之心去真诚对待我的学生，经营家庭、培养孩子，不辜负单位、老师、家人的期望。

图书在版编目（CIP）数据

新中国民族工作研究：1949~1957／王换芳著. --
北京：社会科学文献出版社，2019.9
ISBN 978-7-5201-5284-6

Ⅰ.①新… Ⅱ.①王… Ⅲ.①民族工作-研究-中国
-1949-1957 Ⅳ.①D633

中国版本图书馆 CIP 数据核字（2019）第 152786 号

新中国民族工作研究（1949~1957）

著　　者／王换芳

出 版 人／谢寿光
组稿编辑／宋月华　周志静
责任编辑／周志静
文稿编辑／周志宽

出　　版　社会科学文献出版社·人文分社（010）59367215
　　　　　　地址：北京市北三环中路甲 29 号院华龙大厦　邮编：100029
　　　　　　网址：www.ssap.com.cn
发　　行／市场营销中心（010）59367081　59367083
印　　装／三河市龙林印务有限公司

规　　格／开　本：787mm×1092mm　1/16
　　　　　　印　张：20　字　数：267 千字
版　　次／2019 年 9 月第 1 版　2019 年 9 月第 1 次印刷
书　　号／ISBN 978-7-5201-5284-6
定　　价／138.00 元